大学英语理论与教学研究

谭钦菁 著

北京工业大学出版社

图书在版编目（CIP）数据

大学英语理论与教学研究 / 谭钦菁著． — 北京：北京工业大学出版社，2018.12（2021.5重印）
　　ISBN 978-7-5639-6706-3

　　Ⅰ．①大… Ⅱ．①谭… Ⅲ．①英语－教学研究－高等学校 Ⅳ．①H319.3

中国版本图书馆CIP数据核字（2019）第010423号

大学英语理论与教学研究

著　　　者：	谭钦菁
责任编辑：	邓梅菡
封面设计：	点墨轩阁
出版发行：	北京工业大学出版社
	（北京市朝阳区平乐园100号　邮编：100124）
	010-67391722（传真）　　bgdcbs@sina.com
经销单位：	全国各地新华书店
承印单位：	三河市明华印务有限公司
开　　本：	787毫米×1092毫米　1/16
印　　张：	12.25
字　　数：	265千字
版　　次：	2018年12月第1版
印　　次：	2021年5月第2次印刷
标准书号：	ISBN 978-7-5639-6706-3
定　　价：	59.80元

版权所有　　翻印必究

（如发现印装质量问题，请寄本社发行部调换 010-67391106）

前　言

　　进入21世纪以来，中国已全面融入经济全球化、知识信息化的浪潮中，在以和平与发展为时代主题的地球村中扮演着越来越重要的角色，也面临着越来越多的来自国内外的机遇和挑战。与各国经济、文化等方面交流的增多，必然对我国外语人才的数量、质量、层次和种类提出更高的要求。掌握一门外语是目前乃至未来社会人才必备的重要素质之一已成为国人的共识。

　　英语教学是一个循序渐进、逐渐系统化的连续过程，它应遵循教学目标渐进化、学习内容系统化的规律。在教学中要把丰富学生的精神世界、促进其心理发展与增强学生体质相结合，要注意学生的生理、心理与技能的和谐发展，提高学生的整体素质。

　　全书共九章。第一章为大学英语教学基础知识，主要阐述了现代英语教学的内涵、现代英语教学的主要方法、现代大学英语教学的基本模式以及大学英语教学理论与实践的关系等内容；第二章为高等教育国际化背景下大学英语教学的定位，主要阐述了高等教育国际化概述、基于学科内容的大学英语教学的可行性分析以及基于学科内容的大学英语教学设置分析等内容；第三章为现代大学英语翻译教学理论研究，主要阐述了大学英语翻译教学的现状分析、大学英语翻译教学基础理论和大学英语翻译教学的策略探讨等内容；第四章为现代大学英语听力教学理论研究，主要阐述了大学英语听力教学的现状分析、大学英语听力教学的基础理论和大学英语听力教学的策略探讨等内容；第五章为现代大学英语写作教学理论研究，主要阐述了大学英语写作教学的现状分析、大学英语写作教学的基础理论和大学英语写作教学的策略探讨等内容；第六章为现代大学英语口语教学理论研究，主要阐述了大学英语口语教学的现状分析、大学英语口语教学的基础理论和大学英语口语教学的策略探讨等内容；第七章为现代大学英语阅读教学理论研究，主要阐述了大学英语阅读教学的现状分析、大学英语阅读教学的基础理论和大学英语阅读教学的策略探讨等内容；第八章为现代大学英语教师的素质要求与角色定位，主要阐述了大学英语师资队伍的现状分析、大学英语教学中教师的角色定位和大学英语教师的基本素质要求等内容；第九章为我国大学英语教学理论的研究与展望，主要阐述了我国英语教学理论研究的发展历程、我国英语教学理论研究的特点与存在的问题和我国大学英语教学的未来展望等内容。

  为了保证内容的丰富性与研究的多样性，作者在撰写本书的过程中参阅了大量大学英语理论与教学研究等方面的相关资料，在此对相关作者表示衷心的感谢。

  最后，由于作者水平有限，加之时间仓促，书中难免有疏漏和不妥之处，恳请读者批评指正。

作 者

2018 年 10 月

目 录

第一章　大学英语教学基础知识 …………………………………………… 1
第一节　现代英语教学的内涵 ………………………………………… 1
第二节　现代英语教学的主要方法 …………………………………… 19
第三节　现代大学英语教学的基本模式 ……………………………… 25
第四节　大学英语教学理论与实践的关系 …………………………… 41

第二章　高等教育国际化背景下大学英语教学的定位 …………………… 45
第一节　高等教育国际化概述 ………………………………………… 45
第二节　基于学科内容的大学英语教学的可行性分析 ……………… 47
第三节　基于学科内容的大学英语教学设置分析 …………………… 49

第三章　现代大学英语翻译教学理论研究 ………………………………… 53
第一节　大学英语翻译教学的现状分析 ……………………………… 53
第二节　大学英语翻译教学基础理论 ………………………………… 57
第三节　大学英语翻译教学的策略探讨 ……………………………… 65

第四章　现代大学英语听力教学理论研究 ………………………………… 75
第一节　大学英语听力教学的现状分析 ……………………………… 75
第二节　大学英语听力教学的基础理论 ……………………………… 78
第三节　大学英语听力教学的策略探讨 ……………………………… 84

第五章　现代大学英语写作教学理论研究 ………………………………… 93
第一节　大学英语写作教学的现状分析 ……………………………… 93
第二节　大学英语写作教学的基础理论 ……………………………… 95
第三节　大学英语写作教学的策略探讨 ……………………………… 103

第六章　现代大学英语口语教学理论研究 ………………………………… 115
第一节　大学英语口语教学的现状分析 ……………………………… 115

第二节　大学英语口语教学的基础理论……………………118
　　第三节　大学英语口语教学的策略探讨……………………127

第七章　现代大学英语阅读教学理论研究……………………141
　　第一节　大学英语阅读教学的现状分析……………………141
　　第二节　大学英语阅读教学的基础理论……………………144
　　第三节　大学英语阅读教学的策略探讨……………………149

第八章　现代大学英语教师的素质要求与角色定位…………159
　　第一节　大学英语师资队伍的现状分析……………………159
　　第二节　大学英语教学中教师的角色定位…………………163
　　第三节　大学英语教师的基本素质要求……………………166

第九章　我国大学英语教学理论的研究与展望………………189
　　第一节　我国英语教学理论研究的发展历程………………189
　　第二节　我国英语教学理论研究的特点与存在的问题……193
　　第三节　我国大学英语教学的未来展望……………………197

参考文献……………………………………………………………201

第一章 大学英语教学基础知识

英语教学是高等教育的一个有机组成部分，现代英语课程是学生必修的一门基础课程。现代大学英语教学是以英语教学理论为指导，以英语语言知识与应用技能为主要内容，并集多种教学模式和教学手段于一体的教学体系。本章主要从现代英语教学的内涵、现代英语教学的主要方法、现代大学英语教学的基本模式以及大学英语教学理论与实践的关系等方面进行了深入探讨。

第一节 现代英语教学的内涵

一、教育与教学

（一）教育的含义

教育对人类的存在与发展起着重要作用，这是因为教育既传承了人类的既有经验，又把单个的个人培养作为社会的组成部分。

"教育"一词在汉语中可以分为两个部分："教"和"育"，它们分别有"上施下效"和"使之为善"之义。然而，英语中的"education"（教育）则是指"导出"。教育的学术性定义是基于这一语义而形成的。

美国教育哲学家谢弗勒（I. Scheffler）认为，教育是"纲领性的定义、规定性的定义和描述性的定义"，并认为不同定义都在各说各话。法国学者米亚拉雷（G. Mialaret）则对教育进行了分类，即"作为机构的教育、作为内容的教育、作为活动的教育和作为结果的教育"。

德国学者雅斯贝尔斯（Karl Theodor Jaspers）指出："教育是培养新生一代准备从事社会生活的整个过程，也是人类社会生产经验得以继承发扬的关键环节，主要指学校对适龄儿童、少年、青年进行培养的过程。"

中国的《教育大词典》认为，教育是"传递社会生活经验并培养人的社会活动"。学校教育则是"根据一定的社会要求和受教育者的发展需要,有目的、有计划、有组织地对受教育者施加影响,以培养一定社会所需要的人的活动"。

此外,我国还有不少学者试图为教育下一个准确的定义。肖川教授认为,"教育的真义就是价值引导与自主建构的统一。奠基于价值引导与自主建构相统一的教育,从学生的成长过程来说,是精神的唤醒、潜能的显发、内心的敞亮、主体性的弘扬和独特性的彰显;从师生共同活动的角度来说,是经验的共享、视界的融合和灵魂的感召"。中国著名教育家叶澜教授认为,"教育是有意识地以影响人的身心发展为直接目标的社会活动"。

综合以上观点可知,教育是一种可以引导人类发展的活动。所以,教育的内涵必然涉及两个要素:引导与发展。引导说明教育是有目的的活动,"使之向善"是教育最根本的目的;引导还说明教育不是强制性的活动,我们不能强制学生掌握知识和技能。发展是指学生的发展。教育能否最终实现其目的,主要在于学生是否得到与所设定目标一致的发展。

(二)教学的含义

教学是教育中的一个重要因素,研究教育必然要对教学的相关概念有所了解。

教育与教学最基本的关系就是,教学是一种教育活动。对于教师来说,教学是引导学生学习的教育活动;而对于学生来说,教学则是在教师的引导下进行的学习活动,这些活动都是教师有目的、有计划、有组织地引导学生学习的活动。教学也是一个师生互动的过程,是教师教的过程,也是学生学习并在学习过程中全面发展的过程,是学生在教师引导下掌握知识和技能、发展能力、发展身心和形成相关的情感态度及价值观的过程。教学需要师生共同参与,是师生双方共同开展教和学的活动。从师生互动来说,教学应该是教师引导和学生主导的互动活动。

教学是一种有目的的互动,是学校教育最主要的教育活动,具有非常明确的目标。不同学科的教学虽然具有共同的教学目的,但也都有着各自不同的教学目标。

教学需要具体的内容。教学是一定知识、技能的传递,更是人类生存经验的传递。教学中的知识、技能、经验体现在具体的课程内容和教学内容上,因此教学内容也具有不同的层次。

教学最显著的特征是系统性和计划性。这是因为,教学是学校教育中有计划的系统的活动,其主要表现在课程计划、教学计划上。当然,这种系统的计划主要是由教育行政机构、学校和教师等通过长期的思考制定而成的。

实施教学必须采用一定的教学方法并借助一些教育技术。教学具有非常深厚的历史沉淀，其在不断变化与发展中形成了大量有效的方法。现代科学技术，特别是信息技术的发展，为教学提供了多种多样的可以借助的教育技术。

由此可见，教学就是在有计划的系统性的过程中，依据一定的内容，按照一定的目的，借助一定的方法与技术，由教师引导学生认识世界、学习和掌握知识与技能，同时得到全面发展的活动。

二、英语教学的本质

英语教育既是语言教育，又是文化教育。通常而言，语言教育都是以培养学生运用语言的能力为目标的。但是，研究语言知识的人就不是以运用语言为目的，他们学习语言的目的是研究语言知识，如学习古希腊语、古汉语等已经不再运用的语言。

对于中国学生来说，英语是一门外语，英语教育也就是外语教育。纵观人类外语教育的发展历史，对于已经基本形成母语运用能力的学生来说，外语教育离不开外语知识教育，因为以外语知识为基础的外语教育才能更有效地培养学生运用外语的能力。

作为语言教育，英语教育的本质是培养学生运用英语的能力。当然，英语不仅仅是一种语言，还是文化的载体。由此便可得出，英语教育也是一种文化教育。

三、英语教学的原则

（一）兴趣性原则

兴趣是最好的教师，教师应该重视兴趣的巨大作用，在英语教学中采取一切可用的方法来努力调动学生的情感内因，激发学生对英语学习的强烈愿望，使他们喜欢学、乐于学，以获得更好的教学效果和学习效果。

英语教师在调动学生学习兴趣时，可从以下四个方面入手。

1. 充分尊重学生的主体性

教育是一种主动的过程，教师必须清楚地认识到英语课堂的主体是学生。只有通过学生积极主动的尝试与创造，教学活动才能达到预期的效果，学生也才能获得认知，提高语言能力。因此，教师要从学生的心理和生理特点出发，遵循语言学习规律，采用多种教学方式，培养学生兴趣，让学生通过体验和实践进行学习，形成语感和提高交流能力，做到充分尊重学生的主体性。

2. 调动学生的学习兴趣

英语学习过程中需要一定的死记硬背和机械操练的活动，但是如果机械性操练太多太滥则很容易导致课堂教学的死板与乏味，从而使学生失去或者降低学习英语的兴趣。为此，教师应该科学设计教学过程，以学生感兴趣的方式帮助学生获取知识，加速知识的内化过程，使他们能够在听、说、读、写等语言交际实践中灵活运用语言知识，变语言知识为英语交际的工具。这样，学生不仅可以获得交际能力，他们的综合素质也会得到相应的提高，学生的学习兴趣自然会得到加强。另外，教师对学生进行评价时，应重视学生的学习态度、参与的积极性、努力的程度、交流的能力以及合作的精神等。

3. 对教材进行深度挖掘

教师在备课过程中，应认真地研究教材，挖掘教材中学生感兴趣的内容与话题，使每节课都有让学生感兴趣的内容和活动，从而最大限度地调动学生的积极性。英语课堂教学可以把日常生活中用到的英语搬上课堂，如日常生活里常见的问候、打招呼，对人、物、画面的介绍等，为学生在日常生活中使用课堂上所学的英语创造条件。随着学生在课堂中逐渐熟悉英语日常交流，学生用英语进行交际的能力就会逐渐提高。

4. 增强师生互动与交流

教学是师生互动的过程，课堂上的知识传授和技能培养总是伴随着学生的情绪进行的。好的情绪转到学习中就会变为一种兴趣和动力。另外，一个学生对某一门课程喜欢与否，一定程度上取决于他对于该授课教师的态度。所以，教师在严格要求学生的同时，要努力创造一种和谐的学习氛围，通过一个眼神、一个手势、一个微笑、一句赞许的话去影响学生。教师还可以通过各种形式真心地与学生进行交流，与学生交朋友，赢得学生的尊重与喜欢，从而使学生愿意向教师倾诉，与教师交流。在良好的师生关系中，教师对学生的进步给予及时的鼓励与表扬，不仅可以培养学生的自信心和成就感，还能有效调动学生的学习兴趣。

（二）灵活性原则

灵活是兴趣之源，灵活性原则是兴趣原则的有力保障。尤其是语言，作为生活的必要组成部分，是一个充满活力、不断发展的开放性系统。在英语有效教学中要遵循灵活性的原则，具体而言就是要在教学方法、学生学习和语言使用方面做到灵活多样、富有情趣。

1. 教学的方法要有灵活性

一方面,英语教学包括语言知识和语言技能两个方面,语言知识包括语音、词汇、语法等内容,语言技能则包括听、说、读、写四个方面,其中又包括许多微技能,不同的内容具有不同的特点;另一方面,学习者的个体差异是千差万别的。因此,在英语教学过程中要结合教学内容,综合学生以及教师自身的特点,创造性地开展多种多样的教学活动,充分体现教学方法的多样性和创新性,使英语课堂新鲜有趣,从而激发学生学习英语的热情,培养学生学习的兴趣,挖掘学生的潜能。

2. 学生的学习要有灵活性

学生学习的灵活性在很大程度上取决于教学方法的灵活性。教师应该帮助学生改变以往单纯地死记硬背的机械性学习方法,探索合乎英语语言学习规律和符合学生生理、心理特点的自主性学习模式,使学生能够自我导向、自我激励、自我监控。

3. 语言的使用要有灵活性

学习语言的最终目的是交流沟通。英语作为一种交际工具,关键在于使用。教师要通过自身灵活地使用英语,带动学生使用英语。在课堂教学中,教师应尽可能多地使用英语组织教学,如用英语讲解、用英语提问、用英语布置作业等,使学生感受到他们所学的英语是活的语言。教师还可以通过布置具有灵活性的作业使学生灵活地使用英语。作业的布置应侧重实践能力的培养,如可以让学生用磁带录制口头作业,让学生轮流进行值日报告,陈述或评议时事、新闻等,通过以上种种措施来加强语言使用的灵活性。

(三) 真实性原则

学生学习的最终目的是交际,那么所学的教材内容自然要尽量遵循真实性原则。对于英语教学真实性问题的谈论实际上源于20世纪70年代。此后,学者们对真实性问题的探讨逐渐深入,从语言材料与教程的真实性拓展到了课堂活动、文化因素等层面。

1. 采用语用真实的教学内容

教学内容不仅包括课文教材,还包括课内外训练材料等所有供学生学习的材料。真实的教学材料可以让学生接触真实自然的语言,了解交际话语和背景文化,并能在课堂活动和社会交际之间建立联系,使学生领会到所学习的语言材料就是现实生活中可能发生的语言交际。

因此,英语教师在开始教学前应从语用的角度认真分析课文,不仅分析课文语句的结构意义,更要着重把握语句的语用意义,了解语句使用的真实语境，研究语句中包含的情感、态度、语气、意图等，准确把握课文中所用语句的真实语用内涵，同时编写或者从已有的教学用书中选择语用真实的教学例句和课内外练习。这样就可以在教学前指向语用教学，而且明确指向以培养运用英语的能力为目的的语用教学，从而保证学生能够获得语用真实的英语运用能力。

2. 努力实现学习环境的真实性

有种观点认为，课堂教学环境其本身就缺乏真实性，因为它不可能提供完全真实的社会交际场景。这种观点失之偏颇。众所周知，我国学习英语的学生基数大，而且相当一部分学生都没有出国学习的机会，因此也就缺乏完全真实的语言学习环境，况且第二语言学习其本身就不可能与母语学习完全一样。

实际上，教室本身就可以是一个真实的学习与交流场所，它能不能充分发挥应有的作用就在于教师能否将课堂营造为良好的学习环境。例如，教师可以充分开发课堂教学的潜力，结合学生的实际生活，设计各种学生感兴趣的活动，将枯燥的教师"一言堂"的教授转变为师生共同交流、互相学习的过程。这样不仅可以鼓励学生积极参与，还能引导学生融入各种角色，实现角色代入，为学生将来的真实交际打下坚实的基础。

3. 设计语用真实的课堂教学活动

英语课堂教学是通过一系列的课堂教学活动来完成的。呈现、讲解、例释、训练、巩固等课堂教学活动都与语用能力培养密切相关。对学生语用能力的培养要贯穿于英语教学的全过程，融于语言学习各环节的学习和训练之中。在这些教学活动中，英语教师应基于语用真实的指导思想来设计和组织教学活动。在进行呈现和讲解时，不仅要呈现、讲解教学内容的真实语义，还要明确呈现、讲解教学内容的语境和言外之意。

此外，释例环节中所有的例句不仅要语义真实，语境和语用意图也要真实。进行训练和巩固时不仅要进行真实语义的训练和巩固，更要关注如何在恰当的语境下表达恰当的语用意图。

4. 编排语用真实的教学检测评估

对于教学来说，教学检测评估起着很大的反馈作用。通过设计编排语用真实的教学检测评估，可以发现学生的语用能力还存在哪些不足之处，从而调整改进教学，特别是关于学生语用能力培养方面的教学，能起到更直接、快捷、有效地培养学生运用英语的能力的作用。教学检测评估题既要符合测试的基本原理，更要注重测试的运用能力；不仅要语义真实，还必须要语用真实，否则就会误导教学，弱化对学生运用英语能力的培养。语用真实会引导学生在学习中更自觉地去把握学习内容的真实语用内涵，从而进一步强化学生运用英语的自我意识，而这必将促进学生更有效地获得运用英语的能力。

（四）交际性原则

教师在教学过程中始终要牢记一点，学生学习英语的最终目的是以学习教材知识为依托，运用所学知识，实现用英语进行交际。因此，在教学过程中，教师始终要遵循交际性原则，以培养学生的交际能力为最终目的。也就是说，要培养学生能够运用所学的语言知识在不同的场合、对不同的对象进行有效的、得体的交际的能力。为贯彻这一原则，教师在教学过程中需要注意以下两个方面。

1. 正确认识英语教学的性质

要想落实交际性目标的要求，教师首先需要认清英语教学的性质。英语教学是一种技能培养的过程。在教学中，教、学、用三个方面构成一个相辅相成的、有机的统一体。其中"用"在这三个方面中处于核心地位。与学习游泳类似，使用英语进行交际的能力是在实际使用的过程中培养出来的，如果只有理论没有应用，就很难达到预期的目标。因此，在教学中应时刻给学生实践的机会，加强英语使用的力度。

2. 在教学中灵活创设交际情境

英语是一种交际工具，英语教学的目的是培养学生使用这种交际工具的能力。

在传统的英语教学中，很多教师只偏重于讲授语法结构。学生通过这种教学并不能具备良好的英语交际能力。要想让学生具备使用英语进行交际的能力，也就是说能够在适当的地点、适当的时间，以适当的方式，向适当的人讲适当的话，就应在英语教学中创设情境，开展多种形式的交际活动，以此来提高学生英语语言应用的能力。利用语言进行的交际总是发生在特定的情境之中。情境包括时间、地点、参与者、交际方式、谈论的题目等要素，在某一特定的情境中，某些因素，如讲话者所处的时间、地点以及本人的身份等都制约他说话的内容、语气等。而且，在不同的情境中，同样的一句话也可以表达不同的意义和功能。

教学活动要和英语交际紧密联系起来，力争做到英语课堂教学交际化。在英语教学中，教师和学生不是单纯地教或学英语知识，而是通过操练，培养或形成用英语进行交际的能力。教师要充分利用教具，为学生创造适当的情境，协助学生进行以英语作为交际的真实的或逼真的演习。这样不仅使学生能学得有兴趣、有成效，而且能真正学到英语，学了就会用。此外，教师也可以设计任务型活动，让学生通过完成特定的任务来获得和积累相应的学习知识与经验。需要注意的是，这些活动需要具有交际的性质，才利于交际目标的完成。

（五）发展性原则

现代社会提倡终身学习，因此英语教学也应遵循可持续发展的发展性原则，即要教会学生自学，帮助学生掌握正确的学习策略。

学习策略是指学生为了有效地学习和发展而采取的各种行动和步骤。英语学习的策略包括以下四种。

1. 认知策略

认知策略是指学生为了完成具体学习任务而采取的步骤和方法。

2. 调控策略

调控策略是指学生对学习进行计划、实施、反思、评价和调整的策略。

3. 交际策略

交际策略是学生为了争取更多的交际机会、维持交际以及提高效果而采取的各种策略。

4. 资源策略

资源策略是学生合理并有效利用多媒体学习和运用英语的策略。

学生的学习成绩受多方面的影响，如学生的心理特点、健康状况、学习基础、学习动机、学习策略、教师的水平、学习的环境以及家长的影响等。在这些影响因素中，学习策略占据着重要的地位。学生如果在学习的过程中采用了科学、正确的学习策略，便可以有效节省时间，并能避免走弯路，使得学习的效果更佳。

因此，在英语教学中，教师应帮助学生形成适合自己的学习策略，培养他们能够不断调整自己学习策略的能力。在具体的英语课堂实施中，帮助学生有效地使用学习策略，有助于他们采用科学的途径来提高英语学习的效率，并有助于他们形成自主学习的能力，为以后的学习奠定坚实的基础。

（六）巩固性原则

语言学习最大的特点就是遗忘，因此教师在教学过程中要不断加强学生对语言的巩固，即巩固学生在学习中已经学习过的英语知识和技能。具体来说，就是要求学生的外语基础知识牢固，能够熟练地运用英语进行交流和学习。每上一节课教师就应该让学生明白所讲的内容，即应该懂的是不是懂了，应该会的是不是会了，应该记住的是不是都记住了。学生不能不懂装懂，教师更不能不管学生能否接受而一味地讲授新知识，要在学生充分理解所学内容的基础上进行知识的深化和整合。贯彻巩固性原则要做到以下两个方面。

1. 强调当堂巩固

学生在学习英语的过程中遇到的最大问题就是遗忘，这种遗忘是从刚开始学习后立即就开始的，且在学习后的最初阶段遗忘速度最快。因此，对所学知识进行及时的巩固就非常重要。

一般来说，在学习新的内容以后要立即进行巩固，也就是进行多次的强化。在教学过程中要特别强调立即巩固，即学完一个新知识点就要马上进行巩固，这样就会记得比较牢固。如果一味地学习而没有进行当堂巩固，学生就很容易忘记，无法取得良好的学习效果。

2. 组织经常性复习

要想持续巩固已学过的知识，仅靠当堂巩固是不够的，还要进行经常性的复习，以便在头脑中形成长时记忆。在英语教学过程中，只有有计划地组织经常性的复习，才能够帮助学生熟练地掌握英语。组织复习时应注意以下三点。

①在每一课时的外语课上复习都可以作为一个步骤来进行，起到一个承上启下的作用。

②在教学的各个步骤或各种练习中都应该注意新旧材料的联系，这样既是在学习新知识，同时也是在复习旧知识，这也体现了复习。

③组织定期的阶段性复习。如果平时不注意复习，只到期末进行总复习，时间就显得比较紧，前面学过的知识也容易被遗忘。因此，在拟订学期教学日历时就要加以注意。每学期可以安排若干次的阶段复习，并且要进行测验以达到监督学生学习和检测学生学习效果的目的。

总之，巩固性原则的贯彻实施能够减缓学生对知识的遗忘速度，帮助学生在最短的时间内记忆最多的知识点，达到事半功倍的效果。此外，巩固性原则还要求教师在进行教学计划时考虑到阶段复习在英语教学过程中的重要性。教师要协调好各项教学任务所占比例，尽量做到松紧适度。

（七）学生中心原则

以学生为中心的理论来源于美国教育学家杜威（Dewey）的"儿童中心论"。杜威认为，尊重人类自由的天性，遵循教育的自然规律对儿童的发展具有重要作用。以学生为中心要求教师的心里要时刻装着学生，把教师的教建立在学生的学之上，教学的一切工作围绕学生的学习进行。在备课、教课、批改学生的作业时，教师都要考虑学生的心理和需要，分析学生掌握的情况，安排和调整自己的教学策略和步骤以适应学生的需要。只有以学生为中心，才能让学生明确学习意义、学习内容和学习目标，才能使学生看到奋斗的目标，使学生看到已经取得的成就，使学生有学习的信心，这样才能在学习的道路上勇往直前。在具体的教学活动中，教师主要应从以下三个方面做到以学生为中心。

1. 制订合理的教学方案

教学方案是教学活动的根本环节。教师需要根据学生的语言接受水平和语言运用能力来制订合理的英语教学目标、教学任务、教学计划、评定方法等方案。

2. 认真分析教材、认真备课

教师在对教材进行分析时，应对教学内容进行充分的理解和把握，根据学生所处的不同阶段的实际情况与自己学生的学习能力来调整教学目标和教学任务，根据学生的需要对教材内容和活动进行最优化处理，使教材与学生的经验建立起联系，把教材内容变成问题的链接和师生对话的中介。

教师的备课也要考虑到学生的实际情况。在教学活动设计中，教师可以根据座谈、课堂提问、作业、测试等多种手段从学生的实际情况的反馈或教学过程中的反馈中了解学生目前的学习状况；另外，教师应根据学生的学习水平、接受能力、学习方法、学习风格和学习态度等来设计和调整教学活动。在备课中要发散思维，善于换位思考，并具有对教学活动的预测能力，这样才能有效地达到教学目标。总之，教师的教学准备及教学活动设计都要从学生的角度出发，让绝大多数的学生参与进来，努力让学生成为课堂教学活动的主体。

3. 采取合适的教学方法和手段

实施学生中心原则，要求教师要根据学生的特点，灵活选用教学方法和手段。直观的教学方法有助于学生直接感受和理解语言，通过视、听、说等手段加深印象，强化记忆，激发学生参与的兴趣。形象化教学手段可以适应学生的直觉思维特征，选择能激发学生学习兴趣和好奇心的媒体，如幻灯片、投影、模型、录音、图片等，使他们能出于个人需求积极主动地参与课堂学习，较自然地感知语言。此外，教师还要善于利用课堂空间设置场景，调动学生参与课堂活动的主观能动性。

需要注意的是，我们强调以学生为中心，并不是完全否定和排斥教师在教学过程中的重要作用。杜威认为，在以学生为中心的教学模式中，教师甚至发挥着比在传统教学中更为重要的作用,也需要付出更为艰辛的劳动。在以学生为中心的教学过程中,教师是教学的主导,其主要作用在于帮助学生加速学习进程。在学生遇到困难的时候,教师要及时给予帮助,使学生的困难得以及时解决;当学生面对困难不知所措时,教师要及时引导,使学生找到解决的办法;当看到学生愿意接受学习任务且跃跃欲试时,教师应该给予学生更多锻炼的机会;看到学生的学习情绪不高时,教师要及时予以鼓励,提高学生的学习热情;当学生在学习上取得成绩时,教师要及时提出更高的要求,使学生始终保有目标,不断努力。

由此可见,以学生为中心的教学模式即充分尊重和发挥学生学习的主体性,又不忽视教师的主导作用,是教师和学生通力协作的全新教学模式。

(八)循序渐进原则

大学英语教学中的循序渐进原则包括以下三层含义。

1. 从口语到书面语

学生在学习语言时应从口语开始,然后逐渐过渡到书面语。首先,英语包括口语和书面语两种形式,从语言发展的历史来看,先有口语后有书面语。因此,学生学习英语应从口语开始,逐渐过渡到书面语。其次,口语词汇比较常用,句子结构简单,比书面语更容易学习,因而也容易激发学生的积极性与自信心。最后,通过口语的学习,学生可以尽快地获得日常生活所需的交际技能,有利于学用结合,使教学生动活泼。因此,学生学习英语应从口语开始,逐渐过渡到书面语。

2. 从听说到读写

在听、说、读、写等语言技能的培养上,应该首先侧重听说能力的培养,逐渐过渡到读写技能的培养。听、说、读、写是英语的四项基本技能,应该全面发展,但是,由于中国的大部分学生缺少英语的语言环境,听便成了他们了解纯正优美的语音语调的重要途径。另外,听说教学还能使学生学到基本的词汇和基本的句子结构,从而为读写能力的培养奠定基础。

因此,在英语学习的初级阶段,教师应加强听说的教学,每节课都要尽可能地为学生创造良好的语言环境,让学生在充足的听的练习中学习英语。还要通过师生之间和生生之间的语言交流,使学生不断巩固、不断更正、灵活运用所学的英语知识。在培养听说能力的基础上,循序渐进地向读写教学过渡。

3. 螺旋式发展

英语能力的提高不是一次性完成的,而必须要循环往复,逐步深化,是一个螺旋式发展的过程，需要进行多次的循环。但这种循环不是单纯的重复，每一次重复都是以旧带新，从已知到未知，都在前一次学习的基础上在深度上有所提高。

因此，教学的各个部分之间应该紧密联系，使得前面所教的内容为后面的内容拟订基础，而后面所教的内容也得复习前面所学的内容。换句话说，教师应该注意从学生已有的语言知识和已经熟悉的语言技能出发，讲授新知识，培养新技能。

（九）关注情感原则

英语教学离不开情感教育的支持。心理学研究表明，人的一切活动都伴随着一种情感体验，而情感体验反过来对人的活动也有一定的支配作用。若能引起愉快的情感体验，就会发生积极地模仿和反复进行的趋势；而不愉快的情感体验，就可能会引起行为停滞趋势。情感原则要求教师要真正热爱英语教学工作，真正热爱自己的学生，并在此基础上运用心理学的理论和方法，有意识地激发和调动学生学习英语的积极情感因素，增强学生学习的自信心、主动性和目的性，提高英语教学效果，从而实现教学中的师生共同参与、和谐发展，促进学生整体素质的提高。在教学过程中，关注情感原则要求教师要做到以下两点。

1. 创设良好的学习气氛

（1）建立新型师生关系

教师应该做到仪表大方、笑容可掬、和蔼可亲、保持在学生中的崇高威望，与学生建立相互尊重、相互理解、相互依赖的新型师生关系。教师是学生学习的指导者又是生活上的朋友。教师要及时了解学生在学习中遇到的难题，帮助其总结经验教训克服困难，树立学习的信心。作为生活上的朋友，教师要时刻注意学生的思想动态、家庭情况等。

（2）营造良好的学习氛围

兴趣是学习活动中最直接、最活跃的推动力。学生的学习兴趣不仅能转化为稳定的学习动力，而且还能促进学生智能的发展，启迪学生智慧和开发学生潜能，达到提高学习效果的目的。教师在教学过程中要注意培养学生学习英语的持久兴趣，把培养学生的兴趣、态度和自信心放在英语教学的首要地位，从而有效地促进学生身心健康的全面发展。

学习动机是英语教学的关键。不论是听、说、读和写等能力的培养还是英语知识的教学，如果不能激发学生的学习动机，教学就不可能达到预期的效果。创设情境是激发学习动机的一个重要因素。没有特定的社会情境，就没有语言的交际活动。

2. 关注学生的情感态度

（1）结合学习内容讨论情感问题

在日常的英语课堂教学中，教师要注意融入积极的情感态度的培养，针对学生学习过程中出现的具体问题进行具有针对性的引导，帮助学生解决情感态度方面的问题。

（2）建立情感态度的沟通渠道

情感态度的沟通和交流渠道可以通过教师在课堂教学中建立起来，例如，建立融洽、民主、团结、相互尊重的课堂氛围等。有些情感态度可以集体讨论，有些问题则需要师生之间进行有针对性的单独探讨。但在沟通和讨论过程中，教师要注意尊重学生的感受，避免伤害学生的自尊心。同时，情感具有外在和内在的表现，教师要仔细观察，了解学生的情感态度，以培养学生积极的情感，消除消极的情感。

（十）正确利用母语原则

就我国多数学生而言，母语即汉语。学生学英语之前所掌握的语言就是母语，他们用母语思想，用母语进行交际。母语的使用习惯已经根深蒂固，无时无刻不在对英语的学习和使用过程中产生着影响。而对于英语教学而言，母语必然会起到迁移性的影响。迁移性影响有正负两个方面，如果对母语利用正确，就会对英语教学产生正迁移，从而促进英语的学习，保证教学的效果。教师要遵循正确运用母语的原则应注意以下两点。

1. 适当用母语进行解释

英语学习是在母语习得后进行的学习活动。在英语学习之前，学生已能用母语进行交际，他们的时间、地点以及空间等概念已经形成，学习者已学会了用母语来表达这些概念。这时，用一种新的语言来构建概念就会比较难，而借助母语已建立起来的概念，教师只需要教会学习者一种新的符号表达形式，就可以使学习者较快和较好地掌握某些概念。

因此，适当地使用本族语进行解释能起到清楚、明了和加深印象的效果。例如，在教单词"excuse""science"和"business"时，可以用中文对其意思进行解释："excuse"的意思是借口，"science"的意思是自然科学，"business"的意思是商务或商业。而如果我们用英语对"excuse""science"和"business"进行详细的解释，这不仅会花费教学中有限的时间，而且也不一定能解释清楚这些词。当然，虽然不同的语言之间存在着差异，某些概念在不同语言之间也会存在着差异，但无论如何，母语的适当使用都会起到画龙点睛、突出差异的效果。例如，有的参考书中说"festival"可用"red letter day"来解释，但"red letter day"（用红字标明的、值得纪念的日子）这个概念对于不同国家、不同民族来说，其理解和认识方面是存在着差异的，如在中国，春节是节日，而在英国却不是"red letter day"。因此，我们用汉语对"festival"进行简单的解释，能让学生更好、更快地对该词的意义有一个正确的理解与掌握。

此外，适当地使用本族语进行英语教学，还可以使学生更容易理解英语某些结构和规则的特点，能更好地理解教师安排和布置的教学活动的具体做法。而对英语结构和规则的正确理解有利于学生对其进行掌握和运用。同时，透彻地理解教师的指示也能充分利用上课的时间进行英语实践，提高英语教学效果。

2. 利用母语与英语的比较

本族语与英语的比较，可以帮助学习者更好地对两种语言各自的特点进行理解。学习英语是个相当复杂的过程。在这一过程中，学习者很可能会因本族语系统的影响而犯错误。如果能在适当的场合，结合英语学习的内容，对英、汉两种语言在某一结构、某一用法上的差异和特点用本族语进行简单讲授，学习者通过比较将会了解并明确英、汉两种语言在使用上需要注意的问题，那么他们在使用英语进行交际时，就会对本族语系统经常造成英语使用中的错误进行刻意的避免，从而提高英语使用的效果。

在进行英汉两种语言差异的比较时，教师可以适当使用语法翻译法。例如，在英语应用中，我们会经常看到学生写出用英语形容词作谓语的句子，如"We very happy"。这种句子产生的原因很可能是受汉语的影响所致，因为汉语的形容词可作谓语，如"我们很快乐"。但英语的形容词在句子中却不能单独作谓语，英语形容词要与动词 be 结合才能作谓语。所以，应该是"We are very happy"。

因此，在讲授英语形容词作表语时，可以把英文句子译成汉语，通过这种方式，学生能够很容易且直观地看到英、汉形容词在句法功能方面的差别，避免把汉语形容词的使用规则迁移到英语形容词的用法方面去，避免造成消极的影响。

四、现代英语教学的影响因素

（一）教师

教师是教学活动的组织者，也是影响教学效果的最重要的因素之一。作为英语学科的教师，在充分发挥教师主导作用的同时，也要清醒地意识到教师这一角色需要在教学过程中发挥着怎样的作用。我们这里所说的教师的角色，就是教师在教学过程中的职责以及教师的职业特征。

（二）学生

学生是课堂学习的主体。《现代汉语词典》中给出的"主体"定义就是"有认识和实践能力的人"。由此可知，学生能够作为学习的主体，是因为他们具有一定的认识和实践能力。在英语教学中，教师要教会学生通过感官获取来自教材的各种信息，并学会对这些信息进行比较、分析、综合、概括，进行去粗取精、去伪存真、由此及彼、由表及里的思考，抓住事物的本质，发现事物的内在联系，从而归纳出事物的规律，确立科学的知识系统。经过这一过程之后，学生不仅学到了英语知识，培养了英语交际能力，而且在学习过程中培养出了独立自主的学习能力，学会独立解决新问题。可见，学生学习的过程，就是不断主动丰富自己的主观世界、不断完善自己的内化过程。教师在教学的过程中需要注意学生这一角色的特殊性以及不同学生身上所具有的个体差异性。

1. 学生的角色

英语教学应面向全体学生，为学生全面和终身发展奠定基础，以学生学习方式为核心，强调对学生学习愿望、学习习惯和学习能力的培养，倡导学生培养积极主动的学习方式，关注学生自我评价、评价激励、反馈和调整功能。教学中学生所扮演的角色主要有如下四个。

（1）主人

学生是学习的主体，也是教学活动的主体。学生对知识的探索、发现、吸收和内化等实践，不仅有助于学生逐步构建自己的知识体系，而且有助于学生形成科学的世界观、人生观和价值观。

（2）参与者

教师在大学英语教学中应激发学生的学习兴趣，激发学生的参与积极性，让学生乐在其中。在学习过程中，学生应充分思考、积极参与、表达观点、展示个人才能，以保持浓厚的学习热情。

（3）合作者

英语学习是在师生、生生之间进行的，学习过程也是团队合作的过程。学生在学习中互相学习、彼此促进、共同提高。协商与互助使每个人都能感受到集体的力量和团队合作的精神。

（4）反馈者

在大学英语教学中，学生会根据自身的学习经历以及教学法的适用性向教师提出建议，协助教师就相关问题改进和完善教学内容和教学方法，以此促进英语教学。

2. 学生的个体差异

教育的根本目的在于培养人，这就要求教育者必须掌握学生生理、心理发展的规律和个体差异。学生的个体差异，尤其是学习动机、学习态度以及自身性格等方面的差异，使他们理解和掌握新知识的速度和程度不同。根据学生的个体差异制订教学计划，选择适合的教学材料和方法，具有重要的教学实践意义。

（1）认知风格

认知风格是指人在信息加工（包括接受、储存、转化、提取和使用）过程中表现出来的认知组织和认知功能方面持久一贯的风格，既包括个体知觉、记忆、思维等认知过程方面的差异，又包括个体态度、动机等人格形成和认知功能与认知能力方面的差异。不同的学习个体，其认知风格也有所不同，并且不同认知风格具有不同的优势和劣势。不同的学生有各自偏爱的信息加工方式，在学习不同材料时也会各有所长。

当学生的认知风格与教师的教学风格以及学习环境中的其他因素相吻合时，学生的学习成绩会更好。认知风格对学生选择学习策略和教学策略也有影响。因此，教师在英语教学中应该了解并尊重学生不同的认知类型，针对不同的学习任务和学习环境因材施教，妥善引导，将自己的教学特点与学生的需要联系起来，进而取得良好的教学效果。

（2）语言潜能

语言潜能是指学习外语所需的认知素质，或者说是学习外语的能力倾向，即一种固定的天资。努力提高学生外语素质就是要培养学生的综合语言运用能力，而语言潜能正是就学生的认知素质来预测其学习外语的潜在能力。不同的学生，其语言潜能也存在着一定的差异。在英语教学过程中，教师应了解学生的语言潜能，进而因材施教，使学生针对不同的学习任务在不同场合发挥各自的长处，以收到事半功倍的教学效果。

（3）情感因素

学生在英语学习过程中受到个人情感因素的影响，如性格、态度、学习动机等。其中，性格指一个人对现实的态度和行为方式表现出的比较稳定但又可变的心理特征。性格不仅是学生的重要情感因素，而且是决定学生外语学习成功与否的关键因素之一。态度是个体对待他人或事物的稳定的心理倾向或为达到某种目的而做出的一定努力。态度一般包括认知成分、情感成分和意动成分三个方面。其中，认知成分是指对某一目标的信念；情感成分是指对某一目标的好恶程度；而意动成分则是指对某一目标的行动意向及实际行动。学习动机是指激发个体进行学习活动、维持引起的学习活动，并使学习活动朝向一定的学习目标的一种内在过程或内部心理状态。学习动机是直接推动学生进行外语学习的内部动力，对外语学习成绩有着关键的影响。

（三）学校

英语教学要想取得良好的效果，离不开学校的重视和支持。具体来说，学校对英语教学的重视和支持主要体现在以下三个方面。

1. 提供时间保证

同传统教学相比，英语教师在进行备课时常常需要付出更多的时间与精力。同时，学生在参与教学时在课前准备与课后复习上也需要进行更多的准备与复习。因此，学校在整体教学安排上要为英语教学的备课与上课预留出充足的时间，保证教师备课与学生上课的时间不被其他教学活动所挤占。

2. 提供设施保证

英语教学具有方式灵活的特点，为了达到更好的教学效果，一些必要的教学设施，如多媒体教学设备、活动场地、活动材料等是必不可少的。另外，教学的内容丰富多彩，离不开电子期刊、英文书籍报刊、教学软件等教辅资源。可见，英语教学的顺利开展离不开学校的资金投入。学校投入资金购置、租用与英语教学相关的设施与材料，对提高教学效果有积极的推动作用。

3. 提供良性机制

为保证英语教学顺利进行，学校应为英语教师创造轻松的工作环境，积极为英语教师解决工作、生活中的难题，同时提供科研的空间和深造的机会。这些努力会使英语教师深刻认识到自己工作的意义和价值，提高工作的积极性，从而努力提高自己的教学水平，保证英语教学的有效性。同时，学校在人才培养方案中规定学生通过学习应取得的基础英语水平，可以增加学生学习的动力，促使学生积极参与和投入到教学中，从而改善课堂教学效果，提高英语水平。

（四）教学内容

教学内容是指在教学活动中为实现教学目标，师生共同作用的知识、思想、观点、概念、原理、事实、技能、技巧、问题、行为习惯的总和。教学内容是学生认识和掌握的主要对象，是教师和学生进行教学活动的重要依据。没有教学内容，教学活动就无法进行。根据教育目标，选择并确定教学内容，研制课程计划、课程标准，编制教科书，在教学过程中发挥师生的主动性，活化教学内容并使学生有效掌握，是保证高质量人才培养的重要前提。可见，教学内容也是影响英语教学效果的重要因素。归纳起来，英语教学的内容主要包括以下五个方面。

1. 语言知识

语言知识是综合英语运用能力的有机组成部分，也是语言学习和语言运用的重要内容之一。没有扎实的语言知识作为基础，就不可能掌握较强的语言能力。例如，大学英语教育阶段的学生应该学习和掌握的英语基础知识包括语音、词汇、语法、功能和话题。这五个方面的内容密切联系、不可分割。语音、词汇和语法（语言形式）体现在一定的话题中。学生在运用语言时，除了要具有话题知识，还应掌握语言形式在一定话题中所具有的功能。只有当他们既掌握语音、词汇和语法，又具备语言功能和话题方面的知识时，才能正确、得体地运用语言进行交流和沟通。

2. 语言技能

学生在学习和运用语言时必备的四项基本语言技能是听、说、读、写，这四项基本语言技能是学生形成综合语言运用能力的重要基础和重要手段。大学英语教学内容必须包括听、说、读、写四个方面的语言技能及其综合运用能力，为学生提供体验语言和感知语言的机会，促进学生更加熟练地掌握语言知识。在这四项基本技能中，听是分辨、理解话语的能力；说是运用口语表达思想的能力，同时也是运用口语输出信息的能力；读是辨认、理解书面语言的能力；写则是运用书面语表达思想的能力，同时也是运用书面语输出信息的能力。通过大量听、说、读、写的专项和综合性语言实践活动，学生可以形成这四种技能的综合运用能力，为真实的语言交际奠定基础。

3. 学习策略

学习策略指学生为有效地学习和发展而采取的各种行动和步骤。英语的学习策略包括认知策略、调控策略、交际策略和资源策略等。学习和培养正确的学习策略有助于提高学生学习英语的效率和效果，也有助于学生学会独立学习和自主学习，为学生的终身学习奠定基础。使用有效的英语学习策略，可以改进英语学习方式，提升英语学习效果。教师在英语教学中要有意识地帮助学生形成适合自己的学习策略，对自己的学习过程、学习效果进行监控和反思，培养学生根据学习风格不断调整学习策略的能力，并引导学生学会观察他人的学习策略，同时通过与他人交流学习体会，尝试不同的学习策略，最终寻找到最适合自己的学习策略。

4. 情感态度

情感态度既包括影响学生学习过程和学习效果的相关因素，如兴趣、动机、自信、意志和合作精神等，又包括学生在学习过程中逐渐形成的国家意识和国际视野。学生在学习过程中往往受到价值观、意志、理智、动机及教师的人格、态度、情感投入、教学风格等各种情感因素的影响。因此，教师在英语教学中有责任和义务关注学生的情感，帮助学生培养和发展积极向上的情感态度。在英语教学中，教师应该不断激发学生的学习兴趣，并引导学生逐渐将兴趣转化为稳定的学习动机，树立自信心，锻炼克服困难的意志，正确认识学习中的优势与不足，培养乐于与他人合作的品质，养成和谐、健康向上的品格，同时，增强祖国意识，拓展国际视野。

5. 文化意识

在英语教学中，文化是指英语国家的历史地理、风土人情、传统习俗、生活方式、文学艺术、行为规范、价值观念等。语言是文化的载体，脱离文化，语言就失去思想性、人文性、知识性和工具性。接触和了解英语国家的文化，不仅有助于学生理解和使用英语，而且有助于学生加深对本国文化的理解与认识，还有助于学生提高人文素养，培养世界意识。英语学习离不开对英语所代表和负载的文化的了解。

在英语教学过程中，教师应渗透文化意识，根据学生的年龄特点及认知能力，向学生传授文化知识，培养文化意识和世界意识，并逐步扩展文化知识的内容和范围；此外，教师还应促进学生在学习其他民族的优秀文化中更好地继承、发扬中华民族的优良传统，培养学生形成"传承文明，开拓创新"的意识和能力。

第二节 现代英语教学的主要方法

一、情景法

（一）定义

情景法又称视听法，是在直接法和听说法的基础上，利用视听手段形成的教学法。这种教学法是在教学过程中教师有目的引入和创设具有一定情感色彩的、以形象为主体的主动具体的场景，以引起学生一定的态度体验，从而帮助学生理解知识和技能，并使学生的心理机能得到发展的方法。在传统英语教学中，教师精心教读和讲解，学生拿着课本记、读和机械训练，慢慢地学生失去了学习英语的兴趣。语言脱离了语言环境就难以恰当地表述意义，难以发挥其表情达意的本质功能。因此，情景需要语言，语言应当从情景教起。

英语教学的根本是通过各种情景,掌握语言所含的意义,从而达到在交际中运用语言的目的。

(二) 起源

情景法于20世纪50年代首创于法国,其代表人物有古根汉和古布里纳。他们认为,在运用语言进行交际时,具体真实的情景决定着人们说话时所选择的方式、节奏和语调。人的听觉和视觉受到刺激后,作用于人脑,诱发人脑迅速做出反应和加速记忆,从而达到记忆痕迹的长期储存。情景法强调耳、眼等器官以及人脑整体地去感知和认识外语材料。

(三) 教学特点

1. 消除学生的紧张心理

教学艺术的魅力在于情感。情景教学法重视学生的情绪和情感,并集直观性、启发性、形象性、情感性于一体。情景教学的创设切合学生实际、切合教材内容、切合语言交际的实际,新颖而富于启发性。教师在课堂上应调整对学生的情感,在举止、眼神、语言上使学生感到教师和蔼可亲、可信,这样学生就会消除紧张恐惧心理,踊跃发言,变被动学习为主动学习,为学好英语奠定可靠的心理基础。古人云:"亲其师,信其道。"如果一个教师关心、爱护、尊重学生,学生也会热爱教师、尊敬教师,还会把对教师的热爱转移到他所教的科目上,他们也会对自己充满信心。

2. 吸引学生的注意力

心理学家告诉我们,"注意"是学生认知客观世界、获取知识、发展智力和培养能力的基础。因此,教师应该采取受学生欢迎的教学方法,努力把课教得形象生动,最大限度地减少和排除分散他们注意力的各种干扰因素。而情景教学法就是设法创设各种生动有趣、贴近学生生活的情景、画面,集中学生的注意力,调动他们的积极性,使他们寓乐于学、寓学于乐;学有所乐、学有所得。

3. 降低学生的理解难度

情景中创设的语境是语言赖以生存和发展的环境,也是语言交际所依赖的环境。语言意义的理解,以及语言功能的实现皆需通过语境。情景教学法正是利用各种手段为学生创设学习英语的语言环境,在相应的语言环境中完成教学内容,降低学生理解语言的难度。

4. 语言与真实情景相结合

以情景为中心,充分利用视听手段,让学生做出模仿反应,形成自动化习惯,创造出类似语言习得的学习过程,主要培养学生的听说能力。教学时,学生一边看图像一边听声音,避免使用母语,这样可以使情景的意义与所学外语之间建立起直接的联系。

二、直接法

(一)定义

直接法又称自然法,是指直接用外语本身进行教学的方法,不用学生的母语,不用翻译,也不注重形式语法。它包含三个方面的意思:直接学习、直接理解和直接应用。其主要特点是不允许使用母语,用动作和图画等直观手段解释词义和句义。它的教学目标不是规范的书面语,而是外语口语。

(二)起源

19世纪下半叶,资本主义在世界范围内有很大进展。资产阶级迫切需要在更大范围的国际贸易中获取更多的经济利益,培养一批能与外国人在政治、经济、科学、文化等方面进行洽谈、交流的外语人才成为当务之急。在这种情况下,外语学习中口语的重要性逐渐凸显出来。

19世纪,外语学习的标准方法就是之前在拉丁语学习基础上发展而来的方法,即为人熟知的语法翻译法。尽管它在培养阅读能力方面有一定的成效,但其偏重阅读能力,忽视口语能力的培养方法,明显不适应资本主义社会的发展需要。

到了19世纪后期,对语法翻译法的指责和批评越来越强烈,改革运动的兴起和国际语音协会的建立,为新教学法的产生奠定了基础。同时,19世纪末,语言学、心理学、教育学等相关学科也有了一定的发展,为新的教学法的产生提供了理论条件。因此,直接法作为语法翻译法的对立物应运而生。直接法作为一种新的语言教学方法更准确地反映了当时英语教学规律,它重视口语教学,能够满足用语言进行交际的要求,因而被迅速应用到学校英语教学中。

(三)教学特点

1. 直接法的特点

首先,把学习外语和学习母语的过程等同起来,认为外语要在自然的环境或情景中习得;其次,要求在外语和客观事物之间建立直接联系,直接运用外语思维,广泛利用图画、动作、游戏等直观手段,或者用外语讲解词义来学习外语,完全不用母语,或部分时间不用母语,以避免母语的干扰;再次,模仿和感知是直接法教学的基础，外语学习主要靠机械模仿和记忆语言材料，熟练技巧是不自觉地经常重复，达到自动化的结果；最后，语音和口语是直接法教学的另一个基础，是语言活动的中心。英语教学从口语入手，设置一个不接触文字的听说阶段。在这个阶段，学生只见音标，不见文字，在听说基础上再学读写，最后达到听、说、读、写的全面发展。

2. 使用的基本原则

一是直接联系原则。每教一个新词语，应把该词语所代表的事物、意义及客观表象直接联系起来。

二是模仿为主原则。不是先学习语言规则，而是先听周围的人说话，模仿着说。以模仿多练为主，语言理论为辅。

三是归纳途径教语法原则。让学生先实际掌握语言材料，再从他们积累的感性语言材料中总结出语法规则，用以指导以后的学习。

四是以口语为基础的原则。先口头实际掌握语言，然后再学习文字符号的识记和书写。

三、听说法

（一）定义

听说法又称口语法、句型法，是一种强调通过反复句型结构操练培养口语听说能力的教学法。它和直接法有共同的地方，就是强调口语的第一性，强调口头能力的培养。但它也有自己独特的地方，"听说领先，读写跟上"可以说是听说法特点的一种表述。

教师希望通过听说法教学，培养学生使用外语进行交际的能力。他们认为语言是一套习惯，学习外语就得养成一套新的习惯。而要这样做，就得超量地学习语言（包括语音、语法和词汇的结构），在运用各种语言结构进行交际时能做到不假思索、脱口而出的程度或称为自动化的程度。为了能自动化地使用外语，学生必须克服母语的旧习惯对外语新习惯的干扰。

（二）起源

从20世纪40年代开始，结构语言学、数学语言学、心理语言学、控制论、行为主义心理学等相互渗透的学科得到发展。各国教学法家竞相实验新的教学法体系，这给听说教学法的产生提供了理论基础。美国国防部邀请了一批语言学家和英语教学法专家，研究新的英语教学法。其中为首的学者是布龙菲尔德（Leonard Bloomfield），他采用行为主义心理学研究语言。他是结构主义语言学的创立者,又与直接法大师帕默有过学术交往,制订了以结构主义语言学和操练性条件反射为基础的陆军口语法,又称布龙菲尔德教学法,后逐渐完善为听说教学法,该教学方法取得成效并传及全世界。

在听说法的发展过程中,布龙菲尔德教学法的教学过程得到了完善,成为规范的五个阶段:第一,认知阶段,认知即对所学句型耳听会意,主要采用外语本身相同或不同的对比,使学生从对比中了解新句型或话语。第二,模仿阶段。跟读、齐读、抽读、纠错、改正,同时记忆。第三,重复阶段,检查学生重复模仿材料,做各种记忆性练习,同时教师要进行检查,当确信学生已能正确理解、朗诵所学句型之后,才能进行下一阶段的变换活动。第四,变换阶段。变换即替换操练,应按替换、转换、扩展三步逐渐加大难度,同时要注意学生的理解情况。第五,选择阶段,活用所学语言材料于交际实际或模拟情景之中,即综合运用。

四、任务型教学法

(一)定义

所谓任务,是指特定目的的一项工作或一个活动,在教育课程中,主要用于搜集资料进行研究的工作或活动。语言学习的"任务"就是有目标的交际活动或学生为达到某一目标而进行的交际活动的过程,是一种"在实践中学习"的语言实践。任务型教学法以"以学习者为中心"和"以人为本"为核心,以建构主义为理论基础,符合二语习得内化过程的理论假设。

任务型教学法是根据单元目标和教学内容,创造性地设计出贴近学生实际生活的教学活动,即布置一个既新颖有趣而又熟悉的任务。该课堂模式把学生的注意力聚集在怎样利用外语作为交流的工具来完成任务,而不只是关心自己所说的句子是否正确,任务完成的结果为学习者提供自我评价的标准,并使其产生成就感。这些目标是为课堂教学服务的,学生是直接的受益者。

(二)起源

任务型教学法起源于20世纪80年代,由英国教育家勃雷泊(Prabhu)首先提出,博雷泊不仅提出了任务型教学法,还在实施中总结出了一整套的教学模式,是一种强调在"做中学"的语言教学方法,将语言理论和应用理念转化成了在课堂实践中的教学方式。这种教学方式充分肯定了学生的主体地位,通过教师的辅助来实现教学目标。同时,将学生学习的内容设计成一个一个阶段性的交际任务,让学生在完成任务的过程中掌握语言知识,学会运用语言。

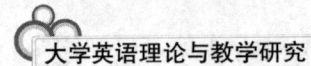

五、合作型教学法

（一）定义

合作学习是指学生为了完成共同的任务，有明确的责任分工的互助性学习。合作学习是一种结构化的、系统的学习策略，由 2~6 名能力各异的学生组成一个小组，以合作和互助的方式进行学习活动，共同完成小组学习目标，促进每个人的学习水平，提高整体成绩，获取小组奖励。

（二）起源

合作学习是 20 世纪 70 年代初兴起于美国，并在 70 年代中期至 80 年代中期取得实质性进展的一种富有创意和实效的教学理论与策略。由于它在改善课堂内的心理气氛，大面积提高学生的学习成绩，促进学生形成良好的非认知品质等方面实效显著，很快引起了世界各国的关注，并成为当代主流教学理论与策略之一，被人们誉为"近十几年来最重要和最成功的教学改革"。自 20 世纪 80 年代末 90 年代初开始，我国也出现了合作学习的研究与实验，并取得了较好的效果。

（三）教学特点

在合作型教学课堂中，教师应注意以下三个环节的操作。

1. 合理分组

合理分组是该教学法的首要环节。教师需要充分发挥自身的引导作用，在分组时，要注重考虑分组的合理性，如要考虑小组成员的学习成绩、成员人数，还要对小组的学习目标和角色分配等方面进行指导。

2. 灵活组织

通常来说，合作型教学中的小组活动包括话题讨论、角色扮演、切块拼接、小组竞赛等。教师需要灵活安排教学活动，要让小组里的每个成员都意识到他们的行为会影响到其他组员的状态，要让小组成员明白只有以合作的方式才能完成任务。

3. 科学评价

如果合作学习型教学模式想要顺利进行并最终取得预期的效果，那么对合作学习效果进行科学性评价是不可或缺的一个步骤。

第三节　现代大学英语教学的基本模式

一、分级教学模式

大学英语分级教学模式，本着因材施教、提高教学效果的原则，根据学生个体实际英语水平及其接受英语知识的潜能，将学生划分为不同层次，在此基础上确定不同的培养目标，制订不同的教学目标、教学方案、教学计划、学生管理制度等，采用不同的教学方法进行教学活动，在讲课、辅导、练习、测验和评估等方面充分体现出层次性。分级教学的最终目的是让学生在各自不同的起点上分别得到进步和发展。

（一）分级教学模式的理论基础

分级教学以学习迁移理论、掌握学习理论和输入假设理论为理论基础。

1. 学习迁移理论

所谓学习迁移，即一种学习中习得的经验对其他学习的影响。其实质是原有的知识在新的学习情景中的运用，但凡一种学习对另一种学习能够起促进作用的，都称为正迁移；但凡一种学习对另一种学习起干扰或抑制作用的，都称作负迁移。众多理论学家针对学习迁移的问题提出了不同的看法，从而形成了各种各样的学习迁移理论，其中的"认知结构说"从心理学角度阐明了我国大学英语分级教学的必要性。

认知结构迁移理论是奥苏贝尔（D.P. Ausubel）根据他的有意义接受学习理论发展而来的。奥苏贝尔认为，认知结构就是学生头脑内的知识结构。奥苏贝尔提出了影响新的学习与保持的三个认知结构变量，通过操纵与改变这三个认知结构变量可以进行新的学习与迁移。奥苏贝尔的认知迁移理论从心理学角度为我国大学英语分级教学提供了理论依据。学生对原有知识的理解、巩固和对知识的可辨别性越高，就能使认知结构具有系统、清晰和稳定的特点，利于学习的正迁移。

因此，把对原有知识掌握水平相当的学生安排在一起组织教学，合理安排适合学生学习能力的教学内容，能够促进学习的正迁移，使学生的学习得以顺利进行，教学才会取得好的效果。

2. 掌握学习理论

美国心理学家布鲁姆（B.S. Bloom）在掌握学习理论中指出，许多学生在学习中未能取得优异成绩，其原因不是学生智慧欠缺，而是由于没有设施完备的教学条件和合理的帮助。如果提供适当、合理的学习条件，绝大部分学生在学习速度、学习能力、进一步学习动机等方面都会变得十分相似。实施分级教学，确保我们采用多样化、个性化的教学手段，最大限度地挖掘学生的潜能。由此可以看出，现代心理学研究结果也为分级教学提供了理论依据。

3. 输入假设理论

美国著名的应用语言学家克拉申（Krashen）提出的"输入假设"理论为大学英语分级教学提供了理论支持。"i+1"语言输入假设理论与分级教学的相关性有如下两方面。

一方面，从课程理论角度来看，"i+1"理论注重学习的结果和目标的达成，集中反映了循序渐进的观点，即强调学习的步骤、方法和过程。"i+1"理论不仅注重知识的获得，而且特别强调学生如何获得知识，即侧重学生获得知识的途径，这正是大学英语分级教学的精髓和理论基础。

另一方面，从教学实践来看，分级教学就是针对学生不同的语言技能、认知风格、动机、态度和性格等个体差异施行不同的教学目标、教学要求、教学方法和教学评价。这与"i+1"理论的内涵是一致的。

（二）分级教学模式的原则

教学原则是根据教育目的和教学过程的客观规律制订的，是教学中必须遵循的基本要求和指导思想。分级教学是循序渐进的原则和因材施教的原则在教学中的具体运用，是顺利完成教学任务的重要保证。

1. 循序渐进原则

循序渐进原则是由宋朝朱熹总结得出的，在《朱子大全·读书之要》中记载了他的读书方法，读书在于"循序而渐进，熟读而精思""未得乎前，则不敢求其后，未通乎此，则不敢志乎彼"。循序渐进的原则是指教师在传授各门学科的基础知识时，既要按照各门学科知识体系的内在规律和顺序进行系统的教学，同时又要采取相应年龄阶段的学生能够接受的形式进行教学。分级教学使教师得以在学生英语知识体系的基础上进行教学，采取适合他们的教学方法。教师的教学方法得当，才能使学生在学习上循序渐进，逐步提高语言知识和技能。

2. 因材施教原则

因材施教原则是指教师要从学生的实际出发，有的放矢地进行教育。孔子是因材施教的首创者，他指出"柴也愚，参也鲁，师也辟，由也喭"，主张在具体教学中因材而教。朱熹概括为"孔子教人，各因其材"，由此产生了因材施教的说法。由于教育、环境、学生本身的实践等方面的不同，学生之间必然存在差异性，因此我们在教学的时候必须充分考虑这种差异性，一定要具体情况具体分析。

随着大学教育的普及，越来越多的学生有机会进入高等院校继续学习，但一个不能忽视的事实是学生的英语水平参差不齐。如果把英语水平高低悬殊的学生安排在同一班级，教师难以根据学生的特点和个性进行因材施教，很容易出现成绩好的学生"吃不饱"，成绩差的学生"吃不消"的尴尬教学局面，结果是"教师白费力，学生不受益"。而分级教学从学生的实际情况出发，承认个体差异，为每个学生的充分发展提供了条件。

（三）分级教学模式的实施

分级教学模式的实施，可以从以下五个方面着手。

1. 合理、科学的分级

分级教学是按照不同的级别制订不同的教学目标，不要求所有的学生达到同一目标。因此，级别设置的科学与否，是分级教学能否最终实现教学效果的前提。为了做到统一考核分级的科学性，我们需要有科学的分级试题和分级标准。分级试题应根据《大学英语课程教学要求》规定的各级词汇量为基础，设题要有层次，基本要求题和较高要求题都涉及，同时逐年积累多套成熟的分级试题。

分级标准应采取个人意愿与统一考核分级相结合、实际水平与考试结果相结合的原则。另外，为了调动学生的积极学习情感，可以将学生分为A、B级两班。对A级班的学生进行更深内容上的教学以及课程辅导，进一步提高A级班学生的自信心和英语水平。利用周末的课时给B级班中基础较差的学生补课，由此可缓解基础差的学生的心理压力，不少B级班学生中的差生增强了学好英语的信心，到了期末能和A级班的学生在同一起跑线上竞争。

2. 提高分级的区分度

很多高校分级分数线的设定都根据高考成绩和摸底考试的分数，但每次分级后，有些学生往往因为一分之差没有进入A级班，这一分的差距的确难以说明其英语水平的高低。

因此，为了提高区分度，可以让学生自己参与分级，实行双向选择。具体方法是依然参考高考和摸底测试的成绩，同时公布各个级别的不同起点、听说读写各方面的学习要求和最终目标，学生可以根据自己的学习兴趣申请对应级别，由学校最终审定。学生最清楚自己的英语水平和学习兴趣，他们由被动选班变为自主择级，必然能增强学习英语的积极性和自觉性。

3. 贯彻好升降级调整机制

升降调整机制是指根据选拔和自愿的原则，在一定范围内定期调整学生的级别，使学生的级别随学习的兴趣、成绩以及能力的变化而变化。落后者降档，能给予适当的压力；进步者升级，能给予一定的激励，有助于提高学生学习的积极性和主动性。

4. 制定科学的评价标准

为了检测教学效果，在分级教学模式下，各级别一般采用不同难度的试卷，这就很容易造成一种不良现象，即英语水平高的学生最终英语成绩竟然低于部分水平低的学生。针对这一现象，可以在分级教学的考核管理上增加平时表现在总评成绩中的比重，加强试卷命题的科学性，最后利用形成性评价与总结性评价相结合的方式来确定最终成绩。此外，还可以根据各级别试卷的难度引入加权算法，设定一个科学的系数，整体调整 A 级班或者 B 级班学生的分数。

5. 尽量避免负面影响

作为改革中的新事物，分级教学在组织和管理方面存在着一些固有的缺陷，如学生容易产生心理波动、集体归属感不强、组织管理的操作过程过于复杂、学生考勤难以控制等，这些问题必然会影响分级教学的效果。因此，教育管理者需要制订相应的制度规范，大力发扬分级教学的优势，尽量避免其带来的负面影响。

（四）分级教学模式的优点

分级教学是我国大学英语教学改革的一项重大举措，其实施的优点有如下两个方面。

第一，有利于贯彻落实《大学英语课程教学基本要求》，培养学生实际使用英语进行交际的能力，使他们在涉外交际的日常活动中能进行简单的口头和书面的信息交流，以适应我国经济发展和国际交流的需要。

第二，能够满足不同层次英语水平学生的求知需要，为他们搭建更好地展示自己英语才华的平台，充分发挥他们各自的优势，顺利完成大学英语基础阶段的学习，全面提高他们运用语言的能力。

分级教学从根本上改变了重"教"轻"学"的现象，充分体现了"以学为本"的教学新理念，从而使大学英语教学从耗时低效进入省时高效的新时期，标志着我国大学英语教学从传统的教学模式向现代教学模式的转变。

（五）分级教学下的学习焦虑问题

分级教学打破了传统以专业为基础的行政班级教学模式，导致学生之间陌生感和交流障碍激增；同时分级教学的升降级制度又会使部分学生激发更大的学习动力或者承受更大的心理压力。由此可见，分级教学所引入的竞争机制使各个层次学生出现了或多或少、或长期或短期的心理压力和焦虑情绪。

1. 学习焦虑的表现

学习焦虑是一种特定情境下的焦虑，是学生因英语学习过程的独特性而产生的一种"与课堂语言学习相关的自我意识、信仰、情感和行为的情结"。根据相关学者对外语学习焦虑的研究，外语学习焦虑大体表现为以下三种形式。

（1）交际畏惧

交际畏惧是指学生对真实的或预期的交际活动所产生的恐惧或焦虑心理，典型的行为模式是交际回避和退缩。

（2）考试焦虑

考试焦虑主要源于对考试失败的恐惧，是学生因担心在考试中发挥不好可能带来的种种不良后果而导致的恐惧心理。

（3）负评价恐惧

负评价恐惧更多地表现为一种预期心理，它是学生因他人可能会对自己做出负面评价而产生的畏惧感和沮丧心理。

2. 学习焦虑的根源

分级教学是对传统英语教学方式的一次革命，其核心是竞争机制的引入。因此，分级教学会导致学习过程中新焦虑源的产生。

一是学生在开始大学英语学习之前首先面临的就是分级考试，面对这样一种区分英语水平高低的考试，学生会承受一定程度的考试焦虑。

二是对很多学生而言，分级教学会使以往只在一个自然班级内部存在的某一门学科学习水平的差异会因分级教学而扩大到整个学院乃至整个学校，学生会因此而承受着自己不如别人甚至别人可能会看不起自己的负评价恐惧心理压力。

三是分级教学模式下，学生除了要面临伴随期末考试而来的升级或者降级的压力，还要去适应流动的班级同学、不同的授课教师以及不同教学风格的变化。

四是分级教学会使一些学生提前修满学分并根据个人兴趣选修一些课程，从而在更高层次上提高自己的英语水平，这一机制的调整会在学生之间造成心理上的不平衡。

五是课堂活动形式、教师的教学观念和方法、师生之间的交流、教师纠正错误的方式等外部因素同样会导致学生语言学习焦虑的产生。

六是学生自尊心的强弱、对竞争的适应力、对学习过程中模糊现象的宽容度等因素会导致学生在语言学习过程中产生焦虑心理。

3. 学习焦虑对分级教学的启示

焦虑是外语学习过程中不可避免的一种情感因素。在大学英语分级教学过程中,教学管理人员和教师要针对不同层次学生焦虑的具体原因,采取措施最大限度地降低学生的焦虑情绪。

首先,在分级教学之初,教师首先应该让学生充分了解与认识对于实施大学英语分级教学的必要性以及已经取得的教学效果。当学生对这种教学模式有了充分的了解之后,就不会对这种新的教学模式产生排斥心理。

其次,教学管理人员在实施分级教学时要坚持"两头小,中间大"的原则。"两头小"是指分入较高级和较低级班级的学生的比例要小。"中间大"是指进入中间级别班级的学生比例最大。

最后,在分级教学过程中,授课教师对学生焦虑心理的关注、理解与及时疏导将起到减少焦虑,提高教学效果的作用。构建融洽的师生关系、增进师生间的情感交流和相互理解是降低学生英语学习焦虑的有效途径。

总而言之,教学管理者在分级教学中的各种减压措施,都有利于学生降低并逐渐克服分级教学后的焦虑心理,从而更加充分地发挥分级教学的优势。

二、网络教学模式

随着计算机网络技术在大学英语教学中应用的不断深入和扩展,网络教学模式在具体操作过程中积累了各种经验和教训,促进了对网络英语教学理论和实践的深入探讨和研究,从而有助于解决当前实践中的问题,也为今后的发展指明了方向。

(一)网络教学模式的定义

要明确网络教学模式的定义,首先要搞清楚模式和教学模式的定义。模式是依据一定的理论基础表征现实活动和过程的一种模型或形式,代表某种对象活动结构或过程的范型,因而既有某种对象活动结构或过程即所谓的表象,也有内涵(理论基础),其实质是理论和实践所构成的某种概括模型。而所谓的教学模式,是指在学习环境设计理论与实践框架指导下,为达成一定的教学目标而构建的教学活动结构和教学方式。根据以上两个概念,有学者对网络教学模式做了如下定义:网络教学模式是在一定教学思想和教学理论指导下,依托计算机网络技术,为达成一定的教学目标而构建起来的较为稳定的教学结构框架和教学方式。

（二）网络教学模式的理论基础

任何教学模式的建构都必须依据一定的教学理念和理论，教学理念和教学理论是网络教学模式的灵魂，也是构建网络教学模式的基石所在。

1. 语言监控理论

随着网络技术和资源辅助英语学习的趋向越来越明显，研究者们纷纷从不同角度来研究和探讨网络技术对外语学习辅助作用的理论基础，其中克拉申（Krashen）的第二语言习得理论中的语言监控理论是研究使用网络技术辅助外语学习必须依据的原理之一。

语言监控理论认为，在第二语言习得中，习得比学习更重要。为了能够习得语言，必须具备两个条件：一是能够理解的语言材料应该是"i+1"，即学生在现有的语言水平基础上略提高一步的输入，且输入应该能被学生所理解；二是心理障碍应该小，这样才能使输入易于吸收。克拉申认为，第二语言习得有两方面的途径：一方面是学生把注意力有意识地集中在目的语的形式特征上，也即"有意识地学习"；另一方面是学生运用下意识过程，在运用目的语进行真正的交际时，注重的是意义而不是语言形式，即"潜意识的习得"。习得是主要过程，学习只是以"监控"者的身份运用自己学到的语言对所说的话起一种监控和修正作用。克拉申的第二语言习得理论中的语言监控理论中所强调的输入语、习得、降低情感障碍的思想对于第二语言习得研究者有很大的启发。

因此，把克拉申的语言监控理论运用于大学英语网络教学，探讨语言监控理论与大学英语网络教学之间的关系，以及基于此理论指导下的网络教学模式应该怎样进行是非常有必要的。

2. 输入假设理论

克拉申认为语言习得有赖于大量的语言输入信息，因为大量的语言输入是语言习得机制发挥作用的必要条件。同时，他强调这种语言输入必须是有效的。有效的语言输入应具有以下特点：可理解性、趣味性、非语法程序安排、足够的输入量。此外，他认为语言输入全部是习得者能够很容易理解的材料也是不可取的，这将无法起到激发学生兴趣的作用。

克拉申指出："为了使语言习得者从一个阶段进入另一个更高的阶段，所提供的语言输入中必须包括一部分下一阶段的语言结构。"这样，学生可根据自己的水平通过不断努力以及吸收所接触的语言材料，逐步提高其使用目的语的技能。克拉申特别强调，语言习得是通过理解信息，即通过接收"理解性输入"而产生的。这就是说学生一定要能够取得输入的语言材料，这些材料不能过于复杂,否则学生就会把注意力集中在语言的形式上,而无法集中在语言交流的意义上。一旦学生将他们的主要注意力放在理解语言的结构和复杂的概念上,语言输入就在一定程度上失去了其真正的目的。

网络教学模式是在现阶段我国英语学生语言输入环境不足的情况下诞生的,反映了学生的需求。相对于传统课堂而言,网络技术提供的巨大资源库和与教学软件相关的各种链接极大地弥补和扩充了传统课本在内容和形式方面的不足,为学生提供了广阔的学习空间,增大了学生的语言输入能力。

3. 建构主义教学理论

20世纪60年代,瑞士学者皮亚杰(Jean Piaget)提出建构主义这一概念,它属于认知心理学派中的一个分支。对于建构主义教学观而言,其与传统教学观的根本区别是对知识和教学主体作用的不同看法。传统观点认为,教育的目的是把前人所获得的知识传递给学生,学生是知识的被动接受者。建构主义则认为学习是以自身已有的知识和经验为基础的建构活动。每一项新的学习活动都与学生已有的知识和经验直接相关。建构主义理论倡导的学习不是由教师将知识传递给学生,而是由学生自己建构知识的过程。学习不是被动接收信息刺激的过程,而是主动参与新信息的认识与理解的过程。

从上述内容可以看出,建构主义教学理论注重以原有的经验、心理结构为基础来建构知识,突出强调学习的主动性、社会性和情景性。学生要成为意义的主动建构者,就要在建构意义的过程中用探索、发现等多种方法主动去搜集并分析相关的资料和信息,要把当前学习内容所反映的事物和自己已知的事物相联系。

总之,教学理念和教学理论是网络教学模式的灵魂,也是构建网络教学模式的基石所在。但历史发展的实践过程和逻辑论证都表明,没有哪一种教学理念或理论是完全正确的,每种理论都有其优点和不足,因而都有其适用的领域。因此,我们在确定网络教学模式的理论指导之前,首先要正确理解各种思想理论的优点和不足以及其适用的教学环境,然后根据自身的教学条件做出合理的选择。

(三)网络教学模式的分类

基于不同的分类标准出现了不同的网络教学模式分类。每一种分类都有其依据和特点,这里以网络英语教学模式的教育学基础为出发点,参考我国教育技术专家祝智庭教授提出的信息技术环境下教学模式类型,探讨网络英语教学的模式分类。

1. 网络自主接受模式

网络自主接受模式一般由三种要素构成：学习主体，指学生；学习内容，指网络课件，通过网络传输的、由计算机作为媒介呈现的图文声像等语言材料内容；学习指导者，指计算机和教师。

网络自主接受模式所传递的内容以客观类的知识和技能为主，训练主要以选择、填空、拖动配对等具有明确答案的形式为主。通过设定计算机的识别和反馈程序，可以自动批改和矫正学生的错误并提供解答。

另外，还可以设定计算机程序使之自动探测学生的学习背景和学习风格等，然后提供适合的学习材料和学习路径。这里我们可以把计算机称为智能导师，因为它实际扮演了教师的角色。对于学生在学习过程中遇到的各种问题，尤其是一些个性化的难题，以及人际情感沟通方面的问题，则需要教师通过网络交流工具如学习论坛来帮助学生解决问题。

2. 网络自主探索模式

网络自主探索模式的一般构成要素有：学生个人、任务/问题、参考资源、教学指导者。

在这一模式中，学习的主要目标是提升学生的语言应用能力，以完成某一具体完整的语言任务或针对某些问题阐明自己的观点。在整个学习过程中，一方面学生可以参阅网络资源或图书列表，另一方面教师会通过电子邮件、论坛等交流工具督促学生，指导学生解决遇到的问题，并给予必要的评价和总结。

3. 网络集体传递模式

网络集体传递模式的一般构成要素是：学生群体、学习资源、教学指导者。这一模式一般有两种教学过程。一是完全虚拟的网络课堂，教师和全体学生在约定的时间登录属于他们的网络"班级"，教师在虚拟的网络课堂上讲解新课学习内容，并组织练习、讨论等活动，同时对于学生的提问给予必要的反馈指导。二是自学加集体指导型。学生选择自己方便的时间自主观看教师布置的学习资源，比如，观看一些多媒体课件。然后教师通过网络实时教学系统为学生提供集体指导、讲解和答疑。

4. 网络协作探究模式

网络协作探究模式的一般构成要素包括以下四个方面。

①学生小组。在小组中，学生扮演的角色是进行小组自主分工、制订协作计划、定期自查、完成计划、总结发言并提交作品。

②任务。这是网络协作探究模式的核心要素，主要教学理念是让学生通

过使用目标语言合作完成较为复杂的项目或任务，提高自身的语言综合应用能力和团队协作能力。

③参考资源。在任务进行中需要准备好参考资源。

④教学指导者。这里的教学指导者即教师，在项目或任务的完成过程中，教师要给予必要的引导。

这种教学模式的宗旨就是构建一个虚拟的真实任务情境，帮助学生在这个情境中通过使用目标语言来提高外语水平。任务的选择视学生的兴趣和语言程度而定，在设计任务、项目时要与学生的语言能力水平相适应，不能差之太远。

三、交际型教学模式

所谓交际型教学模式，即建立在课堂互动与交流基础之上的教学模式，它综合运用各种教学元素，比如教师、学生、课堂、场景等，通过师生交流、互动活动、互换角色以及范围更广的交际来进行教学。西方学者在第二外语习得研究中取得的新成果及新思想指出，语言和文化的内在关联属性决定了语言教学在一定层面上就是文化教学；同时强调语言学习的最高目标是为交际服务，以适应和满足跨文化交际的需要。因此，大学英语教学改革与转型的表现之一便是由传统的英语语言教学模式转向交际型的英语教学模式。

（一）交际型教学模式的理论基础

1. 结构主义理论

20世纪以来，英语教学模式一直是以教师为中心，以讲解分析语言知识点作为最普遍的标准教学方法。这一传统教学模式是建立在瑞士语言学家索绪尔（Ferdinand de Saussure）的"结构主义语言学"理论基础之上的。在这一理论中，语言被看成是一个完整封闭的符号系统，人们注重分析语言结构，强调语言形式，而语言的意义和其社会交际功能却完全被忽视了。

2. 语言交际理论

之后，美国语言学家海姆斯（D.H. Hymes）的语言交际理论对传统大学英语教学模式给予了极大的冲击。海姆斯提出的语言交际能力具有语法性、可行性、得体性和现实性的特征，这其中除语法性属于语言能力之外，其他三种特征均涉及语用能力，它将语言能力与语用能力结合起来。

由此，人们开始逐渐认识到语言学习离不开一定的文化语境。学生不但要习得语言本身，还要习得语言所使用的规则，而这种交际中语言所使用的规则便涉及交际主体国家的文化。

美国语言学家萨丕尔（Sapir）指出，语言脱离其根植的文化无法存在。交际的成功不仅需要学生掌握足够的语言知识，也需要学生了解目的语国家的文化背景，还要了解文化方面的可接受性和不可接受性。文化的可接受性和不可接受性，即涉及不同文化背景的人们因不同的行为规范、思维模式、价值取向及语用迁移而造成交际中的文化接纳和冲突。对此，英语教学的最新理念是把跨文化交际能力作为英语教学的最终目的，以避免文化冲突的发生。

（二）交际型教学模式的优势

交际型教学模式是一种多极主体间的认知交往活动。在语言交际活动中，师生之间、学生之间在不同场景之中发生着频繁而密切的联系。交际型教学模式使教学过程发挥更大的功效，比传统的讲授式教学模式具有更多的优势。主要表现在如下三个方面。

1. 学生主动学习

交际型教学模式鼓励学生主动参与教学而不是被动接受教学。学生通过参与教学活动，能主动发现自身和教学中的问题，并及时反馈之后，与教师交流解决问题。例如，学生通过团队合作、小组发言、角色扮演、课堂讨论和个人陈述等方式多方面参与教学活动，改变了课堂完全由教师控制的单一局面，学生不再只是被动听讲。这样学生在主动学习的过程中能够得到认可、鼓励和赞扬，有了成就感之后，其学习热情自然会被激发，学习兴趣和积极性就会被调动起来。

2. 学习效果更佳

传统教学模式下的教学信息基本是由教师到学生的单向传递。而在交际型教学模式下，这种单向交流变成了语用情景中师生之间和学生之间的多向互动。学生通过分享控制课堂教学内容及教学进程的责任，能够在与实际密切相连并兴趣盎然的场景中更加生动、真实、标准地运用语言，既实现了学即所需又体现了自我价值。这必然会从整体上提高大学英语教学的质量和学生的学习效果。

3. 具有实用价值

大学英语教学的目的是为了实际的交流和应用。然而在传统教学模式下，教师总是抽象地强调理论联系实际，为讲清某一理论观点而举几个具体事例作为证明。这与身临其境的角色扮演、来自实际的案例分析以及学生通过彼此讨论交流，从实际中反思总结出的理论升华相差甚远。交际型教学模式注重将具体、广泛、深入的理论联系实际并转化为学生的交际能力，它以培养学生的交际能力和解决实际问题能力为目标,使大学英语教学具有应用价值。

(三)交际型教学模式中的问题与对策

1. 教师方面的问题与对策

交际型教学模式要求英语教师要具有丰富的语言文化知识,较强的语言比较研究能力和课堂掌控力,然而教学实践反映出大学英语教学中的文化教学并不尽如人意。对于这一现状,有学者认为,是因目前中国的绝大多数英语教师仍然是由本土传统的英语教学模式培养出来的,且亲身体验和深入异域文化的教师少之又少,他们对于外国文化的了解也仅凭书本、影像等媒介。

此外,受现行教育体制的影响,外语教师教学水平的衡量在很大程度上仍取决于学生英语四、六级考试的通过率,这使教师不得不在课堂上以要求学生掌握大量语言知识点为主要目标,而忽略文化知识的导入。

由此可知,交际型的英语教学模式要求外语教师从观念到能力都要进行改观,从根本上强化对跨文化交际教学法的准确认识。在教学实践中,教师应该对原本固有的角色进行重新认识和定位,最好能以多重角色进行课堂教学,发挥不同于以往的作用。其具体做法有如下四个方面。

①教师要充分发挥想象力和创造力,密切结合实际场景,合理设计课堂教学程序,科学分配教与学的时间和比例,在限定的课时内顺利完成教学任务,有效组织课堂内的多种语言交际活动。

②教师要最大程度地发挥组织协调作用。在课堂上组织什么样的活动,运用什么样的方法展开,达到什么样的教学目的等,这些都要求教师精心组织。可以说,课堂内活动能否按教学计划进行,学生反映是否积极,他们能否融入教学并成为教学主体之一,在很大程度上取决于教师的组织能力。因此,教师要按照教学内容和教学目的使课堂教学紧凑有序,达到最佳的教学效果和水平状态,为挖掘学生交际能力提供前提和保障。

③教师要成为具有创新意义的合作者。开展小组辩论、讨论、扮演角色等与实际密切相连、形式新颖多样的课堂活动,可以激发学生学习英语的兴趣。在学生实践上述活动的同时,教师也要广泛、积极地参加学生的活动,而不仅仅只是起鼓动、指导和旁观的作用。

④改变课堂上单一的讲授方式。为给学生在英语学习过程中指点迷津、扫清障碍,教师不能只靠讲授这一途径,而要为学生创造各种条件,激发学生的内在学习动因,使他们通过语言的实际应用来学习语言,解决实际问题和锻炼交际能力。

2. 学生方面的问题与对策

根据对非英语专业学生英语学习的动机及课下自学状况的调查，结果发现 89% 的学生是为了通过四、六级考试；同时，大部分学生表示不会在课余时间练习英语和学习英语国家文化知识。另外，有学者对大学生跨文化交际能力的自我评估也做了调查，结果显示很多学生对自己的跨文化交际能力持否定态度，一部分原因归结于怕犯错误，另一部分原因是在交际中的内向自卑心理造成的。上述两个调查反映出学生的英语学习中存在的两个问题：一是学习英语的动机单一且具有功利性，学生本身的动力不足并且自觉性差，使得英语文化教学的阻碍加大；二是学生在面对英语交流时态度并不积极乐观，自身情感的焦虑和自卑心理阻碍了他们进行跨文化交流。

针对上述问题，要想真正实现跨文化交际模式下的英语教学，就必须让学生了解外语学习的真正目的是提高其文化素养，并掌握一种跨文化交际技能，此外还要帮助学生建立一种积极的跨文化交际态度。

目前，很多高校都充分利用外籍教师来达到跨文化交流的目的，这一方法帮助学生创造了一定量的交际环境。此外，还有方法是创造条件使学生与本校留学生交流，这样的收效可能会更大。

3. 教材方面的问题与对策

在一定程度上可以说，大学英语教材的文化含量直接决定着课堂上文化导入的深浅。从跨文化英语教学的视角出发，有学者对高等教育英语教材做了调研，结果发现教材内容和练习设计均缺乏与跨文化情景的结合，远离跨文化交际实践的需要。针对这一现状，现今英语教材如何改革以及如何利用便成为高等英语教学界比较关注的问题。其建议有如下三点。

①教材要确保其内容能呈现跨文化交际的特性，引入多元文化内涵，注重学生跨文化交际意识和实践能力的培养。

②外语教师和外语教研小组可定期组织编撰有关文化和跨文化类的电子报刊，在校园内面向所有学生发行或发放至学校 BBS 论坛，以帮助学生扩充跨文化交际知识。

③鼓励教师自编讲义授课。需要明确的一点是，靠教材的改革来推动英语教学改革仅是一个起点，如何创造性地利用和补充教材才是重点。

总之，目前的交际型教学模式仍处于探索、实践和发展阶段，以上所考虑的问题和面临的改革都只是其中的一个方面。英语教学的目标是帮助学生获得语言交际技能和自主学习能力。交际型英语教学模式基于这一目标，通过课堂内外多角度的多元文化导入，在教学实践的过程中十分重视学生的情感因素，培养学生的文化敏感性和感知力，最终使学生拥有一种辩证的文化意识和对待文化差异的独立判断能力，成功实现跨文化交流。

四、"输入—输出"教学模式

"输入—输出"教学模式的提出是为了培养适应国际经济发展和对外交流需要的跨世纪英语人才，教学过程更符合英语学习的客观规律和学科特点，完善科学的教学大纲，能培养学生学习英语的能力和建构英语思维的技能。

（一）"输入—输出"教学模式的理论基础

"输入—输出"教学模式是以克拉申的"输入假设"和斯温（Swain）的"输出假设"，语言同化与建构理论以及语言习得理论为理论基础的。

1. "输入假设"和"输出假设"

美国著名的应用语言学家克拉申认为，"可理解输入"是第二语言习得的唯一途径，并提出理想语言输入应当符合"i+1"公式。这一公式的含义为："i"为现有水平，"1"为略高于"i"的水平。教学的主要任务是提供充足的可理解输入，其中包括学生已经掌握的语言知识"i"，又包括新的语言知识"1"。而"i"和"i+1"之间的差距是学生学习的动力所在。语言输入材料的难度要稍高于学生现有的水平"i"，即"i+1"，学生为了懂得新输入的语言材料，会求助于以前的知识经验或利用语境、上下文等进行判断。通过努力，学生理解了语言输入中难以理解的成分，从而在语言习得上取得进步。

斯温提出了可理解性输出假设。他认为语言学习过程中应强调语言输出的重要性。输出不仅可以提高语言的流利性，而且还具有使学生集中注意力、进行假设验证和自觉反思等调整自己学习策略的功能，从而提高使用语言的准确性。说和听同属一个语篇层次，写和读同属另一个语篇层次，其中说和写是输出形式，其特点可用"生产性"来表述。他认为，说和写的语言产出性运用有助于学生检验语句结构和词语使用，促进语言运用的自动化，有效地达到语言习得的目的。

2. 语言同化与建构理论

（1）语言同化理论

所谓"同化"，即接纳、吸收和合并为自身的一部分。同化理论的核心是相互作用观。

奥苏贝尔的同化理论强调，新知识的获得主要依赖认知结构中原有的适当观念。新旧观念相互作用的结果使有潜在意义的观念转化为实际的心理意义,与此同时,原有认知结构也发生变化,这种变化既有质变又有量变。奥苏贝尔强调必须通过新旧知识的相互作用、促使新旧知识意义的同化,意义学习才能实现。这种新旧知识相互作用的结果就是新旧意义的同化,进而形成更为高度整合的认知结构。

（2）语言建构理论

有学者认为,社会建构主义教育理论的要义,就是知识是由个人建构的,而不是从外部注入的。这种建构发生在与他人交往的环境中,是社会互动的结果。社会建构主义对语言教学具有特殊意义。因为对别的学科来说,语言只是一个学习的工具,但对语言学习来说,语言不仅是工具也是学习的目的。作为学习工具,语言习得本身就是一种社会建构过程,它既有建构的特征,又有社会的属性。但作为学习的目的,学习语言就是建构个人知识,因为知识的基础就是语言,知识的心理与外部表征都是以语言为媒体。

所以,语言学习不仅仅是学习语言,更重要的是发现它的社会交往价值。因此,有效的教育实践是建立在学生主动理解的基础上的。教师作为中介者应为学生提供富有个人意义的学习经验和学习机会,由学生自己建构知识,并由此学会学习、学会独立思考和独立解决问题,从而为终身教育打下基础。

3. 语言习得理论

美国语言学家克拉申在20世纪70年代提出了"语言习得"理论。该理论认为,人们掌握一种语言的方式主要有两种:一种是"习得",另外一种是"学习"。所谓"习得"是指学生通过与外界的交际实践,无意识地吸收到该种语言,并在无意识的情况下正确、流利地使用该语言。而"学习"是指有意识地研究且以理智的方式来理解某种语言（一般指第二语言）的过程。克拉申的监控假说认为,通过"习得"掌握某种语言的人,能够轻松流利地使用该语言进行交流;而通过"学习"掌握某种语言的人,只能运用该语言的规则进行语言的监控。

（二）"输入—输出"教学模式的目的

在英语教学模式改革中,必须根据所确定的教学原则,采取相应的教学策略,优化课堂教学过程。

教师指导学生学会学习,体验"习得"。在培养学生英语思维能力的过程中,教的同时还要对学生进行指导,即教师在教授知识的同时,要指导学生学会学习,体验"习得",强调给学生的信息输入,引导学生操练语言输出,培养学生英语思维的能力。例如,教师在课前有效指导预习,保证课堂效率。教师在讲课时把几个单元的课文当作一个整体,讲解时进行重新组合排列,使学生感受整体的语言情境,要求学生讨论、对话、叙述、表演,在创造的语言情境中掌握语法。课后,教师可以要求学生听原声带,复现、体会课堂所学知识,还可以要求学生上网查询相关资料,完成课后的书面写作。学生可以将文章写在作业本上,也可以写成电子稿通过网络发给教师。教师针对文章进行批改和指导,也可以让学生互相批改。

教师应引导学生在课堂上完成知识联网,丰富和完善学生的英语认知网络。学生层次不同,教师要有不同的方法帮助他们联网。比如,A层次的学生以自学为主,如讨论式、质疑式学习;对于B层次的学生,教师要有计划地帮助他们"滚雪球",逐步积累,要特别注意"温故而知新"。这样的方式给每个学生都创造了参与的机会,学生的讨论、对话、表演要大量运用以往学过的词汇、句型,于是新旧知识自然相连,达到积累、巩固的目的。

教师可以推荐一些外文原版名著,让学生自读,并且鼓励学生与外国学生结交"笔友"。此外,还可以加强英语学习与现实生活的联系,经常摘录一些英文杂志的内容给学生阅读,鼓励学生收看英文电视节目,努力使学生的学习与获取日常生活中的各种信息结合起来。

(三)"输入—输出"教学模式中的问题

凡事都具有两面性,"输入—输出"教学模式与传统教学模式相比有一定的优势,但也有自身的问题。

1. 输入输出不均衡

在实际操作上,语言的输入与输出仍存在不均衡状态。很多学生在学习的过程中依然存在问题,即只是停留在对知识点掌握的层面上。比如,只是单纯地去记忆语法、单词、句型,不能很好地把所学到的知识变成技能。有学者认为,造成这种现状的原因有两个。

第一,从深度上讲,学生所掌握的知识点不够,没有达到量的累积,也就很难达到质的飞跃。

第二,从广度上讲,缺乏从知识点向技能转换的环节。换句话说,学生做到完成听、读这两个输入环节,但听和读的量仍然不够,并且对于说、写这两个输出环节把握得不够,无法顺利地完成说、写的转换。为解决这一问题,最有效的办法就是让学生在听、读两个先行环节中大量汲取知识,同时以说、写为主体,逐渐提高交际能力。

2. 两极分化

"输入—输出"教学模式的应用,有可能造成学生两极分化的现象。这就要求教师必须关注英语水平较差的学生的学习,积极采取措施帮助他们,避免让这部分学生掉队。教师更要关注英语水平较高的学生的学习，采取措施，进一步提升他们的水平。

"输入—输出"教学模式是在大规模实施计算机辅助英语教学的初级阶段下提出的，它既是一种大胆假设也是一次勇敢尝试，而对于该模式下教学活动的具体设计和操作更是接下来有待细化和研究的重要问题。总之，任何一种教学模式都有其自身的优点和不足，只有吸取各家之长，才能找到适合教师自己的教学模式，更好地开展教学活动。

第四节　大学英语教学理论与实践的关系

一、大学英语教学应自觉实践

语言是交际工具之一，学习英语的根本目的是把语言作为交际工具来掌握。人们运用语言进行交际时应熟练地运用语言材料。从心理学角度看，在交际时人们的注意力集中在思想内容上，而不是在表达思想内容的语言材料上，因为此时语言材料已掌握到不假思索、脱口而出的程度。可见掌握语言是一种高级的言语（材料）技能。这种言语技能是靠长时间大量的言语实践活动获得的。

有学者统计，在自然的母语环境里，儿童习得听说能力需要一万八千多个小时，之后经过小学、中学三千多课时语文课的学习才能掌握阅读和写作能力。当人们向美国结构主义语言学家布龙菲尔德请教学习外语的方法时，他回答说："实践、实践、再实践，别的方法是没有的。"这表明实践是学会外语的基本途径。

从信息论、控制论角度来看，学习语言即是通过听觉器官输入教师发出的语言信息，然后通过对信息的储存和提取来掌握语言。学生只有对教师发出的语言信息不断做出反应，并多次进行强化练习，才能熟练地提取信息，掌握言语技能。语言学家粗略地统计过，掌握一门外语，应不少于上万次的强化。控制论专家们认为，单纯强化还不够，还必须对强化效果做出评价，指出练习中的正误，即反馈。

由此可知，强化和反馈是学好外语的主要环节，这也就是说，学好英语必须不断强化、反复操练、大量实践。但是，对已经掌握了母语、思维能力强的学生来说，学习英语绝不是动物型的实践，而是人类型的实践，即自觉实践。这种实践有四个特点：

一是学习英语是有目的、有计划、有意识、有动机的活动。这种活动要求学生发挥自觉性、积极性和创造性。

二是言语活动不只是刺激—反应动物型的反射活动，更主要的是智力活动。

三是培养熟巧技能的心理学证明，如果人们能理解所从事活动的性质，那么熟巧和技能的形成会更快更容易，一旦形成，保持也会更为持久。由此可知，学生进行言语活动时，有必要向他们讲解一些语言的理论知识，用理论知识指导言语实践活动。

四是言语活动是人类诸多活动中的一种，除具有智力活动的共性外，还有其特性，即交际活动总是为"解决一定的交际课题"而进行的。要使英语教学密切结合实际，就要把交际活动既当作教学目的，又当成教学手段。

二、大学英语教学应注重交际

理论和实践的关系，从语言角度来看，也是语言知识教学与言语实践活动的关系。语言知识教学能使学生掌握英语的句型、语法、词汇的基础知识和技巧。言语实践活动是指人们借助语言进行交际活动。交际活动表现为听、说、读、写四个方面，因而言语实践实质上是听、说、读、写的实践活动。英语教学是由语言知识教学和言语实践活动两大部分组成的，在英语教学工作中要处理好这两方面的关系。

在交际活动中语言和言语是统一的。人们之所以在听、说、读、写活动中能够表达自己的思想或领会别人的思想，主要是因为掌握了交际手段，即所学英语的语音、词汇和语法的运用。否则，是不能进行交际活动，学不会英语的。但是，离开听、说、读、写的言语实践活动，孤立地学习语言知识，不仅使学生对语言知识理解不透彻，得不到巩固，语言知识本身也失去了意义，成了"无本之木，无源之水"。这就是语言知识和言语实践活动的辩证关系。

在语言知识方面，语音知识是有限的，在教学初级阶段就可以把主要的语音知识教给学生，让学生掌握。这样词汇和语法就自然成为英语教学的主要内容。词汇除语音外，还有词义和词形两个方面。这两个方面大多是约定俗成的、规律性的东西，主要靠机械性记忆。

语法是词的变化规则和用词造句规则的总和，语法学习有规则可循。可见，所谓语言知识教学主要是指对语法知识的教学。但学者对语法在英语中的教学作用的看法是有分歧的。经验派重视实践和语感，否认语法的作用或者对其估计不足；理性派重视语法，忽视实践和语感。

这两种偏向都在英语教学中不同程度地存在着。应当根据马克思主义的认识论和方法论处理好这个问题。首先要肯定语法对成年人学习英语是有利的。语言的心理证明，无论是幼儿学习母语，还是成年人学习外语，都是要学习语法的。幼儿学习母语的语法规则，是在母语的语言环境里，在长时间的大量的言语实践活动中，借助语感，不自觉地掌握语法。而成年人因缺乏英语语言环境，学习时间短，接触的语言材料少，因而是自觉掌握语法的。只要从培养交际能力出发，语法材料选择适当、安排合理、教学得法，语法不仅不会妨碍学习英语，反而会起促进作用，使英语学习更为简捷。

　　但是，必须明白，向学生传播语法知识完全是实践性的，而不是追求语法本身的系统性。语法知识的选择及语法项目的安排要服从言语实践活动的需要，不应当引导学生死记硬背语法规则。衡量学生是否掌握了语法规则以及掌握到什么程度的标准，不是规则记得多不多，条条记得熟不熟，而是看其是否在言语实践中能够运用语法规则。

　　进行语言知识的主要教学目标不是讲授知识，而是通过大量的练习培养学生运用语音、词汇、语法的熟巧。对英语实践来说，仅仅获得语言知识和具有运用语言知识的熟巧是远远不够的，还必须具有运用语言知识与熟巧来解决实际交际课题的能力。而这种交际能力主要是靠言语实践活动获得的，对掌握英语这个交际工具而言，具有决定意义的不是理论知识，而是言语实践活动。

　　因此，英语教学一定要把言语实践活动，培养交际能力放在首位。关于语言知识和言语实践活动的关系，英语教学与其说是传播语言知识，不如说是培养言语能力。当然，要正确地使用言语，也需要懂得理论。可是过去的英语教学常常是颠倒主次关系，学生懂得理论，却不会使用语言。既然以培养言语能力为主，那么就需要实践。

　　在英语教学中处理理论和实践的关系上，我们也有不少经验，如举一反三，触类旁通，不假思索，脱口而出，纯正自然。这些都肯定了语言理论知识、规则的作用，但不要求学生死记语法条框，强调活用，要求在言语实践活动中能不假思索，脱口而出，而且力求做到像外国人讲母语那样纯正自然。

三、大学英语教学应精讲多练

　　从课堂教学安排来看，理论和实践的关系也是讲和练的关系。如何处理这两者的关系，有些教育专家讲得好，熟练地掌握外语并不取决于教师的讲解和说明，而取决于学生练习的数量和质量，因此教师的责任在于想方设法让学生多做练习，多实践。这便是"精讲多练"的原则。这条原则既肯定了语言知识的讲解，又肯定了实践练习。但主要是强调多练，要使英语课堂的绝大部分时间用在言语操练和实践活动上。

为了确保练习时间，有不少教学法专家提出讲练比例应是1：5；为了保证多练才提出精讲，精讲为多练提供了条件。所谓精讲是指：精选语言材料，不追求语言知识的全面和系统性，重视培养交际能力有关的语言材料；讲解要精练，在内容上不要旁征博引；使用语言要精确、简练。

　　多练是作为精讲的对立面提出来的，与讲相比，练宜多。就整体来看，多练是有限度的，并非越多越好。任何事物都要有量的界限，否则会适得其反。不仅要多练，还要善练。练习要科学化，练习内容要有针对性、目的性，对学生学习英语的难点要反复练习，切忌淡然处之。练习形式和练习安排要有利于培养交际能力，要符合学生掌握英语的心理过程。

　　在英语教学的实际操作中，真正处理好理论与实践的关系后，就没有任何必要去担心顾此失彼。只要教师严谨对待，我们有理由相信英语教学必将会随着时代变化而日趋完善。

第二章 高等教育国际化背景下大学英语教学的定位

在世界各国高等教育改革与发展的实践中，"国际化"已经成为最重要的工作内容之一，但对于什么是"国际化"还没有确定的共识，不同的国家、不同的利益持有者以不同的方式诠释其内涵，研究者也从不同的角度揭示高等教育国际化的内容。以下主要从高等教育国际化概述、基于学科内容的大学英语教学的可行性以及基于学科内容的大学英语教学设置等方面进行了深入探讨。

第一节 高等教育国际化概述

一、教育国际化的内涵

在高等教育研究中，研究者往往将"国际化"与"全球化"互用，不加以区分。然而，有学者认为，高等教育"全球化"是指能直接影响高等教育且在很大程度上不可避免的经济、科学以及技术趋势，而"国际化"是指政府、科研机构甚至是科研机构的部门为了对付或利用全球化而采取的政策或开展的项目。

还有学者则进一步指出，教育国际化就是在世界经济全球化、贸易自由化的推动下，在国际教育贸易市场开放的前提下，教育资源在国际间进行配置，教育要素在国际间加速流动，教育国际交流与合作日益频繁，世界各国教育相互影响、相互依存的程度不断提高，各国教育相互交流、相互竞争、相互包容、相互激荡，共同促进世界的繁荣和发展，各国在人才培养目标的确定、教育内容的选择以及教育手段和方法的采用等方面不仅要满足来自本国、本土化的要求，而且要适应国际间产业分工、贸易互补等经济文化交流与合作的新形势。

教育国际化的核心或者本质，说到底就是在经济全球化、贸易自由化的大背景下，各国都想充分利用国内和国际两个教育市场，优化配置本国的教育资源和要素，抢占世界教育的制高点，培养出在国际上有竞争力的高素质的人才，为本国的最高利益服务。

教育国际化的最终目的是培养具有国际意识、国际交往能力、国际竞争能力的人才，使他们能立足于本土，放眼于世界，积极主动地参与国际竞争。这一目的为高校大学英语教学提出了更高的要求。

二、高等教育课程国际化

高等教育国际化进程中，课程国际化是一个重要领域。课程国际化包括了外语训练、国际区域研究学科的发展过程和"学科普遍化"，但从广义的课程概念出发，课程国际化还应该包括课程目标的国际性与课程体系的国际通行性。为了大力推进高等教育国际化，充分利用国内国际两个教育市场，优化配置本国或本地区的教育资源，各国各地区纷纷推行国际化课程。

欧盟《博洛尼亚宣言》发布后，德国高校为了适应国际化的需要，同时也是为了与美国、英国等高校抢夺人才，逐渐开设了许多以英语为媒介的国际化学位课程。

为了培养具有国际交流能力的学生，在韩国政府的资助下，韩国很多大学增加了用英语授课的课程比例。

为了开阔本国人在国际社会生存的广阔视野以及提高在国际交流中的理解与协调能力，日本政府于2003年颁布了《培养"能使用英语的日本人"行动计划》，提出全体国民应具备用英语进行日常会晤和简单信息交流的能力，各种工作和研究中需要英语的人士要掌握相应的专业英语，大学毕业生要能在工作中使用英语，各大学要为此设定具体的实现目标。

为了适应高等教育国际化的新形势，中国教育部自2001年起颁布了一系列文件，要求高等教育要切实提高大学生的专业英语水平和直接使用英语从事科研的能力。自这些文件发布后，各高等院校大力推进全英或双语课程的建设。研究者对重庆和湖北等地八所重点大学调查后发现，双语课程开设相当普遍。然而，开设的结果并不尽如人意。

目前，双语教学发展还存在许多问题。双语教学师资严重不足，语言环境局限，缺乏双语教学的教材。学生也普遍看好双语课程，但不敢轻易选修或不愿意选修，其主要原因是对全英语授课的不适应。专业词汇的欠缺和文献阅读能力的薄弱是影响他们上课质量的两大主要因素。因此，他们都希望大学英语教学能突破传统模式，从以语言为主导逐渐向以内容为主导转变，使他们更好更快地适应双语课程。

三、高等教育国际化中大学英语教学定位

如果大幅提高高等教育国际化课程是今后中国大学的一个重要办学目标，那么大学英语教学应该定位在为中国高等教育国际化服务上。服务体现于三个方面：提供国际化课程的师资；提供部分英语讲授的国际化课程；帮助学生适应英语授课、英语学术交流的需求。就目前的条件来讲，让大学英语提供国际化课程或国际化课程的师资有相当的难度，但部分高校的教学实践表明，大学英语教学完全可以帮助学生适应英语授课，满足他们进行英语学术交流的需求。

大学英语教学目标的定位是与国家对外开放的政治经济需求紧密相关的。为了适应我国高等教育新的发展形势，深化教学改革，2007年教育部特制定《大学英语课程教学要求》（以下简称《课程要求》），作为各校组织非英语专业本科生英语教学的主要依据。根据《课程要求》，大学英语教学是以英语语言知识与应用技能、学习策略和跨文化交际为主要内容。大学英语的教学目标是培养学生英语综合应用能力，特别是听说能力，使他们在今后工作和社会交往中能用英语有效地进行口头和书面的信息交流，以适应我国经济发展和国际交流的需要。考虑到我国幅员辽阔，各地区以及各高校情况差异较大，大学阶段的英语教学要求分为三个层次，即一般要求、较高要求和更高要求。

与以前的教学大纲相比，《课程要求》具有一定的先进性。首先，将过去统一的大纲变为多层次的大纲，兼顾了地区性的差异。其次，提出了以信息技术为基础的现代化教学模式。最后，指出了形成性评价与终结性评价相结合的方式。然而，随着高等教育国际化的深入，《课程要求》中提出的教学内容以及设定的目标已跟不上时代的要求。在讨论当前高校大学英语教学时，有学者指出，21世纪头十年里大学英语教学改革以推进教育信息化进程为特征，重视培养学生的听说能力和自主学习能力，提倡形成性评估与终结性评估相结合。在第二个十年里，面对前所未有的机遇和挑战，我们应以国家中长期教育改革和发展规划纲要为指导，主动适应国家经济建设、社会发展和高等教育国际化的新形势。

第二节 基于学科内容的大学英语教学的可行性分析

压缩型教学模式在当前的教学环境下是可行的。鉴于当前大学英语教学仅满足于基本的语言训练，且课程之间的衔接较为松散，有学者在考察了国内外一些高密度教学项目之后，提出了"高密度"教学的课程设置。受此启发，

一些学者在北京航空航天大学进行实验,将两学年的普通大学英语课程压缩至一学年,学生在第二学年进行选修课程学习。研究结果表明这样高密度的课程设置不但保持了学生的学习兴趣、学习成就感和一定的自主学习能力,而且更好地体现了人文素养与语言技能并重的大学英语课程原则。

以学科内容为依托的大学英语课程设置与《课程要求》中列出的听、说、读、写、译的要求是一致的,只是将其中一些比较模糊的目标更加明确,发展了《课程要求》所提出的目标,将大学英语教学融入高等教育国际化的进程中。在具体的教学实践中,以学科内容为依托的大学英语课程体系不但可以保持上述"高密度"教学课程设置的优势,而且,可以兼顾人文素养与语言技能,让大学英语教学从外语通识教育向专门用途英语教育过渡。

就现有的师资以及教学条件来讲,将大学英语课程的主体定确在专门用途英语或学术用途英语上有很多限制因素,最主要的是教师的知识结构问题。但这应该是我们努力的方向,教师的知识结构可以提高和发展。

在美国教育学会2008年年会上,有学者批评,美国的高等教育培养的是21世纪的学生,配备的是20世纪的基础设施,施教的是19世纪的教师。这是对美国高等教育现状的讥讽,在一定的程度上反映出美国高等教育发展中的问题,同时也提醒我们,如果想与时代的进步保持同步,不仅需要更新基础设施,更需要培养教师和提升教师的质量。

为了推动大学英语教学改革的顺利进行,教育部对外语教师的培训工作非常重视,不仅建立了中国教师网络培训中心,而且还委托有关出版社定期举办教师培训。就目前培训的内容来讲,仍然是以提高教师的信息技术素质和应用语言学理论为主。然而,随着高等教育国际化的深入,培训的内容应该扩展到学科知识的掌握上,以便培养出一批既懂专业又能娴熟运用英语的复合型大学英语教师。此外,可以通过精品课程、教学改革示范点、"国际区域问题研究及外语高层次人才培养项目"等形式完善大学英语教师的知识结构。

当然,从根源上讲,大学英语教师的知识结构和素质取决于英语学科专业的定位和发展。英语学科应该抓住当前的大好形势,进一步推动20世纪80年代提出的外语专业复合型人才培养战略,积极改善高校外语专业学生的知识结构,拓展外语专业的学科内涵,从课程设置、师资安排、教材教法、评估等基本环节稳妥有序地完善外语专业体系。通过整合相关资源,加强对国家急需的战略性复合型外语人才的培养。同时,可以引进一批世界级的应用型人才,让有国际视野掌握专业知识又能熟练运用外语的高级人才成为外语学科方向的领军人物,完善外语学科的人才培养机制。

第三节　基于学科内容的大学英语教学设置分析

一、基于学科内容的语言教学

以学科内容为依托的语言教学，又被称为"基于内容的语言教学（Content-Based Instruction，CBI）"，或"融合性语言教学"，这是自20世纪80年代中期以来兴起的一个外语教学流派。该流派认为，在第二语言或外语教学中，教师以学术内容领域为教学目标，学术内容决定所使用的教学材料、学习任务、课堂教学策略以及评估手段。在这种课程设计理念下，第二语言或外语不是作为学习对象，而是作为学术内容教学的工具，学生在掌握学科内容的同时习得第二语言或外语。

基于学科内容的教学模式最早起源于加拿大沉浸式教学法，是加拿大推行双语教学的方法之一。目前，该模式在美国的高等教育中，尤其是英语作为第二语言的教学项目中，得到广泛的认可，研究者们纷纷研究和报告该模式的认知以及语言教学效果。有学者发现参加CBI课程学习的学生他们的外语接受性技能，如听和读的技能有明显的提高。

同样，CBI课程有助于学习者产出性技能的提高，例如，有学者通过实验发现参加CBI的学生，工作能力比不参加CBI课程的学生提高得快，一些学者也发现CBI班上学生们说的能力比普通班上的学生提高得快。还有一些学者通过实验发现接受CBI模式的学生专业课程的学习成绩也优于不参加CBI学习的学生。

总之，很多研究一致表明以内容为依托的二语教学不但提高了学习者的语言习得效果，而且提高了他们的专业学习成绩，其根本的原因在于该教学模式能激发学生们的学习动机，增强他们对语言以及相关课程的兴趣，减少了学习过程中的焦虑感，使专业课程与外语有机地结合起来。

二、基于学科内容的大学英语教学模式

根据国外推行的以内容为基础的英语教学现状以及对宁波诺丁汉大学英语教学的实验，提出国内的大学英语教学应该以学科内容为依托，大学英语教学应该由外语素质性教育向工具性教育过渡。在高等教育国际化背景下，大学英语教学中推行素质教育固然重要，但不充分。离开了所学的专业，学生很难了解和掌握本专业的国际学术前沿，更谈不上参与国际事务和国际竞争。在以学科内容为依托的大学英语教学中，虽然其媒介是语言，但掌握的却是国际的规则、价值观念和思维方式。

有学者研究了大量非英语国家的专门用途英语（ESP）教学状况，指出从社会发展和语言教学规律来讲，随着中小学英语水平的提高和与大学英语教学的衔接，中国未来的大学英语教学课程主体应是 ESP，国外 ESP 的现状就是未来中国 ESP 教学发展的方向。持这种观点的专家不在少数，其中以蔡基刚的观点最具代表性。他们认为大学英语应该定位在 ESP 或学术用途英语（EAP）上，依据为：大学新生英语整体水平有所提高；学生的英语学习需求；社会需要专门用途英语；符合世界大学英语教学的潮流。

鉴于当前大学生的英语基础水平比以前有所提高，提出以学科内容为依托的大学英语课程可以由当前的 16 个学分压缩成 12 个学分，由通常的四个学期缩短为两个学期。第一学期集中于外语通识教育，不分专业，让所有学生广泛接触英语，感受大学英语教学风格和英语实用环境氛围。内容为一定数量的核心课程，如"中外报刊选读""中外文化概况""中外影视鉴赏""信息技术导论"等，同时附加一定的辅助语言技能课程，如"大学英语读写教程""大学英语听说教程"等，让语言能力偏弱的学生得到一定的补救。第二学期集中于依托学科内容的技能型课程与专门用途英语，以学科专业为基础组织教学。技能型课程在前，专门用途英语随后，各占半个学期。技能型核心课程包括"学术听说教程""学术读写教程""书面交流与研究""口头交流与研究""科学研究方法"等。英语专业课程，可以是简单的学科导论，也可以是深入的专业课程，随学科的内容以及学生的语言水平而定。

在具体的实施过程中可以参照国外的教学模式。例如，第一学期的核心课程可以采用以内容为基础的单元学习模式。这些核心课程属于外语通识教育，虽然没相对固定的专业挂钩，但每门课程都有相应的主题，在给学生们上英语课时要将相关主题的概念融合到相应的单元中。

例如，中外报刊选读这门课程可以分为 10 个单元，它们的主题分别是政治、经济、文化、教育、历史、社会、军事、文体、外交和宗教。在学习每个单元时以主题为切入点，教与学都集中于主题中的概念、术语以及相关内容，通过预先阅读讨论、解释语言难点、陈述读后感想等活动训练学生的语言技能。一方面提高了学生的英语水平，同时也拓展了学生们的相关专业的知识面，更为重要的是学生们阅读的是专业文献，为他们进一步学习专门用途英语或学术英语打下基础。

第二学期开设的依托学科内容的技能型课程或专门用途英语可以采用纽约城市大学国王郡（Kingsborough）社区学院实验的模式。在国王郡社区学院参加英语作为第二语言（ESL）项目的学生往往都是新进的移民或国际学生，他们的英语水平与我国的在校大学生相当，而且他们学习英语的目的与我国在校大学生的英语学习目标相同，都是为了拓宽专业国际视野、通晓本专业的国际规则，为进一步深入学习专业知识做准备。

三、国外基于学科内容的外语教学模式

以内容为基础的外语教学在国外很普遍，但具体的教学模式随学习环境的变化而变化。起初该模式主要应用于中小学，以满足少数母语为非主流语言学生的需求，但近来很多大学也开设以学科内容为依托的外语课程，以满足国际学生的需求。虽然他们的教学环境与我国的大学英语教学环境有很大的不同，但最终的教学目标是一致的。

有学者称，在美国很多中学为少数民族学生开设依托学科内容的外语教学模式。通常语言教师以学科专业内容而不是以语法或词汇作为辅导学生的媒介，教学的计划是由语言教师与专业教师合作制定的。在专业术语要求比较高的课程中，往往是由专业教师承担教学任务，在具体教学之前接受英语教学的技能训练，从而使他们的教学满足学生外语技能提高的特别需求。在具体的教学活动中，教师适当使用图片的演示以增强学生的学习兴趣，同时培养学生图像的描述能力和思维能力，通过听、说、读、写四种语言技能的训练增加学生在课堂中的参与，提高他们的交际能力。此外，课堂中大量使用小组合作的方式使得少数民族的学生能得到同伴的帮助。这样的方式可以为学生创造一种良好的学习氛围，帮助学生顺利进入主流课程的学习。

还有一位学者详细地介绍了他在教学实验中所采用的以内容为基础的单元学习模式。他所教的学生母语为希伯来语，英语为他们的第二语言。在给学生们上英语课时，他将专业学科中的相关概念融入相应的单元中。例如，在高级班上在给学生们上"神话故事"这一单元时，整个课堂交际都用英语，不管是书面的还是口头的，只有在必须阐释术语、概念或有歧义的内容时才会借助希伯来语。

学科的内容是通过一系列的活动引入的，其中包括预先阅读讨论、确定问题、阅读相关的文本、解释语言难点、角色朗读、小组活动以及学生书面或口头表达等。在这个模式中，学生可以将所学到的语言知识和专业知识运用起来。例如，就某个相关的主题比较各类文本，陈述他们的所思所见所想，将某一学科的概念转述到另一学科，理解信息含量比较大的材料，与同伴分享所掌握的知识等。

上述两位研究者研究的对象均为中学生，与他们不同的是，一位学者介绍了他在纽约城市大学国王郡社区学院所进行的以内容为基础的英语教学项目。该学院为综合性两年制的公立学校，大约有15 000名注册学生。学院为

学生提供 28 个项目 20 个专业，学生修满学分可获得理学、工科以及文科方向的副学位。该校开设的以内容为基础的英语教学项目主要是满足英语为第二语言的学生的特别需求，其总目标是为了帮助这些学生加速他们的学术英语技能的发展，为他们将来成功选修专业课程做准备。在 20 世纪 90 年代中期参加该项目的学生人数非常多，每学期都有 1 400 人注册，其中许多学生都是该城市新进的移民，他们在自己的国家已经读完了高中，该项目为他们在美国接受高等教育提供了通道。

在学院里以内容为基础的英语教学项目只给全日制的学生提供，学科内容与英语技能训练相互交叉，所有学时必须在一个学期内完成。该项目根据 ESL（英语为第二语言）的水平，即中高低三个层次，提供了几套课程选修组合。一般情况下，一个班由 15~23 个学生组成，参加一套与学科内容整合起来的课程，共有 20 个学时。

最典型的一套组合课程是由下列课程组成：ESL 课程，聚焦于发展学生的读写能力，相当于 8 个学时；演讲课程，3 个学时；两门学生发展课程，各 1 个学时；心理学或健康教育课程任选一门，每门 3 个学时。此外，学生在读写中心接受 4 个学时的导师指导，2 个学时指导 ESL 课程，1 个学时指导演讲，1 个小时指导其他的内容课程。如果需要还可以安排额外的单独辅导时间。

虽然各自的教学对象教学内容不同，但以上的模式都将语言教学与学术环境下的认知需求结合起来，使教学满足学生特定的需求。这些模式的共同之处在于既承认教师的专业水平和地位，又考虑到学生的身份和性质；在训练他们的语言技能时，也在提高他们的专业知识；在鼓励学生参与各种各样的语言技能训练活动时，也在鼓励他们对学术问题提出质疑，充分考虑到学生在专业课堂上可能遇到的各种挑战，为将来的专业学习打下坚实的基础。

第三章　现代大学英语翻译教学理论研究

翻译活动是一种复杂的思维活动，翻译教学应向学生传授正确的思维方式，帮助学生形成正确的翻译思维习惯，使学生了解和掌握翻译的规律性、特异性，获取一种运用特定语言进行跨文化信息传播的能力。本章根据我国大学英语翻译教学的现状，以翻译教学理论为基础，论述了适合中国教育现状的大学英语翻译教学策略。

第一节　大学英语翻译教学的现状分析

一、教学模式陈旧

纵观几十年的大学英语教学，翻译一直未受到足够重视。受考试的影响，在听、说、读、写、译五项技能中，翻译一直摆在次要位置。教师只重视与大学英语四、六级考试有关的英语听力与阅读的学习与训练，对"译"的处理则完全局限于课后的翻译练习。而我们知道，课后的翻译练习是用来检查和巩固学生对课文的语言知识的理解，至于翻译习题的讲解则仅仅是对照标准答案，而且这种练习一般都只是以词和句子翻译的形式出现，它既不系统地讲翻译技巧，也不提任何翻译理论。句子的翻译如果离开了语境将什么也不是，因为一个词在新的语境当中将会是一个崭新的词汇，会呈现一个新的含义。

这种教学方式只能称为教学翻译而不是翻译教学。有的教师虽然讲解了一些单句的翻译技巧，但无系统化，造成了学生在课堂单句翻译时，尚能将理论与实践对应，而一旦进入课外的真实语篇翻译，就发现所学的方法、技巧似乎一条也用不上，有时是该用的地方根本想不到要用，有时是张冠李戴，不该用的地方胡乱套用，从而导致了学生学习兴趣的下降。陈旧的教学模式严重阻碍了学生翻译能力的发展和提高。

二、教材设置不合理

随着科学技术的快速发展和社会的不断进步，今天的我们已经处于一个经济、文化多元化发展的新时代，人们的思想意识和观念也随之产生了变化。这种大氛围的改变使得学生的思想、个性也从根本上发生了深刻的改变，从而需要更丰富、更新鲜的教学内容来刺激他们的神经，激活他们的学习动力。

但是，在今天，大部分院校的英语翻译教学内容仍旧大量沿袭和采用传统的教材，这些传统教材的专业性一般都较强，且比较偏重于理论，也不能反映现代社会现实。同时，能够反映时代信息的科技、外贸、影视、媒介、法律、军事等题材的教材很少。这种情况下，学生不仅无法掌握更多的相关专业知识和专业术语，也给学生的翻译学习和实践造成很大的困难。

目前，翻译教材一般都会涉及翻译理论知识（翻译技巧和基本技能）的讲解，而这些基本理论的讲解对翻译的初学者来说是非常必要的，俗话说"没有规矩不成方圆"，因此相对于初学者来说，如果没有一定的翻译技巧和技能的指导和制约，他们便不知道如何才能更好地翻译，也不知道自己的翻译是好还是不好。

然而，目前高校所使用的翻译教材中的文学类的例子较多，对于翻译初学者来说较为困难，而适合他们的简单的、基本的例子则相对较少。同时这些教材还存在一定的滞后性，教材内容大多滞后于时代的发展，因而缺乏合适的、时代性和信息性强的翻译例子。在这样的情况下，学生会因为教材内容较难或较为乏味，不能引起他们学习英语翻译的兴趣而厌学。

从教材设置上来看，大部分的教材都更加重视学生听说能力的提高，对于学生听说能力的培养也都有专门的辅助教材，而提高学生翻译能力的辅助教材的数量却相当少；在教材中，翻译练习的数量也较少，即便有练习，也大多为汉译英练习，也就是说学校在学生翻译能力培养认识上存在着一定的误区，使得不少学生只要提到翻译，就会下意识地认为是将汉语翻译成英语，却在很大程度上忽略了英译汉能力的提高。调查发现，在非专业英语教材中，基本上很少甚至没有提到英语翻译的技巧及理论问题，这就使得很多学生只知道翻译实践，却不重视翻译的技巧及理论的学习。

针对上述情况，笔者建议教师首先要确立将翻译作为语言基本技能来教的指导思想，充分利用精读教材所提供的语言活动材料，把翻译知识和技巧的传授融入精读课文的教学中去，有意识地培养学生的翻译能力。

三、教学与测试不同步

当前，由于缺乏统一的英语翻译教学的教材和教学大纲，各学校在教学安排上也具有较强的随意性，这也就造成了英语翻译教学重点不突出，翻译能力测试评估不规范，翻译教学内容覆盖面较窄，翻译测试目的不明确，缺乏较为统一、客观、科学的评价体系的结果。在测试中常常不会涉及对学生翻译技能的测试，也就导致学生认为考试不考，所以也不用学习，最终无法巩固所学知识的现象，即翻译教学和测试不同步。

此外，从大学英语四、六级考试上来看，英语翻译只占到了整体考试分数的5%，而听力及阅读占的比重很大，这也就导致学生对翻译学习的倦怠，甚至完全没有把翻译能力重视起来。

四、教师自身素质较低

在大学英语教师队伍中，有的是从学校到学校的教师，他们的翻译实践较少甚至为零，根本不知道如何捕捉翻译的时代脉搏，从而导致了学生所学与社会所需严重脱节。而翻译教学应该反映时代的特征，体现翻译所肩负的重大使命，这也是翻译教学最基本的价值观。

另外，国家为了满足高等教育大众化的需要和经济发展的要求，高等教育的规模按每年8%左右的速度继续发展，目前英语教师和学生之比已达到1∶130。因此，师资紧张直接导致了班级规模日益扩大。授课班级过大、学生多，使教师难以因材施教，只能以"满堂灌"的形式来驾驭课堂的翻译活动；此外，迫于平时工作繁忙，科研任务重，教师没有足够的时间和精力进修或自修以提高自身的素质和业务能力。

在高校的英语教学发展中，一些高校英语教师虽然拥有一定的英语教学实践经验，但是这些教师在英语翻译教学方面仍缺乏实践经验，在英语教学过程中只注重学生的听、说、读、写能力的培养。教师对翻译的教学重视程度不够，导致翻译在教学过程中是缺失状态，或是很少涉及。

五、教学理论与实践脱节

南京大学外国语学院博士生导师柯平教授认为，能够帮助学生对翻译的原则形成较为健全的意识，并能使其自觉地将所学到的翻译知识运用于自己的翻译实践，是翻译教学最重要的目标之一。而这种健全的翻译原则意识很明显地只能建立在某种健全的理论基础之上，所以任何一种严谨的翻译教学都要以中肯且切要的理论作为指导。和其他课程相比，翻译的实践性较强。但在进行翻译实践的过程中，学生基本没有或很少将理论运用于实践中。因此，翻译教学不能只局限在教师讲解或学生练习的单项活动的层面上，而应是综合教师讲解理论知识、学生实践练习的一种较广泛的教学行为。作为一名初学者，学生所学的理论知识课程一般只涉及翻译操作的一些基本知识和技巧。每节课讲解的内容没有其他课程那么多，这也就使得有时候教师会感觉到初级翻译课程没什么可讲的，他们会将大部分时间留给学生去进行英语翻译练习。而相对于这门课来说，翻译练习确实需要占用很多的时间。

所以，如何组织学生进行翻译练习，如何调动学生练习的积极性，如何激发他们的兴趣和合作精神，如何让他们主动而不是被动地参与练习，就是翻译教师们需要摸索和探讨的问题。学生由于自身的个体性，他们接受事物的能力都存在一定的差异，所以，如何选择翻译材料就成为教师必须考虑的一个问题，如果翻译材料较为简单，就不易引起学生足够的重视；但如果翻译材料太难，又会让学生失去翻译的兴趣，有时甚至会导致学生放弃翻译学习。可见，英语翻译教学中诸如此类的因素常常会直接或间接地造成教师的理论讲解和学生的实践练习结合不起来，或者使学生在实践中不能将已学的理论知识和实践结合起来，导致理论与实践相脱节。

六、学生英语翻译素质较低

大学英语教学是一门公共必修课，它针对的是非英语专业的大学本科学生，因此学生的个体存在较大差异，他们的总体英语水平也不尽相同，也就会对英语翻译教学有不同层面的要求。而学生的个人英语水平也直接地影响翻译教学的效果，这并不是说学生英语水平高，翻译质量就高。假如该学生有较丰富的词汇功底，并能在听力、阅读、书面表达等其他方面都有较高水平的表现，那么他的翻译教学效果就应该会比较好；而假使某学生的英语水平较低，他想要达到预期的翻译教学效果也会相对比较困难。

英语翻译对于学生来讲是比较头疼的问题，由于高校学生的英语能力有限，在英语教学课中多数同学对翻译本身表现不积极，而且对英语教师的依赖性较高，这样就不利于教师对学生翻译能力的培养，进而影响英语教学质量。而且大学英语考试对于英语翻译的考评仍然不够重视，导致学生对翻译教学的兴趣也不是很高。

近年来，我国高校开始不断扩招，从某种意义上讲，如今的学生的平均综合能力水平不如以往。学生英语基本功不扎实，不仅会直接影响到翻译课程教学，也给教师的翻译课程教学带来了一定的困难。在大学英语翻译教学的实践活动中，我们常常可以看到这样的现象：一方面，学生能够明白某篇英语文章，以及文章中的某些段落和句子的意思，要他们做阅读理解或选择填空这种客观性较强的练习时他们基本上可以很好地完成，但是如果要他们用母语（汉语）将这些英语文章或段落、句子准确地翻译出来，就比较困难了。

大多数学生在进行英语翻译时，常常会拘泥于原文句子的结构和词序而对其进行直译。另一方面，如果需要将汉语翻译成英语，这对学生来说困难就更大了。

翻译能力是语言综合运用能力之一。然而，从被公认为可以衡量英语学习者水平的一些大型标准化语言测试中可以看出，我国高校学生的翻译能力有待提高。有些学生在学习翻译的过程中，发现了自己的不足，然而他们却没有找到适合自己的学习方法，以致事倍功半，并且产生了畏难情绪。另外还有些学生，学习态度不端正，往往是看看答案，或者是大致地翻译后便去对答案，这种学生的依赖心理和惰性都比较强，一旦发现自己的翻译能力总是不能提高，就产生了盲目焦虑的情绪。从平时学期考试和历届四、六级考试的成绩看，学生的实际翻译水平亟待提高。

第二节 大学英语翻译教学基础理论

一、功能翻译理论

（一）概念和翻译原则

1. 功能翻译理论概念

功能翻译理论起源于20世纪70年代，其创始人是德国的凯瑟琳娜·赖斯（Katharina Reiss），以其1971年的《翻译批评的可能性与限制》一书的出版为标志。功能翻译理论的主要代表人物是凯瑟琳娜·赖斯、汉斯·弗米尔（Hans Vermeer）、克里斯蒂安·诺德（Christiane Nord）和贾斯塔·赫兹·曼塔利（Justa Holz Mantari）。在大学英语教学中，翻译教学是一门较为困难而又复杂的课程，同时也是学生学习的难点。功能翻译理论主要是强调对翻译内容的整合与规划，能够在一定程度上减少学生出现汉语式英语翻译等问题。在英汉互译领域，功能翻译理论为其发展提供了一个新的发展空间，为大学英语翻译教学的进步奠定了良好基础。

2. 翻译原则

功能翻译理论为英汉互译研究开辟了一个新视角，为一些违反现有翻译标准但却经实践检验十分成功的翻译策略提供了理论依据。功能翻译理论的主要思想表现在其应遵循的三个翻译原则上。

（1）翻译目的论原则

翻译目的理论是功能翻译理论的核心思想。功能翻译派认为，翻译一般是作为一项任务来完成的,翻译过程的发起者决定译文的交际目的,在理想状态下,他会给出需要译文的原因、译文接受者、使用译文的环境、译文应具有的功能以及与原因有关的细节等。在翻译过程中,译文的发起者了解翻译的目的,进而决定了翻译中要采用的策略。

（2）连贯性原则和忠实性原则

功能派认为,译文不可能完全独立于原文,它与原文之间总是存在一定的联系,这就是说译文要连贯且忠实于原文。翻译是涉及源语文本的行为,而源语文本不可能只涉及源语的词和句法结构,因为文本的意义和功能并非语言符号能完全表达的。另外,翻译是通过信息加工提供给读者信息,译文就应该忠实于原文,而忠实的程度和形式则由译文目的和译者对原文的理解程度决定。

（3）充分原则

充分原则是功能派在译文目的论的核心理论基础上,提出的评价译文的总原则,在功能理论框架中,充分性指译文与翻译说明相关的特性,即翻译要充分满足翻译说明的要求。在翻译功能理论中,充分是相对于特定目的的充分,即译文应充分满足翻译要求。

功能翻译理论与传统的翻译理论相比较,具有一定的优越性,这种理论把原有的翻译语境重心进行转化,使翻译的内容更加具有语言的价值意义。在功能翻译理论中,翻译的具体过程与情境有一定的联系性,可以充分体现出文本的基本功能及其作用,这样在翻译的过程中就不会被限制在原文中,翻译者能够以多种翻译形式进行展现。在大学英语翻译教学中,功能翻译理论给英语教师及其学生提供了一个有章可循的翻译标准,对于大学英语翻译教学的发展有重要的实用价值。

（二）理论突破点

功能翻译理论的突破点主要表现在四个方面。

1. 实现翻译导向的转变

功能翻译理论实现了把翻译从以源语文本为导向转向为以译语接受者为导向。功能翻译理论认为原文只是提供信息,译者可以根据翻译的要求选择适当的翻译方法,要么忠实原文精神进行意译,要么忠实原文形式进行直译,要么根据目标语受众的要求进行增添、删减或改变,甚至在忠实原文的基础上进行一定的创作。总之功能翻译理论要求的译文必须连贯、流畅、自然。

2. 发展了动态对等

真实情景中的对等是难以实现的,有时甚至是不必要的。目标语文本的功能与源语文本的不同，促使研究者从关注译作与原作的对等转向关注译作本身，为翻译批评建立了新的动态模式。有些译文因为宗教、民族或商业的原因将之编辑成具有不同意识形态的版本。

3. 将翻译定义扩展成翻译行为

功能翻译学者注意到非语言因素是翻译研究中不可缺少的部分，并顺利完成了这一任务。这些非语言因素体现在译者要考虑客户的目标和文本接受者的期望中。功能翻译学派的创新之处在于指出发起人的作用，发起人提供资金，因此，翻译目标常常由发起人决定，而非作者、接受者或译者。

4. 提高了译者的地位

功能翻译理论提高了译者的地位，赋予译者威信。译者被视为跨文化交际的专家，而非从属于作者的机械的抄写员。译者应是受过严格训练的、富有经验的专家。由此可见，功能翻译学派极大地提高了译者的地位。

（三）功能翻译理论在大学英语翻译教学中的应用

自从功能翻译理论被引入中国以来，它引起了众多研究者的兴趣，在中国译学界产生了重大影响。在大学英语翻译教学中，教师在教学生按照条条框框进行翻译的同时，还要教学生译文要符合譬如连贯、流畅、自然、通顺等的标准。功能翻译理论为大学翻译教学中翻译方法的教学提供了充分的理论依据。在英语教学中，教师应该教学生学会翻译方法，在翻译文学类语篇和非文学类语篇中学会适当进行调整，以实现译文预期功能。

1. 逻辑推理法

语言是个因果网络，句子之间的关系是因果关系，任何一个句子都存在已知信息。在句子模糊不清的地方，译者可以先确定其先决条件是什么，运用逻辑推理方法，求得未知信息，并符合逻辑地用目标语言表达。因此，在大学英语翻译教学中教师可以引导学生运用逻辑推理法进行翻译。

2. 意译法

在功能等值的前提下，在消除语言上的差异的同时，没有保存言语上的特色应该视为意译。改译法也属于意译法。中国文化与西方文化之间存在一定差异，因此，在一些英语翻译中，中外的翻译者在作品内容的理解上可能会存在一定的偏差，如果学生对某些英文作品进行直译，就会出现一些翻译错误，这样会使听话者出现困惑。

因此，在英语翻译教学中，教师应该教会学生运用改译法，在不改变原文基本意思的基本上进行修改，从而增强翻译内容的可读性。在大学英语翻译教学中，翻译的内容经常会出现比较华丽的语言，当学生不知道如何表述情况下，就可以使用改译法。例如，译者在处理带有明显的中国特色而又是外国人难以理解的部分时需要采用改译法，翻译过程中要尽量多地传递原文的信息和内容，尽量少地表露出翻译的痕迹，要增强文章的可读性。同样，译者要改写在中文原文中大量使用的夸张表达和华丽辞藻。例如，中国人称富裕的地方为"鱼米之乡"，在翻译的时候如果用"a land of fish and rice"，外国客人肯定不知所云，但如果译成"a land flows with milk and honey"就非常明了，他们也能懂。所以适当使用意译法能更有效地实现原文的交际功能。

3. 删减法

英语翻译中的删减是指适度地缩减原文，使得译文变得简洁。一般来说，删减法主要包括删除一些重复的话语、行话、术语、诗歌、高调的话语和华丽的辞藻。比如说，考虑到中国文化中的特殊的历史时期不会为国外读者所接受，在译文中译者对有关中国独特政治生活的文字可以做简略化处理等。还有对于文中的比喻、拟人之类的修辞手法，外国人也不容易读懂，因此，也应用删减法，使译文变得简洁、易理解。

在英语翻译教学中，删减法的使用能够使译文变得简单明了，能够提升学生的翻译效率。一般来讲，在英语翻译中使用删减法，主要是对一些重复的话语以及行话进行忽略。在一些汉译英的翻译中，对于一些学生陌生的历史以及风俗进行删减，只有这样才能保证学生在翻译的过程中不被这些因素所控制。例如，张家界山的形状千姿百态：有的似猛兽，有点像剑戟，有的像窈窕淑女，有的像关西大汉。译为："Various shapes can be discerned in its peaks of animals, swords and humans." 文中像"窈窕淑女""关西大汉"这样具有中国文化的内容则直接用了"humans"，易于让国外读者接受。

4. 增译法

英语翻译中的增译法是指根据英汉两种语言不同的思维方式、语言习惯和表达方式，在翻译时增添一些词、短句或句子，以便更准确地表达出原文所包含的意义。这种方式多半用在汉译英里。汉语无主句较多，而英语句子一般都要有主语，所以在翻译汉语无主句的时候，除了少数可用英语无主句、被动语态或"There be…"结构来翻译以外，一般都要根据语境补出主语，使句子完整。另外，有些时候增添一些解释性的词语，可以把意思更加完整明白地表达出来。例如，"天上彩虹，人间长虹"是长虹电视机的广告。翻译为："Let the rainbow in the sky. Send his twin brother to you—To keep your spirit high." 此译文在翻译时用了增译法，运用了拟人和比喻手法，把"长虹电视机"比作"天上彩虹的孪生兄弟"。通过"To keep your spirit high"的增补，极大地刺激译文接受者的好奇心，给人留下很深的印象，同时刺激购买欲望。

二、关联理论

（一）关联理论对翻译活动的指导意义

关联理论的提出者斯波博（Sperber）和威尔森（Wilson）在《关联性：交际与认知》一书中指出：言语交际的过程，实际上是在相同语境下"明示—推理"的过程，即说话人在其话语表达中设置"明示"刺激，而听话人根据所提供的"明示"刺激努力寻找关联，在相关认知语境下领会其信息意图和交际意图完成"推理"过程。

（二）关联理论对大学英语翻译教学的启示

关联理论视角下的大学英语翻译教学，必须打破传统词汇教学以及语法教学的禁锢，拓宽学生的思路，明确学生在两轮"明示—推理"活动中的双重责任。大学英语教师应提高学生的"解码"能力，使学生从更多的角度理解翻译行为。教师在大学英语翻译教学中，可从以下三个方面对学生的翻译实践活动加以引导。

1. 对语境的关注

在翻译活动中，学生需要自发自动地对原作者的明示进行推理，这一活动过程实际上是根据语境条件对目标话语的一种语用加工过程。而当交际对象、环境等语境因素不同时，同一编码意义的话语将会产生不同的关联性意义。关联理论的语境观，不仅包含静态因素，如周围环境、任务关系等，而且包含动态因素，如说话人的心理变化等，它能为译者提供较充分的翻译依据，也会对翻译结果造成直接的影响。

2. 对词义的关注

以威尔森为代表的认知语用学派提出，交际中词汇所传递的信息，未必是其自身编码含义。被词汇所编码的概念，在实际交际中可能被扩充或缩减以满足交际目的。英语中每一个词汇都具有某种特定的语言属性，而由于语境不同，词汇经常超越其归属范畴产生新的含义。

因此，所谓的交际词义，是指译者在语境中根据词汇的编码含义进行语用推理后产生的新含义。在大学英语翻译教学中较为常见的词性活用、双关都属于这一类型。因此，大学英语教师应在教学中着重指出词汇的显性意义和蕴含意义的关系，从而培养学生活学活用、随机应变的翻译技能。如某大学英语教材中有这样一段话："Life becomes enjoyable not just by handing in assignments on time and shivering on the edge of life."句中 shiver 的显性意义为"颤抖",而在此句中,该解释并不符合原作者的表达意图。因此,译者需根据该词汇的显性意义合理推出其蕴含意义。根据对语境和该词汇编码含义的分析,译者可以发现本句中的隐喻(将人生看作是泳池)并得出结论,"shiver"应被译为"犹豫不决"或"畏缩不前"。

3. 对文化的关注

语言是文化的载体,不同文化背景的语言间必然存在差距。因此,翻译过程也是两种不同文化互相转换的过程,一旦忽略了文化因素的影响,极有可能造成对原作者说话意图产生理解偏差。如将谚语"Love me, love my dog"直译为中文"爱我,就爱我的狗",则不符合目标语文化,容易引起误解。而根据关联理论,译者将其翻译为"爱屋及乌",虽然语言的显性意义变化较大,但其蕴含意义却与原作者意图更加契合。在大学英语翻译教学中,教师需要引导学生从不同的文化视角来进行推理活动,从而更好地表达原作者的交际意图。

三、释意理论

(一)释意理论概述

释意理论的诞生以法国释意派理论创始人塞莱斯科维奇(Seleskovitch)于 1975 年出版的论文《言语、语言和记忆——交传翻译的笔记研究》和勒代雷(Lederer)于 1981 年出版的《同声传译——理论与实践》作为标志。此后,释意理论在曲折中发展进步,逐渐被广泛应用于口笔译、应用文翻译、法律翻译、科技翻译、文学作品翻译中,话剧、电影剧本、字幕、广告等领域有时也会应用释意理论进行语言翻译。

勒代雷在 1994 年出版的《现代翻译——释意模式》一书中,对有关释意理论争议的核心问题做出介绍及分析,对释意理论在促进翻译理论及翻译实践的发展中所获成就做出充分肯定,是一篇较为客观、全面的有关释意理论的综述作品。该作品对释意理论翻译模式的发展产生了重大影响。和主流翻译学派不同,释意学派不单单只关注语言方面的问题,更关注译者在翻译中的地位以及作用,对译者在翻译过程中的思维过程较为重视。

实际上,任何事物都是作为过程存在的,翻译也是如此。在翻译的过程中,译者始终都处于"语言—思维""思维—语言"的心智活动中,人脑一直保持在对作品原文的概念意义、形象意义以及逻辑关系进行分析梳理的状态下,同时在译入语当中寻找相应的词语和句式，以期对原文的意义做出准确的传递，这两种思维活动是双向的，也是循环往复的，一直到最终成形译文。

从某种意义上来讲，翻译研究工作若是离开了对语言的分析，也就失去了研究的对象，若没有对翻译思维进行探讨，也便没有抓住翻译工作的本质，所以，要使翻译理论或技巧具有可操作性，就必须要对译者在翻译过程中的思维过程予以足够的关注。释意学派通常这样认为：翻译并非是从源语到目的语的单向解码过程，而是理解思想和重新表达思想的动态过程，是译者通过语言符号及自己的认知来对原文的意思做出自己的理解和解释，译者需要追求的是与原文意思或效果的对等，而并非语言单位的相同。释意理论较为注重对源语（source language）和译入语（target language）之间"意义对等"的建立，而非"词语对应"。意义对等和词语对应的区别主要就在于"词语的对等在语言间建立，而意义的对等建立在篇章间，即建立在字词、音义段、固定的语法或表达式间"。译者对于原文要遵守"做到字字了解，但无字字译出"的原则，译者需要忠于原文文字所组成的语意，而并非文字本身。译者的经验就是对释意理论核心思想的最好注解。释意派理论的翻译程序一般是：理解原文，然后脱离源语的语言外壳，最后通过译入语对已经理解了的源语内容及情感做出自己的表达。

（二）释意理论在大学英语翻译教学中的应用

1. 帮助学生解释原文意思

释意学派对于原文的理解是：译者通过语言符号和自己的认知补充来对原文意思做出的一种解释；对言语的理解应主要包括对篇章意义、信息、作者想表达的意思和信息输出者对原文情感的理解与领悟。

所以，在大学英语翻译教学的过程中，教师要引导学生对篇章的结构意义（包括词义、句型以及文章的文体风格）做出充分理解，把握作者的真实意图和情感，通过影视资料或文字材料帮助学生了解一定的文化背景知识，从而增强学生通过语言符号和自己的认知补充对原文意思的解释能力。例如，小仲马在《茶花女》中对玛格丽特有这样一段经典描写："Upon an oval of indescribable loveliness, place two dark eyes beneath brows so cleanly arched that they might have been painted on."在翻译成汉语时就翻译成"在一张流露着难以描绘其风韵的鹅蛋脸上，嵌着两只乌黑的大眼睛，上面两道弯弯细长的眉毛，纯净得犹如人工画就的一般"。

从这里就可以看出，释意理论在英语翻译中的美化加工，译者经过对原文情感的理解和领悟，将原作者要表达出的语意、情感，通过自己的认知理解表达出来，而并非字字译出，这给文章增添了更多的文学气息，且忠于原著风格。再比如当学生阅读到一些著名人物传记等作品时，若直接阅读往往会有很多学生不知所措，这时就需要通过引导学生了解相关影视资料或文字材料等信息，来对当时的社会背景及历史时期进行初步的了解。例如，在对《漫漫自由路》（曼德拉传）进行翻译时，教师就可以通过播放相关电影或纪实视频，帮助学生了解一代黑人领袖曼德拉当时所处的社会背景、所做出的卓越功绩等信息，让学生有情感上的认识，这样会比对单纯文字资料的了解更为深刻和具体。当然，其他人物传记等相关资料也是如此，通过使学生了解该人物所处的历史时期、社会背景、人生遭遇等信息，让学生对作品内容能有更生动的理解，从而更好地学习，达到教育目的。

2. 打破"词对词"的思维定式

塞莱斯科维奇提出了"脱离语言外壳"概念。"脱离语言外壳"使语意在源语和译入语之间适当转换，这是英语进行释意翻译的理想状态；然而在翻译实践中，学生的"顽症"——逐字对译（word-for-word）的翻译方式着实让教师头痛不已。究其原因就是由于学生的思维在构成源语的"只字片语"上过于集中，把语言的意义看作了字词单纯的组合拼凑，将翻译当作机械的拆词和拼词过程，从而忽略了语言的内在含义。他们并没有意识到是语言的内在含义，即源语当中被理解后的情感与内容对译者在译出语当中的选词及表达形式上起到了决定作用。因此，教师要着重培养学生把关注的重点从"只字片语"上转移到整句、整段，甚至整篇上面，从句子或篇章整体入手对语言的内在含义进行把握，而不总是纠缠于对篇章语言中只字片语的理解。

例如，当教师说到"a lucky dog"时，不少学生便闹出了笑话，单纯的直译成了"一只幸运的小狗"，几乎没有学生会联系文章的前后语句和语境，进而联想到"幸运儿"这一词语上，这正反映出了学生惯有的逐字对译的汉译英翻译的思维定式。这就需要教师在日常学习中培养学生结合语境分析语意的能力，变通僵硬思维，使思维变得活跃起来，从而更好地服务于理解和翻译。

在现实翻译实践中，不少学生不敢大胆尝试，只局限于对词语的理解，而不敢在语境中展开联想，这是当代大学生英语学习中的通病，对文章的翻译不懂得变通，致使在其面对大篇幅的文章和一些生僻的词语时不知从何着手进行翻译。这时就需要教师对学生给予多一些的鼓励，鼓励学生大胆练习，充分发挥联想能力，引导学生学会结合文章上下文内容及语境因素等其他相关条件，对文章做出深一步地理解。

3. 注重训练学生在翻译中思维的程序化

勒代雷指出释意理论是有关"翻译程序的基本理论"。根据对释意理论的理解，可以将翻译过程分解成以下步骤：首先，学生对需要翻译的原文进行阅读并理解，根据自己对源语的语言知识和文化知识的了解，完成对原文文本要素（单词、词组、句子等）的分析与理解，有意识地做一些于文章原意无损的释意性变通；其次，引导学生通过联想和想象，比照他们在译入语的学习实践中已得到的、早已储存的相关知识与经验，确定译入语当中的哪些形式是能够被直接用来构建译文的，哪些则是需要经过变通才可以使用的；最后，按照译入语的行文习惯进行综合整理，从而产生译文。简言之，就是根据释意理论在英语翻译教学中进行的程序化翻译训练过程，例如汉译英翻译程序可以用"Ca—Cb—Ea—Eb（其中 C 表示汉语，E 表示英语）"表示出来，英译汉可以用"Ea—Eb—Ca—Cb"表示出来。这样的程序化翻译过程经实践表明，可以有效减少对于源语的错误理解，提高了译文的准确性。

释意理论的翻译程序一般分为三个步骤：一是理解原文，二是脱离源语语言形式，三是用译语表达出理解了的源语内容及情感。三个步骤有机结合，从而完成整个翻译行为。释意理论着重阐明翻译过程中所需遵循的这种思维过程，认为这一思维过程使得语际间的翻译成为可能。

第三节 大学英语翻译教学的策略探讨

一、翻译教学方法

（一）翻译过程

在具体的翻译教学中，教师首先要对翻译过程做一个简要说明，并提出翻译过程中应注意的一些问题，以使学生对翻译活动有一个系统的了解和把握。具体来讲，翻译过程包含以下理解、表达、审校三个阶段。

1. 理解

理解是翻译过程的第一步，正确而透彻地理解原文是译文恰当表达原文的先决条件。理解首先要从原文的语言现象入手，同时还要兼顾语言的逻辑关系和文化背景。

例 1：Sometimes you might think the machine we worship make all chief appointments, promoting the human beings who seem closest to them.

原译：有时你可能认为，我们崇拜的机器会完成所有主要的任命，提升那些看起来他们最亲近的人。

改译：有时你可能认为，一切重要的官职都是由我们所崇拜的当权人物任命的，他们提拔那些似乎与他们最亲近的人。

如果将句中的"machine"简单地译为"机器"，则会使译文晦涩难懂且不符合逻辑。依据上下语境仔细推敲可知，"machine"一词在这里的意思为"核心人物"或"当权人物"。

例2：Bruce engaged low gear and drove at a terrifying speed.

原译：布鲁斯接通了低速挡，开车速度令人吃惊。

改译：布鲁斯将汽车发动起来，开车速度令人吃惊。

原译中的"低速挡"和"开车速度令人吃惊"明显相矛盾，这样的翻译显然是不符合逻辑的。在《朗文字典》中对"low gear"的解释为："low gear in a car is used for starting"（汽车里的低速挡是用来发动的）。

2. 表达

表达是理解的目的和结果，是理解的升华和体现。表达是翻译中一个非常重要的环节，是语言信息转换的关键。在具体的表达过程中措辞要准确，表达要流畅，语句衔接要连贯，同时风格要对等。

例1：How often do we reflect on the joy of breathing easily, of swallowing without effort and discomfort, of walking without pain, of a complete and peaceful night's sleep?

原译：我们多久会思考轻松地呼吸的乐趣，不费劲地自在吞食的乐趣，没有痛苦地行走的乐趣和一个完整的夜晚安静睡眠的乐趣？

改译：平日呼吸轻松，吞食自如，走路毫不费劲，一夜安寝到天明，我们几曾回味过其中的乐趣？

很明显，原译表达非常不自然，而且读起来别扭难懂，也丧失了原文的美感。改译的表达不仅符合汉语的表达习惯，也突出了语言的美感，准确地再现了原文。

例2：The sun is warm now, and the water of the river undisturbed.

原译：暖洋洋的阳光下，河中的水静静地淌着。

改译：阳光正暖，江面水波不兴。

原文作者仅用了12个词就清晰地说明了信息，表达了自己简约的语言风格。原译虽然传达了原文的信息，但不够简洁，也没有忠实原文风格。改译后的译文文字简洁，在用词和结构方面都与原文相吻合，符合原文的风格。

3. 审校

审校是翻译过程的最后一个阶段，也是关键的一个环节。因为再细心的译者也难免会出现漏洞，经验再丰富的译者也难以做到完全准确。在具体的审校过程中应注意以下几点：审校译文在人名、地名、数字、时间等方面是否有误；审校译文中重要的词、句、段是否有误；审校译文行文是否与目的语表达习惯相符；审校译文的逻辑关系是否清晰，是否忠于原文的风格。

一般情况下，译文要审校2~3遍。第一遍重点审校译文的内容；第二遍重点润色文字，使译文表达更加流畅、自然，具有文采；第三遍着眼于译文的整体，检查译文风格是否一致，行文是否流畅等。在具体的教学实践中，教师也应引导学生根据这三个步骤展开翻译实践，从而提高学生的翻译水平。

（二）翻译技巧

翻译技巧是翻译得以顺利进行的有效保证，所以在教学中教师有必要向学生介绍一些常用的翻译技巧。

1. 直译

直译就是在符合译文语言规范的基础上，在不引起错误联想和误解的情况下直接翻译的一种方法。直译强调"形似"，能够很好地保留原文的形式和地方色彩。

例1：Failure is the mother of success.

译文：失败是成功之母。

例2：The outcome of a test is not always predictable.

译文：试验的结果并不总是可以预料的。

例3：Work banishes those three great evils: boredom, vice and poverty.

译文：工作撵跑三个魔鬼：无聊、堕落和贫穷。

例4：Hitler was armed to the teeth when he launched the Second World War, but in a few years, he was completely defeated.

译文：希特勒在发动第二次世界大战时是武装到牙齿的，可是不过几年，就被彻底击败了。

2. 意译

意译是指根据原文词语的含义使用意义等同的目的语来表达的一种翻译方法。意译注重"神似"，强调译文不用拘泥于原文的形式，主要能准确传达原文的含义即可。

例1：Do you see any green in my eye?

译文：你以为我是好欺骗的吗？

例2：Don't cross the bridge till you get to it.

译文：不必自寻烦恼。

例 3：I can't get a job because I haven't got anywhere to live, but can't afford a place to live until I get a job, it's a catch situation.

译文：我没有住所就找不到工作，但是没有工作就没钱租房子，这真是左右为难。

例 4：Our pianist had fallen ill, and then, at the eleventh hour, when we thought we'd have to cancel the performance, Jill offered to replace him.

译文：我们的钢琴演奏者病倒了，在最后关头，当我们以为不得不取消表演时，吉尔表示愿意代替他演出。

3. 释义

当直译和意译无法准确翻译原文时，就可以考虑采用释义法进行翻译。所谓释义，就是对词语进行恰当的阐述。在采用这种翻译技巧时要注意两点：一是释义要准确，二是译文行文要简洁。

例 1：This man is the black sheep of the family.

原译：这个人是家中的黑羊。

改译：这个人是家庭中的害群之马。

例 2：Early Reagan was a mirror image of early Carter.

原译：上台时的里根有着执政初期卡特的镜子形象。

改译：里根上台时在做法上跟执政初期的卡特毫无二致。

4. 增译

增译是指根据言语表达的需要，在原文的基础上增添一些词语，以使译文符合译入语的行文习惯，并在内容、形式和文化背景与联想意义上与原文相对等。

增译具体分为以下三种情况：

（1）根据语法需要增译

例 1：Reading books a full man; conference a ready marl; writing an exact man.

译文：读书使人充实，讨论使人机智，写作使人准确。（增译动词）

例 2：I had experienced two great social systems.

译文：那以前，我就经历过两大社会制度。（增译表时态的词）

例 3：A red sun rose slowly from the calm sea.

译文：一轮红日从风平浪静的海面冉冉升起。（增译量词）

例 4：Cupid was a little naked boy, with sparkling wings.

译文：丘比特是一个裸体的小男孩，有一对闪闪发光的翅膀。（增译数量词）

（2）根据语义需要增译

例1：Flowers bloom all over the yard.

译文：朵朵鲜花开满了庭院。（增译名词）

例2：After the football match, he still has an important meeting.

译文：在观看足球比赛之后，他有一个重要会议去参加。（增译动词）

例3：She lingered long over his letter.

译文：她反反复复地回味着他的来信。（增译副词）

例4：You and I.

译文：你我两人。（增译概括词）

（3）根据文化不对等需要增译

例1：Nixon learned that China would welcome a presidential visit.

译文：尼克松了解到，中国将欢迎美国总统来华访问。

例2：The Pentagon made no response to this incident.

译文：五角大楼（指美国国防部）对这一事件没有做出任何反应。

例3：For many families, especially in Tokyo, two incomes are a necessity.

译文：对于许多家庭来说，特别是在东京，夫妻俩都去上班以赚取双收入是必不可少的。

5. 省译

省译就是省略原文自然存在的，但在译文中颇显多余的词汇或短语。省译也包含以下三种情况。

（1）根据语法需要省译

例1：We live and learn.

译文：活到老，学到老。（省译代词）

例2：It was just growing dark, as she shut the garden gate.

译文：她关上园门时，已是暮色苍茫了。（省译非人称代词it）

例3：In spring the day is getting longer and longer and the night shorter and shorter.

译文：春季白天越来越长，夜晚越来越短。（省译动词）

例4：The sun and a grain of sand are both bodies, for each consists of a definite mount of matter.

译文：太阳和沙子都是物体，因为它们都由一定数量的物质组成。（省译数量词）

例 5：The sun was slowly rising above the sea.

译文：太阳慢慢从海上升起。（省译冠词）

例 6：Rumors had already spread along the streets and lanes.

译文：大街小巷早就传遍了各种流言蜚语。（省译介词）

（2）根据语义需要省译

例 1：Mr. Winter went out and shut the door gently behind him.

译文：温特先生走了出去，并轻轻地关上了门。

例 2：University applicants who had worked at a job would receive preference over those who had not.

译文：报考大学的人中，有工作经验的优先录取。

（3）根据修辞需要省译

例 1：The little match-girl shook and trembled with cold.

译文：卖火柴的小女孩冻得瑟瑟发抖。

例 2：The cargo liner finally landed on the runway safe and sound.

译文：那架大型货运飞机终于在跑道上安全降落了。

例 3：The love for her husband and child was part and parcel of her life.

译文：她对丈夫和孩子的爱构成了她生命中的主要部分。

6. 正译

正译是指为使译文符合汉语的表达习惯，将原文中形式是否定但内容却有肯定含义的词或短语译成汉语肯定句的方法。

例 1：The table was indisorder.

译文：桌子上乱糟糟的。

例 2：The doubt was still unsolved after his repeated explanations.

译文：虽然他一再解释，疑团仍然存在。

例 3：All the articles are untouchable in the museum.

译文：博物馆内所有物品禁止触摸。

例 4：He is no less active than he used to be.

译文：他和从前一样活跃。

例 5：Man in general does not appreciate what he has until he lose it.

译文：一般人要等到失去他的所有才知道珍惜。

7. 反译

反译是指将原文中暗含着否定意义却是肯定形式的词或短语译成汉语的否定句。

例1：We gave her some good advice, but she made light of it.

译文：我们忠告她了，但她不当一回事。

例2：The scientist rejects authority as an ultimate basis for truth.

译文：科学家不承认权威是真理的最后根据。

例3：Deception is foreign to his nature.

译文：欺骗与他的本质格格不入。

例4：Both sides thought that peace proposal was one they could accept with dignity.

译文：双方都认为，那项和平建议是一个可以接受而又不失体面的建议。

8. 分译

分译就是根据译文表达的需要而将原文中的词、词组或句子分解出来单独进行翻译。

例1：In all or most of our dealings with other states, *the Charter* will be our guiding star.

译文：在处理我国与其他国家之间的全部或大部分事务时，《宪章》将成为我们的指路明灯。

例2：The real challenge is how to create systems with many components that can work together and change, merging the physical world with the digital world.

译文：我们所面临的真正挑战是如何建立这样一个系统，它们虽由很多成分组成，但可互相兼容，交换使用，从而把物质世界与数字世界融为一体。

9. 合译

合译就是将原文中两个或两个以上的简单句或一个复合句在译文中融合为一个单句来表达。

例1：He was very clean. His mind was open.

译文：他为人单纯而坦率。

例2：The flower is so beautiful that I cannot describe it with words.

译文：我无法用语言来形容这朵花的美丽。

根据上述常见的几种翻译技巧，教师可以引导学生根据具体的情况选用不同的技巧，并督促学生不断练习，最终使学生掌握并熟练运用。

二、提高大学英语翻译教学水平的策略

我国当前大学英语翻译教学中已暴露出来种种问题，因翻译教学过程中的失误等原因导致学生翻译能力的缺失，提高大学英语翻译教学水平刻不容

缓。以下就从学校和教师两个层面提出几点应对策略。

（一）学校层面

1. 优化课程设置

改革现有的大学英语课程设置，重视翻译教学。

2. 改善教学模式

根据学校类型和特色，充分利用现有资源建立不同翻译教学模式。

翻译教学模式为：翻译教学的目的＝英语水平＋翻译能力＋其他。"其他"为变化的"常数"，是动态变数。

该公式可分解为四个子公式：

公式1：翻译教学＝英语水平＋翻译理论＋翻译技能＋跨文化意识。

公式2：翻译教学＝翻译理论＋翻译技巧＋相关知识。

公式3：翻译教学＝理解能力＋汉语水平＋知识结构。

公式4：翻译教学＝翻译理论＋翻译技巧＋翻译实践＋翻译创新。

可以看出，这种翻译教学模式是多元的，各个学校大可不必一味追求一种模式，培养出学科知识趋同的毕业生，而应该根据现有的资源和条件，做到既保持传统，又有创新的最佳模式。其实，学校层面需要做的事情很多，如加强大学英语翻译教学师资队伍培训力度，选派教师到兄弟院校访问学习等。

（二）教师层面

应该说，教师在大学英语翻译教学中起到关键性的作用。教师作用能否充分发挥，直接影响到翻译教学效果如何。针对以上谈到的当今大学英语翻译教学现状和存在的问题，教师应该着手于以下几个方面的工作：

1. 强化理论教学

（1）加强翻译理论传授

这里所说的加强翻译理论传授并非指向学生讲授诸如后殖民论、女性主义等深奥的形而上的翻译理论，而是那些实用性的翻译理论，如功能目的论、文本类型理论等，并对其核心观点进行概括性的总结、点评，阐述其特色与不足，培养学生树立正确的翻译理论观。翻译理论的传授重在把握好度，够用即可。

（2）加强翻译技巧的对比性传授

在翻译中，翻译技巧是从翻译实践中总结出来的具有普遍适应性的指导规则。学生掌握一定的翻译技巧能大大提高翻译速度与质量。

（3）加强对一些翻译现象的讲评

纵观中西翻译发展史，我们发现有很多值得玩味的翻译现象。教师可以在讲述这些知识时，串联一些翻译史知识，增强学生学习翻译的兴趣。教师还可以通过一些实例对学生讲解变译的原理、策略和具体方法。

2. 注重翻译实践

（1）增加翻译实践的比重

由于翻译课时有限，要讲授的内容相对较多，留给学生课堂练习的实践极为有限。然而，由于翻译与实践紧密相连，翻译本质上是实践性的，所以这种在岸上教授游泳的做法是不可取的。学生只有亲自进行一些翻译实践，才能对讲授的理论方法与技巧有所领悟，才会更好地吸收，达到举一反三的效果。

（2）加大英汉对比内容的讲授

只有了解了英汉语言之间的差异，才会领会到翻译过程中适当地调整处理的必要性，才能"让学生了解英汉两种语言的内在差异（而不仅仅是形式差异）以及产生这些差异的文化历史原因"，那么，在翻译实践中，他们就会不但知其然，而且知其所以然，自觉地培养译语意识、遵循译语表达习惯、排除源语干扰，选用译语中最优化的表现方式，传递源语信息，提高译文质量。

（3）培养学生的文体意识

译者缺乏语域或文体意识，常常会犯语域误用或所选文体不当的错误。翻译材料文体的不同，要求的翻译方法和侧重也固然有所不同，而这些都是一般学生容易忽视的。

3. 培养文化意识

翻译不仅仅是语言之间的转换，更是文化与文化之间的交流与沟通，可以说语言之间的翻译就是文化之间的翻译。学生在翻译中遇到的很多问题大都是因为不了解语言背后的文化知识所导致的。由于课时有限，翻译技巧众多，教师不可能每个方面都涉及，所以教师交给学生"开门的钥匙"，使学生了解不同语言背后的文化，了解翻译的本质，比简单地教授一些翻译知识和技巧更为重要。

在烦冗复杂的文化中，习语是文化的精华，蕴含着丰富的文化内涵，所以对其进行翻译也是十分困难的，但同时通过对其翻译也能使学生对文化有一些理解和认识。因此，在具体的翻译教学中，教师要有意识地融入一些文化知识，重点引导学生多做英语习语的翻译练习。例如：

You cannot expect the man in the street to enjoy Beethoven's music.

你不能期望一般人欣赏贝多芬的音乐。

句中的"the man in the street"这一短语的翻译十分关键，如果将其按字面意思译为"街上的行人"很明显是不符合语义的，实际上它指的是"一般人；普通老百姓"。

通过上述例子可以看出，习语的显著特征，即在字面意思之外包含着丰富的文化内涵。因此，在具体的翻译教学中教师应引导学生不断积累英语习语并掌握其含义，培养学生的文化意识观，以使学生能灵活应对不同类型的翻译。

第四章　现代大学英语听力教学理论研究

英语听力既是英语教学的重要组成部分，同时又是体现学习者英语技能的重要方面。可以说，听力能力的高低直接决定着学习者英语语言能力的高低。在现实语言交际中，听和说是非常重要的交际形式。人们交流思想，互相传递信息都离不开听和说。在当今社会，国际交流与沟通日趋发达，掌握一定的英语听说技能对大学生来讲非常重要。此外，具有一定的听和说的能力，还可以激发大学生的学习兴趣，树立良好的学习信念，为更深入的学习打下良好的基础。本章主要对大学英语听力教学的现状、大学英语听力教学的基础理论、大学英语听力教学的策略进行了具体研究。

第一节　大学英语听力教学的现状分析

一、教学理念不明确

教师的教学理念是否明确对听力教学质量的好坏起着决定性的作用。但是，就当前来看，我国很多地区的英语听力教学的教学理念都比较模糊。很多大学英语听力教学不但没有充分地了解听力教学的基本规律，而且在进行听力教学设计时也很难体现出新颖的教学设计理念。其具体有如下三个方面的表现。

一是过于重视考试。很多大学英语听力教师的听力教学工作主要还是为考试服务的，因此听力教学的重点主要是考试技巧的教授，这种功利性的听力教学思想不利于学生听力能力的长期发展。

二是教学理念片面。一些大学英语听力教师将听力教学固定在单一的听力知识传授的范围内，割裂了听力和其他英语技能间的联系，这种片面的教学理念不利于英语听力教学效果的整体提升。

三是听力教学与文化教学相脱离。很多大学英语听力教师在教学过程中忽视了文化因素的重要影响作用，使得学生并不能领会听力内容的真正内涵。

二、教学评估不完善

教学评估对于实现教学目标至关重要，是大学英语教学的重要环节。教学评估既是教师保证教学质量、改进教学管理、获取反馈信息的重要依据，同时也是学生改进学习方法、调整学习策略、提高学习效率的有效手段。在我国的大学英语教学中，教学评估一直左右着英语听力教学模式和教学方法的实施。

各院校和各级教育行政部门也将大学英语课程教学评估视为本科教学评估的重要内容。但是受"应试教育"思想的深刻影响，教学评估依然是以学生的成绩作为唯一的考核标准，很多院校更是以大学英语四、六级考试成绩来衡量学生的英语学习情况和教师的教学情况。这些都给大学英语听力教学带来了很大的影响。

三、教学资源难以保证

在高校扩招这一大的背景和形势的导向下，英语学习人数急剧上升。我国中西部地区高校也进行了规模巨大的扩招行动，但是教学资源方面存在诸多问题，而且在现实情况下都难得到快速的解决，因此成为制约当前大学英语听力教学的瓶颈。究其原因有以下两方面：

一方面，教师资源配套跟不上。我国英语教师的数量难以满足学生扩张的速度，因此在我国一些地区的高校中就出现了教师资源短缺的问题。在现实环境的要求下，一些教师不得不承担繁重的英语教学任务，仅在一周的时间内通常就被安排 16~20 个课时。加之大学的英语教师通常还承担着繁多的其他任务，如论文指导、学术会议、自我晋升等，这些活动也在无形中占用了教师很多的精力，教师必然无法全面顾及英语听力教学工作。

另一方面，大学的教学资源有限。不少大学由于语音教室有限，只好将听力课分成单双周进行，在课时如此紧张的情况下，教师很难完成传统教材规定的教学任务，因此很多教师只能讲到哪算哪，有时一学期只能讲授三四个单元。在这种教学目标不明确的听力教学中，学生很难得到充足的听力实践训练，少数英语听力基础较好的学生的积极性也被抹杀了。虽然多媒体教学有了很大的发展，但是资源有限，还不能让所有学生体验网络教学。尽管学校在多媒体上下了不少功夫，可还是不能很好地解决英语教学资源短缺的问题。

四、学生英语听力素质较低

一方面，学生缺乏良好的英语听力习惯。学生没能养成良好的听力习惯，具体表现在听时头脑不清醒、精力不集中，不能整段地听，而是零零散散、断断续续地听不完整的单词、词组，没有掌握必要的听力技巧。

另一方面，学生的词汇量匮乏、语言基础较薄弱。目前，许多学生由于词汇量匮乏，在听力时往往很难快速写出正确的单词，或是找不到合适的单词，或是单词拼写出错、大小写错误等。由于词汇量匮乏，学生的语言基础大多较为薄弱，听力教学效果难以提升，往往导致听力扣分。

五、教材设置不合理

目前，我国大学英语听力教材存在的问题主要有两方面：

一是听力教材过于单调。我国现在的大学英语听力教材仍然还是一本教材外加几盒磁带。大学英语听力的教学缺乏规范的音像辅助资料，缺少必要的视听设备和科学理论的指导。很多教师将课文的录音磁带给学生让学生课后自己练习。由于缺乏教师的监督和指导，学生往往毫无策略，而教师也无法从学生那里得到任何反馈信息，无论是教师还是学生，都没有很好地利用磁带。这种单调的听力教材使听力课堂气氛沉闷，学生很容易产生厌倦心理，严重影响了听力教学的课堂教学效果和学生的学习积极性。

二是听力教材缺乏真实性。我国大学英语听力教学中使用的听力材料大多是由专家整理、改编，再由发音纯正的外国人士录制而成。这种听力材料常被称为非真实材料或"人工"材料。非真实材料语言的节奏和发音语调都不太自然，内容好像不是说出来的，更像是读出来的，毫无真实语言的特点。学生使用这样的听力材料进行听力训练很难培养在真实语境中交际的能力，听力水平也很难得到提高。

六、教学模式单一

传统英语听力教学模式往往忽视听力技巧的指导。英语听力技巧指的是学生在拿到听力题目时，如何合理进行审题，抓住听力材料中的关键词句，快速记下，并联系上下文，把握全文的主要意思。然而，由于教师忽视听力技巧指导的重要性，许多学生在拿到听力题目时不知从何处下手，仅仅采用单一、古板的方式试图听懂整段材料，所得效果较差。由此可见，若缺乏高效的听力技巧指导，将难以真正提高学生的听力水平。

同时，传统英语听力教学模式缺乏指导性和趣味性。填鸭式的应试教学甚至使学生对学英语有了逆反情绪，这成了学习中最大的绊脚石。学生在课堂上常感到单调乏味，课堂氛围沉闷，学生进步缓慢，对听力产生了抵触、厌烦情绪。

第二节　大学英语听力教学的基础理论

一、听力理解的性质和基础理论

（一）听力理解的性质

随着人们对语言性质的深入理解和教学理论的不断发展，人们对外语听力理解的性质的认识也日臻完善。听力理解是一个极其复杂的过程，它涉及语言、认知、文化、社会知识等因素。

有学者就听力理解的性质总结了以下五点：

①辩论单词并记住与该单词相联系的意义。

②理解每一个单词是如何与语境发生相互作用，并为邻近单词的意义创造语境；理解一个句子中的哪些词语构成主语，哪些构成谓语，并理解指代成分所指称的人或物。

③既要理解每一个句子在局部上下文中的意义，也要理解该句子在整个语篇中的意义。

④对语篇的理解涉及两个方面，一是根据语篇的局部语境所提供的知识和背景知识来理解语篇内容，二是对语篇中所暗含的人际、空间、时间、因果和意图关系做出推理。

⑤对于较长的语篇来说，应至少记住其大意；对于较短的语篇来说，应在记住其大意的基础上，尽可能多地记住重要内容，特别是与说话者的当前意图相关的内容。

（二）功能主义语言学理论

20世纪70年代以来，随着功能主义语言学理论的不断发展，人们开始注重对语言的社会功能的研究。功能主义语言学认为，语言是人际交往的工具，而不是一个孤立的结构系统。

因此，英语教学的目的是把学习者培养成具有交际能力的语言使用者。听力教学不应该只让学生去听清某一个音，听懂某一个单词或句子，而是应该培养学生准确理解说话者的意图和有效地进行语言交际的能力。随着认知心理学的不断发展和完善，许多研究者开始重视对听力理解过程的研究，并结合语篇的宏观结构、认知图式、认知推理以及语境等因素来揭示听力理解的性质。

有学者指出，对语篇的理解涉及许多因素。在听力理解过程中，随着语篇的展开，听话者需要明确语篇是由一系列句子构成的，但句子的意义有时要受到语篇宏观结构的制约，对单个句子的理解并不能说明其已经理解了整个语篇。

例如，对于下面这个语篇：

a. John was in the bus on his way to school.

b. He was worried about controlling the PE class.

c. The teacher should not have asked him to do it.

d. It was not a proper part of the janitor's job.

听话者需要随着语篇的发展对自己的理解不断地做出调整。当我们听到第一个句子时，一般会认为 John 是个学生，但第二个句子则告诉我们这一理解是错误的，因为从第二句话所描述的职责来看，John 应该是教师。但第三个句子的出现又推翻了这一理解，使我们又回到了最初的理解，即 John 是一个学生，直到最后一句话的出现我们才知道 John 原来是学校的勤杂工。

认知推理是听力理解的一个重要方面，并在听力理解过程中发挥着十分关键的作用。因此，如何训练学习者在听力理解过程中运用各种认知策略进行自发的、能动的认知推理是听力教学中不可忽略的一个方面。

例如，对于下面这一语篇：

a. The king died.

b. The queen died of grief.

听话者需要做出如下推理才能获得连贯的理解：语篇中的国王和皇后很可能是夫妻关系，他们生活在同一个国家、同一个时代，皇后死于国王之后，皇后是在国王死后不久去世的，皇后之死是由国王之死使她伤心过度所致。这些推理是语篇理解所不可缺少的，但推理是在瞬间完成的。

也就是说，听话者所做出的推理是一个自然的过程，它是整个理解过程的一部分。这种推理并不是凭空进行的。听话者在听到某一话语后，马上就会在大脑中激活一系列与话语相关的经验知识或背景知识，并在此基础上通过认知推理来理解话语的意义。

（三）结构主义语言学和行为主义心理学理论

20 世纪四五十年代，在英语教学领域，听说法是主要的教学方法。以结构主义语言学和行为主义心理学为理论基础的听说法，被看作是最有效的教学方法，在军队外语培训中取得了巨大成功。从结构主义语言学的角度看，英语教学应关注的是语言的形式和结构，听力教学因而也在语言形式的语音、单词、句子和篇章四个层面上进行：在训练学生听懂一段课文时，教师首先是从元音和辅音的识别出发，然后依次进入单词、句子和篇章的层面。这种"自下而上"（bottom-up）的听力教学模式的目的在于让学生通过语音识别来理解单词的意思，并在此基础上理解句子的意义，然后再通过对句子意义的理解来把握整个篇章的意义。

在当时的行为主义心理学的影响下，语言学习也被深深地打上了"刺激—反应"模式的烙印，语言能力的获得和发展被看作是对行为的反复操练的结果。因此，听力教学的一个重要内容就是让学生反复进行语音的识别和听辩训练，而意义则没有得到应有的重视。在大多数情况下，教师往往让学生将所听到的单词翻译成母语，以检查学生对听力教材的理解情况。

二、听力理解的过程

听力理解的过程是一个复杂的、非直接的、难以描述的心理活动。

（一）听的心理机制

心理语言学理论认为，听的过程与人类的记忆有着密切的关系。人类的记忆即可大致分为三种：感知记忆（sensory memory）、短时记忆（short-term memory）和长时记忆（long-term memory），三种记忆方式各自承担着不同的任务，最终形成一个完整的信息记忆与处理系统。

1. 感知记忆

感知记忆又称"瞬时记忆"（temporary memory）或"感知登记"（sensory register），是信息加工的第一阶段。感知记忆是指外部刺激以极短的时间一次呈现后，一定数量的信息在感觉通道内被迅速登记并保留一瞬间的记忆。

2. 短时记忆

信息一次呈现后，保持时间在1秒钟之内的记忆，称为"短时记忆"。与感知记忆不同，短时记忆是活动着的、操作着的、工作着的记忆，而感知记忆中的信息是未被加工的，是没有被意识到的，所以短时记忆又称"工作记忆"（working memory）。短时记忆某种事物，是为了加工该事物，因为短时记忆的时间本来就很短，所以加工过后便被遗忘。如果有必要保存到长时记忆中，则需要进行加工编码。短时记忆的来源有两种，一种是来自感知记忆，一种是来自长时记忆。人们需要某些信息或知识时，就会从长时记忆中提取，提取出的信息只有回溯到短时记忆，才能被意识到，才能作为备用。

短时记忆的容量是有限的，它并不能包容所有的信息。美国心理学家米勒（G. Miller）认为，尽管短时记忆的容量有限，但其是可以逐渐变大的，人们在主观意识上对信息材料进行加工、再编码，就可以达到。

同时，米勒还提出了组块的概念，组块（chunking）是指若干较小的单位联合成熟悉的、较大单位的信息加工单位。他认为组块才是短时记忆容量的单位,而不是信息论中所采用的比特(bit)。一个组块可以是一个字母、一个数字,也可以是一个单词、一个词组,还可以是一个短语。

3. 长时记忆

所谓长时记忆是指学习的材料,经过复习或复述之后,在头脑中长久保持的记忆。与短时记忆不同,长时记忆是一个真正的信息库,它的容量似乎是无限的,它可以储存一切的知识,并能为所有的活动提供所需的、必要的知识基础。相关的信息只有进行组织加工以后才能由短时记忆转入长时记忆。由于个体本身的性质以及个体的个性不同,信息由短时记忆转入到长时记忆的加工形式,以及采用的形式编码也是不同的。

以上三种记忆方式是一个统一的记忆系统中三个不同的信息加工阶段,但它们并不是孤立存在的,而是相互联系、相互影响、相互作用的。

(二)听力理解的心理过程

根据人类记忆的三种类型,可将听的心理过程也大致分为下面三个阶段:

1. 第一阶段

在听力理解的第一个阶段,声音通过人的感觉器官进入到感知记忆中,然后利用听话者已掌握的语言知识,将这些传入的信息转化为有意义的单位。感知记忆属于瞬间记忆,存储信息的时间会非常短,听者对这些有意义单位进行整理的时间很有限。如果是听母语,这一过程通常能顺利完成,但是在听外语时,听者设法将连续的语流组织成有意义的单位这一过程中出现问题的可能性会很大。甚至听者在处理信息的过程中,新的信息又会不断地涌入,进而容易形成理解困难。

2. 第二阶段

在听力理解的第二个阶段,信息处理是在短时记忆中完成的,一般不会超过几秒钟,是一个十分短暂的过程。在这一过程中,听者会把听到的信息与储存在长期记忆中的语言知识进行比较,然后对长时记忆中的信息进行重组、编码后,形成有意义的命题,听者要根据意义这条线索来切分连续性的语流,而意义体现在句法、语音、语义三个层面上。听者很容易在获取意义后将具体的词汇忘掉。所以,处理速度在这一阶段是很重要的,在新的信息到来之前,已有的信息必须要处理完。如果是母语学习者,顺利地处理信息应该是没有问题的,但是对于外语习得学生来说,这就很容易导致处理系统的信息超载,尤其是初级的外语学习者往往会因为处理速度不够快而无法从信息中获取意义。随着学习者语言知识的不断积累和听力训练的不断增加,以及听力能力的逐步提高，对于一些熟悉的信息的处理会成为一种自动化的过程，从而会有更多的空间来处理那些陌生的信息。

3. 第三阶段

在听力理解的第三个阶段，已获取的意义将被转入长时记忆中，并会与已经知道的信息相联系，确定命题的意义，当两者相匹配时就产生理解。在这一过程中，当已形成的命题与已知信息相联系时，大脑中便会形成活跃的思维活动，并积极地去分析、归纳，合成为连贯的语言材料，将意义进行重构，然后在长时记忆中保留。

在听力理解的过程中主要具有以下三个特点：

（1）理解是一个积极的过程

在听力理解过程中，听话者并不是消极地或被动地运用听觉来接收信息，而是通过调动大脑中的已有知识进行能动的认知推理，来理解说话者所传达的信息和意图。因此，听力理解是听话者积极主动地参与语言交际的过程。

（2）听力理解是一个创造性的过程

意义并不是现成地存在于语言材料之中的，不同的听话者对于同一个单词或句子可能会有不同的理解。在语言交际过程中，说话者为了语言表达的经济性，不可能也没有必要把任何细节都表达出来。因此，在听力理解过程中，听话者需要根据语言材料所提供的线索以及自己的社会经历和背景知识创造性地建构意义。

（3）听力理解是一个互动的过程

作为语言交际的一个重要方面，听力理解涉及说话者和听话者双方。从某种意义上讲，听力理解是交际双方在相互作用中磋商意义的过程。特别是在面对面的语言交际中，说话者可以通过听话者的面部表情和身势语来判断听话者是否理解自己的意义，并以此来调整自己的语言。同样，听话者可以用语言的或非语言的手段来表明自己是否理解了说话者的意义或者直接与说话者进行意义的磋商。

（三）对听力理解过程的看法

有学者认为，听力理解由五个成分构成，并且在顺序上，后一个成分总是依赖于前一个成分，即辨音（discrimination）、信息感知（perception）、听觉记忆（auditory memory）、信息解码（decoding message）、运用所学语言使用或储存信息（use or store message）。辨音包括辨别各种语音、语调和音质等，这也是听力理解的第一步。信息感知指的是学生在具备了辨音能力之后有意识地感知语句中的语音组合，从而获取句子意义的阶段。听觉记忆指的是将所感知到的听觉信息在被理解之前在大脑中保存一定的时间。信息解码指的是理解或获取信息的过程。在经过了以上四个阶段之后，学生就可以运用所学语言将信息表达出来或储存在长期记忆中。

还有学者认为，听力理解包括三个相互联系而又循环往复的过程：感知处理（perceptual processing）、切分（parsing）和运用（utilization）。在感知处理阶段，听话者的注意力集中在听力材料本身，并将所听到的声音暂时储存在短时记忆中。在切分阶段，听话者将短时记忆中的语音串切分成从句、短语、单词或其他语言单位，并在大脑中以心理表征的方式建构意义。在运用阶段，听话者借助非语言知识和语言知识将大脑中的心理表征与已有知识联系起来从而对听力材料做出正确的理解。

一些学者认为，外语的听力理解过程与母语的听力理解过程有相似之处。他们认为，听力理解包括感知、解码、预测与选择等过程。总之，听力理解是通过听觉器官和大脑的认知活动，运用语音、词汇、语法和各种非语言知识，把感知到的声音转化为信息的过程。

心理语言学区分了三种听力（和阅读）理解模式，即"自下而上"（bottom-up）、"自上而下"（top-down）的模式和互动（interactive）模式，这对听力教学有着积极的指导作用，因为读和听都是人们获取信息的重要途径。在听力教学中"自下而上"模式指利用语音、词语和句子本身的知识以及对语言因素的分析来进行听力理解，即从语音、单词、句子到整个语篇的意义。这一模式忽视听话者的背景知识在听力理解中的作用。"自上而下"模式指的是利用"已有知识和整体预期"及其他背景知识对接收到的信息（词语、句子等）进行分析处理。这一模式强调听话者的已有知识、预设、经验和认知图式在听力理解中的作用。有学者在对中等程度的英语学习者的研究中发现，听力好的学习者似乎更注意较大的板块，只有在理解中断时才将注意力转移到个别词上来。

互动模式把听力理解看作是大脑长期记忆中的背景知识与听力材料相互作用的动态过程。这一模式的优点在于它把听力理解看作是一个信息处理的过程。也就是说，外语学习者在听力理解的过程中不但要运用语音、词汇和句法知识，而且还要能动地借助大脑中相关的背景知识，对短时记忆中的听力材料进行信息处理和加工，从而在背景知识和听力材料的互动过程中理解意义。

三、影响听力理解的因素

影响听力理解的重要因素包括听力材料的特征、说话者特征、任务特征、学习者特征和过程特征。

听力材料的特征指的是语速、词汇与句法以及学习者对材料所涉及的内容的熟悉度等因素。因此，教师在选择听力材料时，应根据学习者的外语水平和认知能力，选择语速和难度适中的材料，并适当增加背景知识的介绍，以便使学生更容易地理解材料的内容。

说话者特征主要指说话者的性别对听力理解的影响，如中等和高级程度的学生回忆，非专家男性说话者的发言要比非专家女性说话者的发言更容易理解等。

任务特征指的是听力理解的目的和听力学习所涉及的问题类型，如让学习者回答多项选择题、进行概括推理或寻找某一特定信息等。

学习者特征包括学习者的语言水平、记忆力、情感因素和背景知识等。由于人是认知的主体，听力理解与学习者各方面的相关知识水平和主观因素息息相关。

过程特征主要指听力理解的心理过程，如学习者采用的是"自下而上"模式、"自上而下"模式还是互动模式。

第三节　大学英语听力教学的策略探讨

一、英语学习策略的相关概念

学习策略对学习者学习具有重大的促进作用，是学习者开拓思维、进行有效学习的关键。学习策略对于英语学习而言是至关重要的，当然对于听力学习也不例外。当前，教育界、语言界对于学习策略的研究是非常关注的。同时，由于学习策略具有很强的操作性、监控性等特点，其赢得了教育工作者和学习者的青睐。学习策略的运用也是一个动态化的执行过程，恰当并正确地运用学习策略对学习者学习效果的提升有着非常重要的作用。

由于国内外学者对"学习策略"这一概念研究的角度不同，对其界定也存在明显的差异。

斯特恩（Stern）认为，语言学习策略主要指的是学习者自觉参与到一定目标的活动。

纽南（Nunan）认为，学习策略是学习者为了能够顺利学习和把握语言而进行的可以交流的、心理层次上的程序。

奥克斯福德（Oxford）认为，学习策略是学习者为了保证语言学习更加愉快、成功、自主，而不断采取的行动或者行为。

科恩（Cohen）认为，所谓学习策略，是指学习者为了能够更好地理解和认识目的语言，产生的一种有意识的行为和想法。

鲁宾（Rubin）认为，学习策略对于学习者来说，有利于其构建良好的语言系统，简单来说就是学习策略对语言发展有着直接的影响。

奥马利和查莫特（O'Malley & Chamot）认为，学习策略是学习者对新思想、新信息等进行学习，从而更好地理解和记忆的做法和行为。

除了国外学者的界定外，国内的很多学者也陈述了自己的观点。

鲁子问、康淑敏认为，学习策略是为了更好地实现对目的语的学习而采取的有意识的方法和行为。

文秋芳认为，英语学习策略是学科学习的一个重要分支，它具体指的是学习者为了更好地提升其学习效果，而采取的多种多样的学习策略。更具体地来说，学习策略不仅包括学习者为了更好地完成相应的学习任务和学习活动而采取的相应的策略，而且还包括学习者为了对自身学习目标、过程以及结果等进行计划、调控以及评估而采取的宏观层面的策略和学习者对英语学习和英语这门语言本身的一些具体的认识。

吴本虎认为，英语学习策略是作用于英语学习的思路和行为。它不仅包括外部的语言行为，而且还包括不可观察的内部心理过程。英语学习策略可以是直接地参与英语活动，也可能是间接地支持英语学习。它的使用可以是有意识的，也可以是下意识的。虽然国内外学者对学习策略有着不一样的界定和侧重点，但是从某些层面都将学习策略的内涵揭示出来了。

二、英语学习策略的相关阐释

为了能够更清晰地认识学习策略的实质和内涵，这里有必要对与学习策略相关的几个概念进行阐释与对比分析。

（一）学习策略与学习风格

学习风格是学习中表现出来的一种持久不变的个人差异性，即每一位学习者拥有的属于自己的特殊的方法，如审慎或者冲动的学习风格，对歧义的容忍还是不容忍的学习风格等。当然，学习风格与情感、生理因素等密切相关。但是，学习风格与学习策略并不等同，而是存在着一系列的差异。

与学习策略相比，学习风格要求学习者并不能主动选择或者有意识地做出决策，而是更多地需要习惯性的反应。受主观因素的影响，学习风格的差异性比较大，尤其是不同学习者的性格和气质和差异。相比之下，学习策略受主观因素的影响比较小，因为其主要服从于客观的规律。否则，学习者也很难取得最佳的学习效果。

学习风格并不是以问题作为导向，而学习策略主要是为了克服学习中遇到的困难而采取的措施。学习风格的类型与成绩并无多大关系，但是学习策略的运用往往与成绩密切相关。学习风格会受学习者个人习惯和性格的影响，因此稳定性较强，但是学习策略具有较大的灵活性，会随着学习者、客观环境等因素的变化而发生较大改变。

（二）学习策略与学习方式

目前，国内外学者对于学习方式的界定多有不同。国内学者认为，学习方式与学习方法、学习策略是等同的，并认为学习方式就是学生在完成学习任务时的基本认知取向和行为。

国内外学者关于学习方式的界定，可以归结为以下两种。

第一种：学习方式可以视为学习风格，即学习者在学习和知觉中对信息进行处理的方式以及学习者个体做出反应所采用的策略，其中涉及学习者对信息的处理以及解决问题所采用的偏好形式。

第二种：学习方式涉及多层含义，即学习过程中学习者采用何种方式参与到学习活动中，学习者运用何种学习策略来展开学习活动。

如果对比上述两大含义，不难发现第一种看到了学习者内部的信息加工和反应，而第二种方式看到了学习者外部采用的学习活动方式。

对于学习策略和学习方式，二者是支架和理念、基础和前提的关系。也就是说，学习策略需要建立在学习方式的基础上，而学习方式是学习策略的根基，如果没有学习方式，那么学习策略也就成了"无源之水"。并且，学习策略需要依靠学习方式来体现，学习方式因为学习策略的存在而变得更加有效。

（三）学习策略和学习方法与技巧

学习策略并不等同于学习方法和学习技巧。学习方法和技巧是学习者为了解决学习中的问题而采用的具体手段和做法。但是，学习策略除了这些之外，还包含学习者对学习过程、学习内容等的认知，学习者对学习过程、学习目标采取的宏观性计划，学习者使用的辅助性的手段等。

可见，与学习方法、学习技巧相比，学习策略属于上位信息，而学习方法、学习技巧属于下位信息。就概念的内涵来说，学习策略是对学习方法、学习技巧的选择和使用，是对其进行的认知和理解。学习策略指的是学习者在语言输入、语言存储、语言输出中运用的策略，还涉及情感、态度、动机的融入。

三、听力学习策略训练的原则

近年来,很多西方学者开始研究二语或外语学习者的听力学习策略。通过研究,很多学者基本已经达成了共识,就是借助于听力学习策略的训练等提升学习者的学习动机、学习自主性、听力成绩以及策略意识。这些学者也明确指出,听力学习策略的训练应该是听力课程的一项重要内容。

为了保证听力学习策略训练更加有效,使学习者的听力学习能力不断提升,在进行训练时,学习者需要遵循如下原则。在这些原则的指导下,学习者的听力学习才能更加有理有据。

(一)分析和综合相结合原则

通常情况下,听力训练中会遇到以下两种常见的题型:一种是以理解听力材料的主旨大意,或者根据文章的结构进行推理判断的;一种是针对听力材料中的细节问题,如某个具体的时间、地点、年份或某件事的起因或者判断某种说法是否正确等内容设问的。

这些都是听力题的基本类型。在这里,分析和综合指的是在听力训练中,对细节题和概括题展开的训练。其中分析的听主要是要求在听力活动和行为中,学习者应该集中自己的注意力,尤其是细节部分,对自己听到的内容进行分析。

综合的听主要是在听力过程或者行为中将着重点放在对材料的把握上,即基于基础练习的整体听力练习上。简单来说,综合的听就是要求学习者对听力材料有一个整体的理解和把握,这一方法有助于分析整篇文章的主旨思想。

(二)分散与集中相结合原则

运用听力学习策略训练听力时,还应坚持分散和集中相结合的原则。

所谓分散训练,指的是在听力训练中,学习者应该对各个重点内容展开分类,即有针对性地训练。根据听力材料的内容展开练习,每一部分都安排足够的时间,这样就能够保证学习者对基本听力水平的掌握。一般情况下,分散性练习主要位于初级阶段的听力训练中,即打基础的阶段。当进入分散性训练的后期阶段,学习者可以从不同主题出发来加以训练。在这之后,学习者就可以进入到集中训练的阶段。所谓集中训练,指的是在分散训练基础上进行大量的强化练习,对自己在听力学习中遇到的一些问题进行思考,可以寻求教师和其他同学的帮助。

（三）充分把握听力策略使用原则

充分了解并调查学习者学习策略的使用情况，从不同学习者的实际情况出发，对需要训练的学习策略进行安排。学习者使用学习策略的情况，是教师选择哪种教学策略的基础。与此同时，教师应充分考虑不同学习者的思维能力、智力水平、性格特点、接受水平等，这样有利于他们在指定训练目标和步骤时，更加具有针对性，也有利于帮助学习者解决当前学习过程中所遇到的困难。

（四）结合所学材料原则

在使用听力学习策略训练学习者的听力时，还应充分结合学习者所学的听力知识和内容进行训练。一般来说，学习者的学习大多是建立在教学材料和大纲的基础上的，教师只有对其采用专门的训练方法，并结合学习者的学习材料，才能使得听力课堂教学更具合理性，也才能进一步提升学习者的训练效果。

四、听力学习策略训练的模式

长期以来，听力教学往往以教师为中心，着重于通过对学习者进行大量的输入性练习，来不断提升学习者的听力水平。这一教学模式是一种被动地接受性模式，忽视了学习者的听力理解能力和信息知识激活能力。由于学习者存在着差异性，因此教师要针对每一位学习者进行不同样的学习策略训练是很不容易的。但是，教师可以对训练的策略做一个周全的考虑，寻求最适合的学习策略训练方法。具体而言，在不断的实践过程中形成了如下三种模式。

（一）解说—训练—反馈模式

解说—训练—反馈听力学习策略训练模式通常是将听力学习的训练分为解说、训练、反馈这三大步骤。为了对这一训练模式有更深刻的理解和认识，并能在实践中灵活运用，下面主要从在日常策略中的自我评价策略中如何运用解说—训练—反馈模式来进行分析。

在解说阶段的训练中，首先应对自我评价策略这一概念本身有充分的理解和认识。自我评价具体指的是学习者进行听力学习活动之后，对自己的学习过程与学习进度进行评价的策略。然后在其具体的学习过程中时刻保持反思状态和意识，并根据实际对自己的学习手段和方式进行相应的调整。

在训练阶段的训练中，教师可以指定相应的调查问卷，在学习者制订学习计划时给予适时的帮助和指导，使学习者在具体的学习过程中逐渐建立起自我学习评价的思想意识。

在反馈阶段的训练中，可以以多样化的方式进行总结和反馈。学习者可以进行单方面的个人总结，教师也可以对学习者进行整体的总结或者教师可在学习者所做反馈的基础上进行总结，并针对遇到的问题随时调整训练方法。

（二）解说—对比操练—反馈总结模式

解说—对比操练—反馈总结的听力学习策略训练模式主要分为解说、对比操练、反馈总结这三大步骤。

在解说阶段的训练中，首先要对听前推测这一策略有整体的认识和理解。听前推测具体指的是在听力活动进行之前应按照听力材料的题目中所给出的文字、插图以及题干等所提示的信息，对文章可能提及的话题展开推测。

在对比操练阶段的训练中，教师可以从教材出发，选取两篇具有相同难度、设计理念类似的文章，并结合这两篇材料进行对比操练。教师在进行操练时，针对第一篇文章，可以在学习者没有任何准备的情况下播放文章的音频，针对第二篇文章，应提前给学习者一定的准备时间，同时要求学习者先进行推测，进而播放音频。对于上述两篇文章，所播放的音频的次数应该保持等同。之后，教师可以和学习者一起，结合听力答案进行探讨和分享听材料过程中的真实感受。

在反馈总结阶段的训练中，主要针对操练过程和结果来进行总结。此时，教师可以鼓励学习者进行独立的思考和总结，并在其中给予适当的引导或进行点评。

（三）解说—示范—训练过程—反馈总结模式

解说—示范—训练过程—反馈总结模式主要包含四大部分，即解说、示范、训练以及反馈总结。下面就以"做笔记"为例进行解读。

在解说阶段的训练中，应对"做笔记"有整体的认识和理解，可对"做笔记"进行解释说明，"做笔记"具体指的是在听力活动中，学习者通过借助一些符号、数字、缩写形式等将听力材料中的关键词记录下来。

在示范阶段的训练中，就是对"做笔记"这一听力学习策略的训练方式有了整体的理解和认识之后，可结合实例进行示范。例如，做笔记时，可用"w"表示"work"；用"+"号和"-"号分别表示"多"和"少"等。

运用这一模式的训练方式进行训练时，可参照学习者的教材，选取一两篇难度适中的材料进行训练。

在解说、示范、训练阶段训练之后，就进入了反馈总结的阶段。这一步主要是对前面的操作过程和结果进行反馈和总结，并提供给学习者一些做笔记的小建议。让学习者根据实际情况对自己常用的做笔记的符号进行汇总，在之后的学习过程中，可以经常反复操练，达到对其的熟练运用。建议学习者使用一些自己经常使用的缩写方法，不能随意乱记或混淆记忆，以免在做题时出现理解或认识方面的错误。

五、提高大学英语听力教学水平的策略

多年来，有关听力教学的研究一直在不断发展，同时吸收并融合了来自教育学、心理学、语言学、社会学等研究领域的成果。下面是人们从理论和实践中总结出的一些普遍认识，作为听力教学的原则，运用在教学中，能有效地促进听力学习。

（一）听说读写相结合

听力教学中的活动设计应尽可能和读、说、写相结合。语言的这些技能在本质上不是相互割裂的，实际上，这些技能都是语言能力在某个情境下、某个具体的语言使用中的表现。将这些技能相互结合起来运用在听力活动中，有利于学习者语言能力的全面发展。

（二）考虑到学习者的差异

世界是多样化的，学习者的听力能力发展也是如此。教师应充分考虑到学习者在学能、兴趣、能力、学习风格等方面的不同，在教学方法中体现出灵活的、因人而异的特点。

（三）注重语言点的学习

大学英语听力教学应注重语言点的学习，忽视篇章结构的整体分析；注重表层的理解，忽视深层的探究。课堂上提出的问题也应该大多是关于词汇用法和语言知识的。听力学习过程是语言学习过程的一部分，所以对听力材料中语言点的学习，是不容忽视的。语言点一般包括值得重点关注的常用词和常见句式的意义、用法以及关键词或生词，或者是容易听错的地方。语言点的学习能帮助学习者注意词汇的发音、含义、用法以及句子的结构和含义等。在听力任务结束后，配合语言点的讲解，有益于语言知识的扩展和听力技能的提高。如果只把听力练习当作听力测试，那就只会在乎结果，只会在乎测试题的对与错，这样的练习往往使听者的水平难有本质上的改变。

（四）重视听力理解的质与量

人们都知道"提高听力水平要多听多练"的道理，但是常常只重视了

"量",而忽视了"质"。认清影响听力理解的因素对提高听力教学的质量具有非常重大的意义。对听力材料浅尝辄止,表面上理解了,但实际上却似懂非懂,也不去深究,这样的听力训练并不能有效地提高基本能力。相反,我们应该针对一些理解中出现的问题进行深入的反思并配合专门的训练,这就是对"质"的重视。此外,重视"质"还意味着要重视听力理解的准确性。提升听力理解应遵循以下五点原则。

①在听力材料的选择上,教师和教材编写者应注意材料的难度,并且要着重根据语言习得的规律,选择略高于学生水平的可理解性输入。必要时,教师可以适当介绍一些与听力材料相关的背景知识。

②就说话者特征而言,教师在选择听力材料时应该具有广泛性,说话者应既有女性也有男性,既有高级学者也有普通大众,说话者的职业既有代表性也有普遍性。

③就任务特征而言,教师应根据学生的需要设计丰富多彩的听力活动,提高学生的学习兴趣和积极性,避免听力活动的单一性。

④学习者特征对听力教学的影响十分明显,教师在教学过程中除了要提高学生的兴趣和积极性之外,还要从各个方面挖掘学生的知识潜力并培养学生的思考能力和推理能力。在课堂上,教师要创造一种积极向上的学习氛围,减少学生的心理压力和紧张情绪。

⑤就过程特征而言,学生可以在教师的指导下,采用适合自己的听力策略。至于"自下至上"模式、"自上而下"模式和互动模式的选择问题,需要根据学习者所处的学习阶段及其认知能力和知识水平等因素来确定。

(五)遵循听力理解的认知过程

听力理解既包括"自下而上"的过程,也包括"自上而下"的过程,而且这两种过程之间还存在交互作用。遵循这一过程,教学中应兼顾两者,不能忽视任何一方。近年来,较多的注意力转向强调"自上而下"的处理过程,不能低估"自下而上"的处理过程。许多错误理解来自对语音和单词的错误识别,这些仅靠背景知识和策略是不容易弥补的。

(六)教会学生自主学习的方法

课堂教学是教师引导学生按明确目的、循序渐进地以教材为主的一种教育活动。它包括备课、讲课、课后辅导等几个环节。教师引导的时间是有限的,而学生的语言学习在长时间里是自我主导的,所以,教会学生自主学习的方法非常有意义。这实际上是教给学生一套管理好听力学习过程的方法,内容包括如何设定目标、如何制订计划、如何利用资源、如何评价结果等。学生要学会自己选择材料、自己安排时间、自己选择听力训练方式、自己发现问题、分析问题并解决问题。教会学生自主学习的方法，能够促使他们为自己的学习负起责任，学会如何决策，并且在学习过程中不断反思、调整，努力实现自己的目标，直至养成终身学习的习惯。

第五章　现代大学英语写作教学理论研究

英语写作能力是英语语言能力的一个重要组成部分,但长期以来,我国学生的英语写作能力一直没有得到有效提高。在全国大学英语四、六级考试中,学生"听"和"读"的成绩在近年来都有较明显的进步,但写作成绩则少有改善。这一方面可能由于早年的《大学英语教学大纲》对写作能力要求相对比较低,另一方面也与传统的英语写作教学方法有一定关系。本章主要介绍了大学英语写作教学的现状分析、大学英语写作教学的基础理论和大学英语写作教学的策略探讨。

第一节　大学英语写作教学的现状分析

一、教学模式陈旧

在传统的教学模式中,英语教学过分注重词汇、语法等知识点的讲解,很少涉及语篇的结构以及语篇的内容分析等。这就导致学生虽然知道很多的词汇和语法知识,但在语言表达时却不尽如人意。学生在写作中经常出现无话可说,或者语言空泛没有内容的问题,这都是因为教学方法过于陈旧,无法适应现在社会对英语人才的需求。当学生完成一篇写作后,教师一般只对学生写作内容中的语法知识进行讲解,并不会针对其构思和语篇结构等进行评价,这也是导致学生写作能力差的一个重要原因。教师在写作教学中与学生的互动较少,对学生的有效性指导也很少,久而久之,学生就对写作失去了兴趣,写作能力的提高也无从谈起。

大多数教师还是遵循传统写作教学模式。教师通常首先讲解写作方法和技巧,然后给学生指定作文题目,要求学生在课后独立完成并在规定时间内交给教师批改,他们往往忽视了学生对写作素材的收集、分析、判断、修改。传统写作教学模式不强调写作是一个由师生共同完成的教学实践过程。

二、思想认识不足

我国英语写作教学中还普遍存在教师既不愿意"教"，学生也不愿意"练"的问题。从教师角度看，很多语言规则是无法通过课堂教学让学生掌握的，只能通过学生对英语语言的大量使用实现。这些使用不仅指"写"本身，也包括"听""说"和"阅读"等。从学生角度看，由于写作涉及语言和内容两个方面，学生存在语言表达困难、缺少及时反馈等问题。而如果学生得不到及时、有针对性的反馈，便会进一步挫伤他们提高英语写作能力的积极性。

三、课程设置不合理

在英语教学中，因课时有限，并且在单元的课文讲解、听力理解、阅读理解等内容上耗时过多，留给写作教学的时间就少之又少，进而导致写作变成了可有可无的教学内容。另外，由于一些学校并没有设置专门的写作课程，所以写作教学的效果自然得不到保障。

尽管当前的英语教材均有对应的"听、说、读"等配套练习，但却少有"写"的材料。虽然每一个单元均有专项写作练习，但它们多是被动性的，配套教材的短缺使写作技能训练非常零碎，不够连贯。在这种情况下，加之课时得不到保证，学生的写作水平显然是难以得到提升的。

英语写作教学大部分是穿插在各学期精读课之后的练习中来完成的。若精读课能按教学计划顺利完成，教师就能利用有限的时间"蜻蜓点水"般地对写作进行简单讲解；否则，写作教学就被无情地忽视和删减掉，完全成为精读教学的附庸。因此，写作教学在时间和内容上无计划性、系统性，而随意性强。

四、教学改革较为滞后

随着新课程改革的全面推进和不断深入，英语教师对新课改下的写作教学有了新的认识，但在实际的英语教学过程中，写作教学的改革相对较为滞后。有不少教师不注重对学生英语思维能力进行多方位、多角度的训练，也不使用各种方法训练学生英语思维的发散性、创造性、广阔性与深刻性。

事实上，英语教学是一项整体工程，写作教学与口语教学、阅读教学以及其他形式的教学之间是互动互补和彼此关联的整体。但在当前的英语教学过程中，教师并没有将写作教学放在这个整体的项目中，这就产生了为写作而写作的现象。

五、教学评估不完善

写作教学内容不得不围绕考试指挥棒转,从而无法摆脱应试教学的樊篱。其后果是学生的写作思维教条化、模式化,写作内容千篇一律,无创新亦无内涵。除了写作范文和阅读理解文章外,学生很少有时间去阅读英文原版书籍、杂志等,导致英语兴趣的培养和写作水平的提高都受到了很大影响。

在英语教学中,一些教师的批改方法缺乏科学性和系统性。学生交上了作文之后,教师经常忽视学生在整个写作过程中思维能力的培养,而是将批改的重点放在纠正词汇拼写以及语法错误上,甚至一些教师不给学生独立写作的机会,而是一味地要求他们抄写和背诵范文。这种批改方式使学生成了被动的接受者,所以学生很难主动地认识并改正自己的错误,进而出现了教师反复改,学生反复错的局面,导致学生对写作消极应对,望而生畏,写作水平难以提升。

六、教材设置不合理

现行教材中存在的弊端是"不仅分散、铺排较广,且时间跨度较大,难成体系"。目前诸多高校参与编写的大学英语的系列教材主要还是针对阅读和听说方面,而专门针对非英语专业学生的写作教材并不多也不精。

第二节 大学英语写作教学的基础理论

一、整体教学理论

(一)整体教学理论概述

"整体语言教学"(Whole Language Approach)始于20世纪80年代的美国,最初用于美国中小学教授本族语的语言艺术及阅读教学,它强调语言的整体性,反对把语言肢解成音素、词素、词汇和语法学,强调口语和书面语言之间的互动性及内在联系。之后,研究语言习得的应用语言专家对整体语言教学也做了深入的研究。

美国亚利桑那大学教授"整体语言学"的主要倡导人之一古德曼(Goodman)研究发现,儿童在读、写比较受到重视的环境里,读、写能力的发展过程与听、说能力发展的过程是并驾齐驱的。这一发现揭示,过去按听、说、读、写顺序进行教学的原则违背了语言发展规律。俄罗斯著名心理学家维果茨基(Vygotsky)认为:语言能力是通过与他人进行言语交际、思想交流而习得的。杰纳西（Genesee）强调事物的整体不是部分的简单总和，整体永远大于部分之和。

整体教学中的"整体"，是指在教学中把语言看作一个整体，而不是教师在课堂上讲解并让学生学习一些支离破碎的"技能"。"整体"教学就是用整体、联系的观点与方法来组织教学的，其目的是让学生能够主动、有效、持久地学习，而不是教师在课堂上填充式地直接讲解，或让学生被动地重复课文中或教师讲解中已提出的信息。学生的写作技能和策略是在整体的、真实的语境中发展而来的，各种技能的培养必须渗透到整个课程计划中，这就是整体教学的实质。

（二）整体教学理论的应用

1. 整体

整体教学提出了整体统帅局部的原则，采用从整体出发，从整体来教局部、教局部不忘整体的教学方法。教师应全面掌握《大学英语写作大纲》中对学生的全部要求，对毕业后学生在写作能力上达到的水平有一个整体的构想，并设计出每一年，每一学期，甚至每一节课在写作方面所要达到的目标。把握整体的过程就是语言输入的过程，目的是让学生初步理解所要学的知识内容，对所要学的知识有一个整体的认识。写作技能的培训可以贯穿于英语教学的各个学科。以精读课为例，在对一篇文章讲解分析的同时，教师也要设计本节课结束后，在写作能力的培养上要达到怎样的效果，这样在课文的讲解中有意识强调作者的写作特点和优点，在潜移默化中进行点滴积累，最后达到提高写作的目的。语言的功能和形式依附内容而存在，语言教学从整体出发，教师应将写作所要求的各种技能融于平时的各个教学环节中，语言知识和技能应通过自然的语言环境加以培养，而不应人为地把语言知识和写作技能分开来独立进行培养。

2. 分散

分散可以让学生在平时的渐进式学习和积累中掌握全部的写作技巧，在潜移默化中达到水到渠成的效果。具体做法如下：

（1）分散到教材

教师可利用精读、泛读课堂加强学生对词汇的感悟，特别是同义词之间的差异。例如，我们不宜说"Our teacher is thin"（应用"slim"）或"Our teacher is fat"（应用"strong"或"plumpy"）。可以通过这样栩栩如生的例子让学生明白词汇有抽象与具体、正式与非正式、高雅与通俗、褒扬与贬抑等区别。

词汇是语言的建筑材料，我们写文章总离不开措辞，文章写得好坏与用词有密切关系。在写作时学生犯的通病是该用具体词的地方却用了抽象词。"具体"和"抽象"是相对而言的，教师在授课时应用一些精辟的例句让学生明白在写作中词的意义越具体，越能给读者鲜明印象的道理，并鼓励学生掌握足够的词汇量。词汇量大了，才能在写作中左右逢源，随时能用上所需要的词。

（2）分散到时事

语言与我们的生活息息相关，教师可利用当前的一些国内外时事来激发学生要用英语表达的欲望。例如，2022年将在中国北京举办冬奥会，请用简短的几句话描述一下你的心情。有很多学生可能都会用到 good、nice、happy 这类词，而且频率还会很高，但教师此时给出一些类似 wonderful、fantastic、marvelous、gorgeous 的词汇时，学生自己就会感悟到每个不同词汇的使用都会给文章带来不同层次的韵味。教师还可以适当扩展，对所学知识由表层向深层发展，引导学生对时事做出评论，从而掌握议论文的写作格式和要领。

（3）分散到媒体

多媒体计算机和网络通信技术的发展为学生学习提供了理想的认知工具，能有效地促进学生的认知发展。多媒体系统的多种感官刺激更符合人类学习认识规律，体现了学生认识主体的地位，同时还考虑到学生个体差异，改变了传统的"黑板＋粉笔"的教学模式。教师可以因势利导，通过媒体让学生了解并掌握一些计算机和网络的术语，并学会电子邮件和函购信笺的写作格式。

（4）分散到学生

整体教学体现出以学生为主导的教学思想，它改变了"教师讲、学生听"的被动灌输方式，给学生创造良好的氛围，让学生之间展开讨论，相互学习。学生之间相互检查所写的文章，检查出漏洞，再由学生进行讲解、分析、改错，这种学生与学生之间的学习要比学生向教师学更有深远意义。

总之，分散是把要学习的写作能力和技巧分散到每一学期、每一单元、每一节课，把要学习的知识重点和难点分散到各个单元，精讲多练，讲练结合，在每节课的点滴学习中收获写作的全部知识。

3. 全面综合

分散讲解完每个知识点后，教师应让学生以归纳的方式及时总结重点内容，归纳写作技巧和各种写作格式，最终在学生的头脑中留下完整的知识，形成完整的印象。全面综合阶段让学生对各个知识点的认识从模糊、凌乱到清晰、完整，这是质的飞跃，同时也符合记忆的心理规律。这一阶段可以用以下三种方法：课文内容的整体再现；词汇句式的综合再现；语法知识的重点再现。教师可采用播放录音、复述提纲、图标归纳等手段实现课文内容再现，目的在于全面总结，使各语言点、知识点变得系统化、条理化。

4. 实际运用

运用是教学的最终目标，运用也是教学过程的最终体现。写作教学应该贯穿于各学科的始末，光学不练永远达不到预期的目标。教师应在授课的一定阶段，结合所讲内容和这一阶段所学到的写作技能布置一些相应的写作练习，让学生在实践中得以巩固。教师可以指导学生写课文摘要或对课文进行缩写、改写，以培养概括能力；给主题句和关键词要求联句成篇；根据范例模仿作文；教师还可根据课文内容设计一些具有概括性的话题，让学生讨论，以培养交际能力。因为整体教学的理论是，听、说、读、写能力的齐头并进。

二、语言模因理论

（一）语言模因论概述

1. 语言与模因

模因论（Memetics）是基于达尔文进化论的观点，解释文化进化规律的一种新理论。Meme（模因）一词是英国牛津大学著名动物学家道金斯（Dawkins）在其著作《自私的基因》一书中杜撰的，他将之定义为"文化传递的单位"。《牛津英语词典》收录该词后将它解释为"文化的基本单位，通过非遗传的方式，特别是模仿而得到传递"。模因与基因很相似，基因通过遗传来繁衍，模因则通过模仿进行传播，所以，模因的核心是模仿。作为文化传播单位，模因的表现形式很多。任何能够通过模仿而复制的信息都可以称之为模因。从语言角度来看，学语言的过程就是语言模因复制、传播的过程，因为语言本身就是一种模因，任何字、词、段落乃至篇章只要通过模仿得到复制和传播都可以称之为模因。

2. 语言模因创新

语言模因作为复制因子，具有保留性、变异性和选择性，即每一个模因既是对以前模因的复制与继承，又会在复制和传播过程中产生一定的变异，在变异中获得发展。因此，任何创造性的语言使用都是在模仿的基础上进行的，先模仿而后创新，没有模仿和继承，就谈不上创造和创新。仿写是读写结合的最基本形式。通过仿写能缩短学生探索直接经验的时间，加速语言从理解到运用的过渡。从模因论的角度探讨模仿写作教学，有利于我们掌握快捷有效的方法，在"模仿"的基础上进行英语写作创新。

（二）语言模因论的传播方式

不管语言模因的形式和内容如何，其复制和传播方式基本上是重复与类推两种。

1. 重复——背诵

重复主要涉及对语言模因的直接套用，背诵是达到这一目的的直接手段。背诵作为传统教学模式一直被我国教育者所沿用。但如今，越来越多的教师却不屑于使用背诵这一传统学习策略，特别是在大学阶段，他们忽略了语言是在不断地复制和传播中得以生存的重要道理。

事实上，背诵在写作教学中发挥着重要的作用。卡洛尔曾指出，"成功的外语学习就必然要求耗费大量的时间，这时间的大部分应用于重复操练上"。背诵能够强化语言输入，加深学生对所学语法知识的理解，提高词汇、句型的记忆效果，增强语言知识的积累，从而使英语语言输出规范化、得体化。

2. 类推——仿写

类推是模因复制与传播的另一种方式，与写作教学结合在一起主要涉及同构类推，即保持原模因整体结构框架不变，替换其中某些内容从而出现新的模因变体或形成模因复合体的现象。在写作教学中类推其实就意味着仿写。仿写合理地运用了模因论"模仿"原则，是提高学生英语写作能力有效的训练方式。仿写常用的一种模因是表现型模因，即语言的形式嵌入不同，由内容而予以复制、传递的模因。仿写通常可以从两个层次进行训练：一是词句模因，二是段落篇章模因。

（1）词句模因

词汇是写作的基础，因此，教师应鼓励学生通过模因模仿积累同义词或通过上下义、反义等关系联想记忆词汇。同义词可以有效避免行文的单调重复，从而提高文章的表达能力。另外，实用句型模因也是非常重要的仿写训练内容，它可以提高学生的句子写作水平。

（2）段落篇章模因

段落篇章模因训练是模仿已知的段落或篇章结构，根据不同语境，变动原来的语言信息或其中的成分，表达出不同的内容。例如，在理解了某个经典段落后，教师可以详细分析段落的结构，写作手法与技巧的运用，指导学生进行仿写。

（三）模因论的启示

1. 同伴之间的互相模因

互相学习从某种意义上也是互相模因，学生作文的评改讲评就是一个非常好的学习机会。在学生第一次写稿完成后，根据教师的"自我纠错"要点先自己找错，再交到小组里轮流"传阅品评"，然后交给教师，最后环节是课堂讲评。课堂讲评主要是教师找出学生作文中典型的语言错误让他们集体改正并进行作文评比，被讲评文章要有目的性、针对性和代表性，要兼顾优秀、一般、较差，让学生进行比较，最终修改出好的文章，优秀的习作会放到班级论坛里供同学学习模因。所有活动自始至终都有学生的参与，是写作课的延续。

2. 背诵是语言模因的第一要素

背诵的目的在于充分熟悉大量目标语素材，采用强化语言+输入的方式，加强学生对词汇、句型的记忆和语法知识的理解，使英语语言输出规范得体。同时，教师应帮助学生准备一些包含相应模因的材料，使他们在背诵过程中能不断复制其语言要素，从而进一步组装并构成个人所需的语料。

3. 针对优秀范文进行分析和仿写

仿写指在写作过程中模仿其他个体的写作行为或既成的规范语句、文章进行学习性写作的训练方式，它是遵循模因论"模仿"原则来提高学生英语写作能力的有效方式。因此，教师要引导学生运用不同的表达方式来陈述自己的观点，首先教师要分析范文的结构，向学生讲解各种写作的体裁及其语言特色，让他们了解语篇建构由语言、语境要素和写作交际目的等诸多因素构成，然后通过仿写训练，达到提高英语写作能力的目的。

4. 采用联想教学启发学生的多层次思维

在表现型语言模因中，可以让学生产生不同的意义联想，在复制传播过程中可能会出现变异，但意义变异仍是语言模因变异的一种重要方式。因此，引入联想启发法可以促使学生积极地思考问题，开发他们的想象力。

三、错误分析理论

（一）错误分析理论概述

错误（error）是语言学习过程中不可避免的现象。在语言学界，有关学习者错误的研究最先出现的是对比分析（contrastive analysis）理论。该理论将目标语（target language）与本族语（native language）进行对比，认为学习者错误是由于本族语的干扰造成的，主张有错必纠。随着认知语言学的发展，对比分析的不足越来越明显，其中最主要的问题是忽视了学习者在语言学习过程中的主观能动性和许多错误无法通过两种语言的对比来加以解释。

20世纪60年代末，科德（Corder）提出了错误分析理论。该理论认为错误是语言发展过程中的必然产物，是学习者对新语言知识所做的一种假设（hypothesis）和尝试，为教师提供了学习者的语言掌握情况，对二语习得有着积极的意义。错误分析理论改变了对语言学习者错误的传统看法，即错误是需要彻底根除的学习障碍，对第二语言的教学和研究产生了深远的影响。

（二）错误分析及其意义

在教学法中，错误分析法是教学法中常用的一种方法，主要是对于学生在学习中产生的错误进行集中的总结和归纳。在英语写作教学中运用错误分析法，整理学生在写作中相对集中的错误点，通过对学生的学习过程进行分析，找到学生在学习过程中出现语言错误的原因，从而从根本上认识和纠正学生在学习过程中的偏差。通过对于学生产生错误的分析，首先可以系统和全面地了解学生产生错误的原因，能够使我们在教学中更好地实现针对性教学，提高学生的学习效果，减少学生在写作中的错误。其次，通过对错误的分析，可以查找和检验我们实际教学中出现的问题，从而改进教学方法，提高教学效果。

错误具有三方面的意义：第一，教师对学生的语言错误进行系统的分析，可以知道学习者距目标有多远，还需要学习什么内容；第二，学习者的错误能向研究人员提供证据，说明语言学习的方式和采用的策略或程序；第三，错误是学习者不可避免的，出错可以看成学习的手段，用于检验关于正在学习的语言规则的假设。

（三）错误分析理论的启示

1. 改变了对学习者错误的看法

传统观点认为，错误是由于本族语的干扰造成的，是二语学习的大敌，需要尽可能地避免和排除。而错误分析理论认为，错误是语言学习中不可避免的现象，对二语学习有着积极的意义。错误为教师提供了学习者的语言掌握情况，为研究者提供了语言是如何被习得的证据，进行错误分析是学习者发现语言规律所需运用的策略之一。

二语习得者的错误其实是他们对目标语进行的尝试和假设，错误的改正就是假设被检验并修改。通过这种不断进行的假设检验，学习者就能逐步克服自身的不足，进而不断向目标语接近，这其实就是二语学习的过程。所以，教师应对学习者的错误有正确的认识，克服教学中的急躁情绪和焦虑心理，认识到错误不仅是语言学习中的正常现象而且有积极的意义。因此，对待错误不必如临大敌而应采取宽容的态度，并让学生认识到这一点。教师要鼓励学生多写多练，不要因为害怕出错而总是写简单的句子，而要勇于在写作中锻炼写长句和从句的能力。

2. 采取不同的处理错误的方法

对学习者错误的宽容并不意味着一概忽略，因为有些错误如果没有得到及时纠正，其形式就会固定下来并以潜在的方式存在于学习者语言（learner language）中，在多次纠正之后仍然会重新出现，这就是石化（fossilization）现象。石化现象会严重阻碍学生英语水平的进步。

因此，教师要重视学生的错误，在批阅时对错误进行分析和归类。对影响句子的单个成分而不影响文章整体的错误可不必过多关注，而对影响句子整体和文章全局的错误，密集程度高的和普遍发生的错误，或由于缺乏对西方文化和英语语言特征的了解而产生的错误等则要有足够的重视。

教师在纠正学生错误时可采取多种形式，为学生提供尽可能多的发现和纠正错误的机会，如自我纠错、同伴纠错、小组纠错等，鼓励学生充分开动脑筋，积极主动地纠正错误，从而加深对错误的印象，避免以后再次出现。对密集程度高的和普遍发生的错误可以采取课堂集中讲解的方式，对个别学生的错误可课后单独向其指正。但要注意，无论采取何种方式，教师都不能挫伤学生学习英语的兴趣，不能伤害其自尊心。

3. 重视输出在语言学习中的作用

在语言学习中，听、读属于语言输入，说、写属于语言输出。我国的英语教学中普遍存在的重输入轻输出的模式不利于学习者的语言学习。很多学生能够读懂有一定难度的英语文章，但是写出的英语作文却满是拼写和语法错误，甚至让人不知所云，这就是英语教学中轻视语言输出的后果。学习者的错误表示他们对目标语进行的假设，在错误得到改正，即假设得到检验时，学习者才能认识到他们在语言学习中的缺陷，他们"语言+学习"的内在认知才能被激活。而只有在语言输出中，学习者才能对假设进行检验，才能认识到学习者语言与目标语的差距，这种差距的弥补会使学习者语言不断完善并逐步接近目标语。

所以，大学英语教学中应重视对学生英语语言输出能力，特别是写作能力的培养，并重视反馈的作用。通过对学生写作中的错误进行分析、归类和纠错，使学生发现不足并予以弥补。这样，学习者语言中的各个元素就会不断重组，不断接近目标语，这就是二语习得的过程。

第三节 大学英语写作教学的策略探讨

一、影响大学生写作能力的因素

如今，大学英语教师的中心任务除语言知识的传授外，更重要的是指导学生如何将这些语言知识融入语言交际之中，使他们在今后的工作和社会交际中能用英语有效地进行口头和书面信息交流。传统的英语教学一向重听、说、读而轻写，大学生的英语写作能力普遍不高。

写作是一项综合语言技能，它要求学生既要对词汇、句法、文章的结构有较为全面的认识和掌握，又要能够将自己的思想与这些语言形式有机地结合在一起，达到语言交际的目的。影响写作的因素有很多。中国外语教育研究中心主任文秋芳教授认为：汉语写作能力、英语口语能力和英语表达词汇水平对英语写作能力有直接影响；英语阅读能力、听力能力、英语领会词汇水平、英语领会语篇知识对写作能力有间接影响。

汉语写作能力对英语写作能力的直接影响说明，汉语写作能力高的学生在用英语写作时，能力的"转接"使他们的英语作文像汉语作文，有内容，有长度，结构篇幅连贯、完整。英语写作水平不高的学生在一定程度上受到汉语水平的影响，英语作文存在如中心不突出、缺乏细节等问题。

英语口语能力对英语写作能力也有直接的影响。英语口语熟练的学生，具有一定的英语交际能力，这种能力自然对写作表达、交流思想有积极的促进作用，这表明英语口语能力的提高也有助于笔头表达能力的提高。

英语表达词汇水平对英语写作能力产生直接的影响。学生的表达词汇量越大，可写的内容就越多，文章就会有长度，主题思想可得到充分发挥，文本质量也越高。领会词汇是英语写作能力发展和提高的重要基础，也是整个英语水平发展和提高的重要基础。研究表明，词汇学习可以直接促进学生英语水平的提高。学生只有具备了充足的词汇量，才有可能为写作提供"可理解的输入"。此外，领会词汇量大，直接有助于表达词汇量的扩大。

因此，在大学英语写作教学中，我们应着重提高学生表达知识的能力，注重学生整体能力的提高，包括母语写作能力、英语表达词汇水平的提高。

二、大学英语写作的教学方法

（一）过程教学法

过程教学法在20世纪60年代兴起于美国，它是在认识论、信息论、控制论以及各种语言理论和教学法的综合影响下形成的一种写作教学方法。格拉夫（Graves）指出，教师在英语写作教学中应帮助学生理解和内化写作的全部过程，使写作成为一种行为，而不应该仅是对结果的死板模仿。过程教学方法就是一种注重写作的过程，力求营造一种教学氛围，是一种将学生的需求置于师生间交互学习的中心的有效方法。

1. 过程教学法的目的

此教学方法之所以力求营造一种教学氛围，主要有下面四个目的：

①使学生可以共享信息，相互帮助。
②促使学生敢于创新，并做出个性化选择。
③使学生学会将写作视为一个过程，认识到这个过程的开始就是第一稿。
④促使学生与其他同学共同评估自己的文章，然后进行修改和完善。

2. 过程教学法的环节

一般来说，过程教学法主要包括如下五个环节：

①写前准备。学生要在教师的指导下审题，并通过小组讨论的方式搜集素材，然后构思内容，列出提纲。
②撰写初稿。学生可以采用个性化活动方式，独立撰写初稿。
③修改。这一环节主要在课堂上进行，一般采用学生互评和教师抽样点评相结合的方式进行。
④撰写第二稿。这一环节是对初稿的再加工过程，即学生根据上一阶段中发现的问题来进一步完善自己的写作，写出第二稿。
⑤教师批改评讲。在这一环节中，教师对学生的作品进行检查和批改，目的是让学生充分了解自己写作中的问题以及写作的过程，激发学生的写作兴趣，拓展学生的写作思维。

（二）策略教学法

在英语写作过程中，学生可以采取一系列的策略，以使自己顺利地完成写作。下面就来介绍一些常用的写作策略。

1. 选题构思策略

在写作开始之前，作者首先需要进行选题构思。下面就是几种常见的构思策略。

（1）自由写作式

自由写作式的构思是指作者在看到文章题目之后，大脑便开始思考，然后将大脑中形成的所有观点和信息记录下来并进行筛选，从中选取有用的信息，删去多余的信息。这种构思方式不受限制，思路可以完全打开，且写作的框架也会随之形成。

例如，写一篇题为"How should we spend our spare time？"的文章，学生可以这样打开思路：

How should we spend our spare time? Go to a park, fishing, playing basketball, sports, doing homework, reading books, visiting friends, go to movies and playing computer games, no, it's not good. Waste time. We'd better finish the work first. Do some housework.

（2）思绪成串式

思绪成串式的构思是指作者先将主题写在纸的中间，并画一个圆圈，然后将所想到的与主题相关的词都写出来，分别画上圆圈，最后将这些关键词进行总结并确定写作思路。

（3）五官启发式

五官启发式的构思是指将主题与视觉、听觉、嗅觉、触觉等几个方面联系起来思考，搜寻与题目相关的材料。当然，在具体的写作过程中，作者没必要将视觉、听觉、触觉、嗅觉等方面全部都考虑到，可依据实际情况选择。

例如，在写文章"My Best Friend"时，学生就可以从下面几个方面构思：

视觉方面：He has a round smiling face. He walks slowly for he enjoys talking while walking. He likes to swing his pen in his hand when he has nothing to do with his hands in class. He often makes faces when he's happy. He does his homework quickly and often helps others with math problems. He likes to play ping-pong with me.

听觉方面：He whistles a tune when he is alone. He can talk on and on about computer games. Whenever he understands something, he is always saying, "Oh, I know, I know."

触觉方面：When we play ping-pong, I can feel his toughness and strength. And he is quite good at it.

嗅觉方面：I could smell his sweat in summer. This shows he enjoys sports very much in a way.

2. 开篇策略

文章开头是最引人注意的一个部分，如果有一个精彩的开头，那么就会很容易吸引读者的注意力，所以在开篇时也要注意运用一些有效策略，以使文章更加出彩。常见的开篇方式有以下四种：

（1）开门见山

例如：

As food is to the body, so is learning to the mind. Our bodies grow and muscles develop with the intake of adequate nutritious food. Likewise, we should keep learning day by day to maintain our keen mental power and expand our intellectual capacity. Constant learning supplies us with inexhaustible fuel for driving us to sharpen our power of reasoning, analysis, and judgment. Learning incessantly is the surest way to keep pace with the times in the information age, and reliable warrant of success in times of uncertainty.

（2）描写导入

例如：

Nowadays college students are seen waiting on tables, cleaning in stores, advertising in streets, tutoring in families and doing whatever work they can find.（描写作引言）It has become fashionable for college students to do some odd jobs in their spare time.（中心思想——打工的普遍性）

（3）下定义

下定义就是在文章的开头给出必要的解释说明，以帮助读者理解。

例如，题为"Financial Crisis"的作文，可以用以下方式开头：

Financial crisis, also known as financial tsunami, refers to the dramatic deterioration of the financial indicators of a certain country or several countries and regions in the world（下定义）. It can be classified as currency crisis, debt crisis, banking crisis, subloan crisis, etc. The feature of the crisis is that people are pessimistic about the economic future because of monetary depreciation occurring throughout the region. The causes for the crisis are complicated with multiple reasons, mainly from three aspects, the U.S. consumption habits of borrowing, the idea of free economic management, and the economic environment and specific policy instruments.

（4）以故事引入

例如：

Most of us may have such experiences: when you go to some place far away from the city where you live and think you know nobody there, you are surprised to find that you run into one of your old classmates on the street, perhaps both of you would cry out: "What a small world!"（通过故事，最终引出自己的观点）

3. 段落展开策略

关于段落的展开，下面具体介绍常见的四种方式。

（1）按时间展开

这种段落展开方式多用于记叙文中。

例如：

By the time he was fourteen, Einstein had already taught himself advanced mathematics. He already knew what he wanted to be when he grew up. He wanted to study physics and do research. The problem was that Einstein's family did not have enough money to pay for his further education. Finally they managed to send him to a technical school. Later they were able to send him to an important technical college in Switzerland, which he entered in 1896 at the age of seventeen. He studied hard and received his degree at the end of his course. He wanted to study for a doctor's degree, but he did not have enough money. The question was how he could find enough work to support himself. First he worked as a teacher. Later he got a job in a government office. This work provided him with enough money to live on. Also he had enough time to study. He went on studying and finally received his doctor's degree in 1905.

（2）按空间展开

按空间展开段落的方式常用来描述景物或一个地方。

例如：

One of the most interesting places to visit in Singapore is the bird park. It's located in the industrial area of Singapore, called Jurong. The bird park is about twelve kilometers from the center of the city, and it's easy to get by bus or taxi.

It's one of the largest bird parks in the world. The birds are kept in large cages. And there are hundreds of beautiful birds from many different parts of the world, including penguins, parrots, eagles, and ostriches. There's a huge lake in the park, with a restaurant beside it. There's also a very large cage. You can walk into it to get a closer look at the birds.

（3）按过程展开

按过程展开段落的方式多用于记叙文中。

例如：

Many people like to read the latest news in the newspaper, but how is a newspaper produced so quickly?

Every morning the chief editor holds a meeting with the journalists. After that, journalists are sent to interview different people. Usually they have a face-to-face interview with them. Sometimes they do telephone interviews. At the same time, photographers are sent to take photos which will be developed later, sometimes they use photos from their library in order to save time and money. After the reporters hand in their stories, the chief editor will choose the most important news for the frontpage. Other editors read the stories and make some necessary changes. They also write headlines for each story. Finally, when the newspapers are printed, they are delivered to different places as soon as possible.

（4）按分类展开

按分类展开是指将要说明的事物按照其特点进行分类，然后逐一进行说明。该方式常用于说明文。

例如：

The talk music plays an important part in people's lives, especially for work and at festivals and weddings, while people dance all night long.

Indian music is not written down. There is a basic pattern of notes which the musician follows, but a lot of modern music is also written. India produces more films than any other country in the world. It produces musicals too, that is, films with music, and millions of records are sold every year.

In the Caribbean the slaves who were brought from Africa developed their own kind of music. West Indians make musical instruments out of large oil cans. They hit different parts of the drum with hammers to produce different notes. This type of music has become very famous in Britain.

Jazz was born in the USA around 1890. It came from work songs sung by black people and had its roots in Africa. Jazz started developing in the 1920s in the southern states. Soon it was played by white musicians, too, and reached the parts of the USA.

4. 结尾策略

结尾部分同样至关重要，一个好的结尾不仅能吸引读者的注意力，还能起到画龙点睛、增色添彩的作用。

（1）总结式结尾

总结式结尾就是在文章的结尾处对全文进行总结概括，以揭示主题，加深读者的印象。

例如：

A cartoon combines art and humor. When it is skillfully done, a simple line drawing and a few words can make people laugh. Their troubles seem less important, and they enjoy life more fully.

（2）展望式结尾

展望式结尾就是在文章结尾处表达对将来的期望。

例如：

If everyone has developed good manners, people will form a more harmonious relation. If everyone behaves considerately towards others, people will live in a better world. With the general mood of society improved, there will be a progress of civilization.

（3）建议式结尾

建议式结尾是指根据上文中论述的问题，在文章结尾处提出建议或解决方法。

例如：

College athletics plays such a vital role that it deserves close attention and persistent effort. It is suggested that physical training should be regarded as a required course wedged into college curricula, however crowded it may be, and that a fair share of college budget should be, devoted to athletic programs. We sincerely hope that this suggestion will be a commitment that all colleges and universities will take up.

5. 修改策略

初稿完成之后，还必须对初稿加工润色，即修改，以使文章更加完美。文章的修改可以从以下三方面入手：

（1）主题方面

主题是文章的关键，如果其他方面写得再好，但主题有所偏离，也不能称得上是好的文章。在检查主题方面的错误时，可以从以下五个方面入手：

①检查主题是否完整统一。

②检查文章是否符合题目要求。

③检查主题句是否清晰。

④检查文章内容是否与主题紧密相关。

⑤检查语气是否一致，时态是否恰当。

（2）段落方面

在检查段落方面的问题时，可以从以下四个方面入手：

①检查段落的展开是否流畅。

②检查段落材料是否充实。

③检查段落之间是否连贯。

④检查过渡词的运用是否恰当。

（3）语法方面

语法错误是学生写作中最容易出现的错误，所以对于这方面的错误要仔细检查。通常可以从以下四个方面着手：

①检查句意表达是否清楚。

②检查句子是否有语法错误。

③检查标点符号运用是否正确。

④检查拼写是否正确。

（三）平行写作教学法

平行写作教学法是指在学生开始写作之前，教师要先给出范文，并就所写题目为学生提供必要的提示信息。学生主要根据教师的提示完成写作。

例如：

Read the following dialogue：

A：What's up, Mike?

B：I don't know what to do this evening.

A：Well, why don't you go to the club?

B：Oh, that's not much fun, is it?

A：Well, maybe you can watch a movie.

B：Hmm. That sounds like a much better idea.

Now choose any of these ideas（or use one of your own）to write similar dialogues.

Help me cook the supper and read the paper.

Have a game of cards and write some letters.

Help me wash the car and watch television.

（四）网络辅助写作教学法

20世纪90年代以来，计算机网络与多媒体技术的发展为我们解决英语写作教学的诸多难题提供了条件。多媒体和网络具有资源丰富、情景真实、灵活自如、不受时空限制的特点，通过多媒体和网络，学生可以接触到纯正的英语，从更广的范围内了解英语文化以及英语文化与汉语文化的不同，还可以激发学生学习的兴趣，培养学生的自主学习能力。

网络辅助英语写作教学就是借助网络技术和网络资源，以学生为中心，使学生在教师的指导与监控下发挥其积极性与主动性，就某一主题上网搜索、收集、阅读、分析、归纳、模仿、写作、交流。教师的工作主要是布置任务、检查任务完成情况、反馈并评价学生的作业、组织学生之间的交流、布置新的任务。

三、提高大学英语写作教学水平的策略

长期以来，教师在教学中对英语写作能力培养不够，学生练习较少，训练较少，久而久之，写作成为学生英语学习中的一个弱项。针对这种情况，应该采用一个最简单而行之有效的方法，即尽早引入写作训练。

（一）注重写作训练的多样化

英语写作是学生英语综合技能的体现形式，是学生在吸收一定的英语知识的基础上再创造的过程。听、说、读、写四种技能是相互依赖的。说的能力有赖于听的能力，进而有助于写作；听是理解和吸收口头信息的手段；听和读是输入，只有达到足够的输入量，才能保证学生具有较好的说和写的输出能力。因此，在日常的教学中要注重写作训练的多样化。

首先，在对话教学中，除了听录音、对话、表演和编写相似的对话外，还要求学生把对话改写成一段短文，注意时态、语态、人称和前后的逻辑关系，从而为写作打下基础。其次，在听力教学中，除了让学生听懂做完听力练习之外，还让他们把练习作为参考进行听力材料的复述，以书面的形式表现出来。再次，在阅读教学中，回答问题时要求学生必须用自己的语言，且人称、时代要做好相应的变化，提高了表达能力。还要让学生对课文进行复述，要求既要把握课文中的重点、逻辑关系，又要用自己的语言把主要内容表达出来，从而锻炼他们组织篇章结构的能力，提高语言的精炼度，有利于学生写作水平的提高。

在大学英语的写作教学过程中，教师应借鉴比较成功的英语教学法理论和教学技巧，结合所教学生的具体情况，设计合理的教学思路，采取切合实际的教学措施，传授写作的知识技能和学习策略。教学中应该以学生为中心，教师扮演读者和教练的角色，积极反馈信息，指出错误，尽可能地帮助学生排除一切干扰写作的因素，让他们在不断修改、不断练习的过程中潜移默化地提高写作能力。

（二）注重英语写作教学的过程

1. 拟定和安排

让学生参与写作过程的拟定和安排，以激发他们的兴趣和责任感。写作过程中不同活动要有侧重点：写作前的准备活动（Pre-writing）应着重作文内容的构思，引导学生思考写作素材。初稿（Drafting）写作包括：关键词、主题句和细节以及清晰的段落的写作。一篇完整的文章包含了一个语义整体，结构分为三部分，即主题句（topic sentence）、展开句（supporting sentence）和结束句（conclusive sentence）。改稿（Revising）应侧重于句子的多样性、意思的表达、层次间的连贯以及句与句之间的衔接。在段落发展的过程中要适当运用过渡词。过渡词是表示句内或句子间语义联系的结构词，又称信号词（signal words）或逻辑连接词（logical connectors）。各类过渡词的使用，能使文章条理性强，层次鲜明，能帮助我们承启句意，疏通思路，使句子过渡自然、流畅，从而使段落主题思想更清晰。所以，在写作教学中，学生要对过渡词给予高度重视。教师可以提供一些句子，让学生通过增加适当的过渡词进行练习，以达到段落篇章的完整性。

同时，作文题目要尽量与学生的校内外生活和兴趣结合起来，必要的情况下可以让学生自己命题。命题也可以结合英语精读课教学的内容，保证学生有内容可写。教师还应给学生提供多种活动形式，让学生选择自己喜欢的联系方法，尤其是写作前的准备活动。

2. 充实写作素材

写作是表达作者对世界认识的一种手段，所以要鼓励学生平时多阅读、多留心和多思考，扩大写作素材的积累。我们应根据学生的心理，寓教于写作过程中，帮助学生挖掘写作素材；应该让内容"开路"，鼓励学生根据自己的兴趣和要求来决定写什么，怎样写。

另外，把范文教学寓于写作过程之中也是一种行之有效的方法。应该在学生确实不知道该怎么表达或怎样继续展开写作的时候才向他们展示范文，教会他们赏析其中的写作技巧、谋篇的步骤和特点，然后建议学生对范文进行模仿，借以学习修辞方式，提高表达水平。

在掌握了如何充实内容和提高写作表达技巧之后，再让学生学写学术性的论文和应用性的公文、外贸函件等。这主要是让学生搞清楚各类文体的英文写作特点、注意事项、行文规范等，并能根据例文模仿写作。

3. 采用集体协作模式

针对大学生英语作文中思想观点肤浅和思考问题的角度单一这一棘手问

题,可采用过程教学法,即"营造交互氛围、汇集众家观点"的手段来加以解决。教师可组织学生就某一话题展开小组讨论,或采取课堂辩论的形式,使学生对一篇文章中的主题进行全方位、立体化的深层讨论;同时,教师可将收集到的观点以大纲的形式展现出来,层次分明后,要求学生在各观点之间添加合适的表达方式,以改善学生在写作时难以做到的语篇连贯的问题。这样写出的文章立意新颖,内容充实、生动,结构层次分明。在此过程中,教师和学生都是写作活动的主体,都是主动的角色;课堂上的活动范围和活动内容没有硬性的限制;每个人都是写作活动的参与者,每个人都是思维和语言的创造者。

(三)提高英语表达词汇水平

学生写英语作文时,单词形态的确定、词语表达的选择、文章框架的构建,都在同一篇文章中表现。在学生英文写作综合训练的过程中教师指导他们分阶段逐一掌握,从最基本的词汇入手,逐步进入段落,使学生能够由浅入深、循序渐进地掌握英语写作的基本方法。

由于英语词汇来源于盎格鲁—撒克逊语、法语、拉丁语和希腊语,使得英语同义词十分丰富,同时由于英语词汇的构成异常复杂,在使用范围、语义范围、修辞特色以及文化内涵方面都存在着不少差别,这就给学生选词造成了一定的困难。为此,教师辅导写作时应注重讲、练结合,先从词的选择讲起。一篇合格的文章起码要做到选词准确恰当,不会造成理解上的障碍。应从以下几个方面来考虑措辞问题:内涵与语境相符合;用词要具体生动,防止笼统抽象;选词要简洁朴素、多样化。如 addled eggs(变质的鸡蛋),sour milk(变质的牛奶),在汉语中都是形容"变质的,坏了的"东西,但在英语中要用不同的词来修饰,这在语言学中称为词的搭配理论,词的习惯用语、固定搭配需要在平时的英语学习中注意积累和推敲。

(四)发挥教师在教学中的指导作用

1. 认真批改作文

批评式、命令式、指责式的评语往往会挫伤学生的自信心和积极性;而表扬式、指点式、商讨式的评语则很受欢迎。所以,学生希望在拿到发下来的作文时,除分数以外,还能看到作为读者的教师对这篇文章的整体反应,尤其欢迎教师提出建议性指导。

教师批改是写作教学的有机组成部分,教师的指导作用就在于肯定学生的成绩,指出错误,给学生以恰当的评价。但在批改的过程中,如果抓住学生的错误不放,有错必纠,那么改到最后,就变成了教师自己的作品;而如果对错误视而不见,那么学生写得再多也收效甚微。对于"应用文"的写作训练,是规定学生限时写完,分小组结对子互相批改,重新行文,再上交。这样批起来很容易找出典型的错误,有利于讲评。而对于"一般性文章"的写作训练,要指导学生弄清主题,抓住要点,组词造句,安排好顺序,过渡到段落形成短文,同时注意段落的连贯性与过渡词的使用。

2. 阐述思维差异

教师在引导学生酝酿作文的同时,还应该有意识地从对比的角度讲述英语和汉语在词法、句法、篇章结构等方面的差异,了解英语的语言规律和表述特征,并说明这些差异源于文化和思维的差异,避免学生把汉语思维直接照搬到英语上来。同时增强学生英语学习中的跨文化修辞意识,从而在英语写作的过程中自觉地进行文化转换。

可将同一题材的中国学生和英语本族人写的文章进行对比,让学生了解英汉两种语言的基本差别,明白英文行文的章法,从而习惯用英语去思维。具体来说:英语前重心,汉语后重心。中式的思维是按照自然顺序展开论述,如按照时间先后或逻辑关系,先说前提、原因、条件、方式、手段等,后说结果;而英文则按照重点顺序展开论述,把重要的观点、态度、结论等交代清楚,开门见山,然后再展开论述次要信息。

第六章　现代大学英语口语教学理论研究

进入 21 世纪，随着国际间的交流与合作日趋密切，对国际化人才的需求量越来越大，从而对人们的英语交流能力的要求也越来越高。然而，我国大学生的实际口语表达能力普遍较差，大部分学生仍然存在能读能写却不能说的情况。大学英语口语教学是当前各大高校亟待解决的一个问题。本章从当前大学生英语口语教学现状入手，总结相关基础理论，并提出了一些可以有效提高英语教学和学生英语口语水平的建议。

第一节　大学英语口语教学的现状分析

一、教学方法陈旧

英语口语教学的目的是培养学生运用口语进行交际的能力，因此英语口语教学应将教学重点放在能力的培养上，而不是一味地进行知识的传授。口语表达能力的获得主要依靠教师的指导与学生的练习。

很多教师并没有意识到口语课与其他课程的不同，讲授口语时仍然使用传统的"讲解—练习—运用"的教学方法，难以调动学生开口表达的欲望。学生已习惯了长期养成的上课记笔记、下课做练习的学习模式，在口语学习中处于被动的接受地位。他们往往在没有语境的情况下做大量机械的替换、造句等练习，没有形成主动参与课堂活动的意识，甚至害怕提问、害怕开口，学生的口头表达能力自然难以提高。

二、学生口语水平差

由于教师与学生在口语方面投入的时间较少，中国学生在口语方面普遍表现欠佳。很多学生在做口语表达时往往缺乏自信，他们总是担心自己出错，担心被批评、被嘲笑。虽然有些学生的口语能力并不差，却仍然不愿意开口说英语。这些负面情绪阻碍了学生口语交际能力的提高。

由于不懂得话题展开的技巧,加上缺乏必要的练习,学生很难将学到的词汇、语法运用到口头表达中,因而常常会造成无话可说或不知如何去说的尴尬。

受汉语影响,学生在口语表达上难免会出现各种问题。有的学生发音不准,影响了语义的表达;有的学生不能正确使用语调、重音等,影响了口语表达的规范性;有的学生带有很重的地方口音等。

交际教学思想的倡导者欧莱特认为语言学习的成功在于将学生放在一个需要用目的语交际的语境之中,这样才能培养学生对语言形式做出判断的能力和结合语境理解语言形式与意义的能力。我们平时生活中没有说英语的语言环境,也很少有学生主动去看英语动画片、听英语新闻。

大部分学生在现如今的就业压力下已经开始意识到了英语口语学习的重要性,但是并没有具备用英语交流的能力,这是因为在现有的教育制度下,考试和证书仍然是被广大学校、用人单位所看重的,所以很多学生虽然有提高口语的意识但是仍然把通过考试作为学习英语的最终目的。而学校的教育目标也是提高学生的四、六级通过率,因此,导致学生和教师只注重英语的听、读、写能力的培养。学生只主动去做四、六级模拟题,而不会主动地去练习口语。

当代中国大学生的英语学习一般始于小学阶段,在中考、高考的激烈竞争中,已经适应了题海战术、填鸭教育。大部分学生主动学习英语只是为了考试和分数,对学生来说英语的学习只是死记硬背,缺乏学习的热情与快乐,从根本上枯竭了学习英语的动力。而教师在以考试成绩为教学考核的制度下往往对英语口语教学也是心有余而力不足。进入大学后学习模式进行转变,由要我学转为我要学的过程中,很多学生对英语的厌恶就表现出来了。在没有敦促的学习氛围和良好的自主学习习惯下,很多学生的英语水平明显下降,单词量和练习时间的减少使其连最基本的对话都难以应付。有学者挑选了五个不同专业的班级的学生,就英语课后学习基本情况和课堂回答问题基本情况做了一次调查,这五个班分别来自五个不同专业:通信工程、信息与计算机工程、生物科学、中文和社会管理。其中,中文和社会管理为文科专业且女生较多。信息与计算机工程,生物科学和通信工程为理科且男生较多。调查结果如表6-1所示:

表6-1 英语课后学习的基本情况

学习情况	每日至少记10个单词	每日至少听30分钟英语	经常浏览英文网址读英文报刊	经常练习口语
百分比	23.6%	35.8%	43.1%	12.7%

表 6-2　课堂回答问题的基本情况

课堂情况	积极主动回答	愿意回答	勉强愿意回答	不愿回答
百分比	13.5%	49.3%	28.7%	16.8%

由表 6-1 可以看出，学生在课后能坚持进行口语练习的十分稀少，只占总人数的 12.7%，可以说学生课外几乎从不说英语。自己不仅不练习口语更不会想去找人练习，长此以往造成绝大多数的学生只会听不会说，只会写不会读。没有大量的口语练习就没有语音语调方面的模仿，没有相互纠错的机会，而且很多学生的口语严重存在中式英语的问题。但目前国内高校外教资源相对匮乏，外教资质也很难保证，尤其是在英语课程比重相对较小的理工科类院校和资金相对薄弱的民办院校，该现象格外普遍。这可能就是当代大学生语音语调不准，中式英语，哑巴英语，听力很差，英语交流能力差的主要原因。

表 6-2 是针对口语课堂上学生的表现情况做出的分析。表 6-2 中能够积极主动回答问题的学生只有 13.5%，而不愿回答的占 16.8%。不愿回答问题的学生主要是羞于开口，对自己的英语能力不自信，不敢在众人面前用英语来表达自己，渐渐开始对英语厌恶。13.5% 的学生因为积极主动地回答，所以赢得较多在课堂上与教师对话的机会，从而锻炼了自己的口语表达能力并且更加认真听讲。虽然学生的口语能力的好坏不能完全取决于课堂回答问题的情况，但在课堂上注重对学生口语能力的培养，鼓励学生表达，从而帮他们建立自信心，可以让学生逐渐克服不愿开口的问题。有利于课堂活动的开展，调动学生学习英语的积极性，逐步养成用英语思维和用英语表达的习惯。

三、教师专业素质有待提高

英语口语教学对教师自身的素质要求很高，很多教师的能力尚达不到教学的要求，最突出的表现就是很多教师的发音不够准确，对学生在发音中出现的问题无法给予及时、正确的指导。

在英语口语教学中，很多教师在对学生的口语表达做指导时缺乏科学合理的方法。很多教师在口语教学中使用逐字逐句的纠错方式，这容易使学生产生依赖心理，打击学生学习的积极性。很多教师没有对口语话题提供足够的语言支持，如给学生提供一些必要的词汇、重要句型等。很多教师没有对口语话题做适当或必要的解释，没有从观念、情感、文化、价值观等方面对话题拓展，学生对话题理解不透彻，自然很难进行有意义的互动。很多教师没能从学生的角度出发去指导口语使用策略，如根据说话者的意图、语言功能、语境等组织口语内容与方式。

四、课程设置不合理

课程设置的不合理主要体现在英语口语教学的课时严重不足。与阅读、听力和写作相比,口语能力的提高往往需要更长时间的练习,这就意味着教师需要把更多的时间与精力放到口语教学上。然而,目前我国大学英语口语教学并不是一项独立的教学内容,分配给口语的教学时间也难以保证。以高校使用的《新编实用英语综合教程》为例,该教材主要包括五项内容:听、说、读、写、译。每个班级若按 45 人计算,加上学生参差不齐的英语水平,那么即使分配给口语课两个小时,每位学生接受的训练也十分有限。因此可以说,课时不足是英语口语教学的硬伤。

五、缺乏配套教材

就目前的情况来看,我国适用于非英语专业的大学英语口语教材少之又少。我国大部分院校使用的英语教材或者将口语训练当作听力训练的延展而附在听力训练之后,或者直接取消口语训练。而那些处于附属地位的口语练习往往内容简短、系统性差,缺少必要的练习指导与参考答案,其实用性很难得到保证。

此外,市面上的口语教材要么过于简单(只涉及简单日常用语),要么难度太大(涉及一些专业领域),与大学英语教材在难度上难以实现对接,因此这些教材在辅助学生口语练习时的效果并不理想。

综上所述,我国大学英语口语教学的现状堪忧,某些状况已经成为学生提高英语口语表达能力的障碍,也严重阻碍了大学英语口语教学的有效实施。

第二节 大学英语口语教学的基础理论

一、建构主义理论

大学英语口语教学需要有话题支撑,教学的过程需要教师和学生的交流和协作才能进行,学生的主体地位十分突出。建构主义教学理论在大学英语口语教学中具有很强的适用性。

建构主义是认知结构学习理论在当代的发展,它强调学生的巨大潜能,认为教学要把学生现有的知识经验作为新知识的生长点,引导他们从原有的知识经验中"生长"出新的知识经验。建构主义认为,学习是在社会文化背景下,通过人际间的协作活动而实现的意义建构的过程。

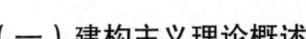

（一）建构主义理论概述

1. 知识观

建构主义者一般强调，知识并不是对现实的准确表征，它只是一种解释、一种假设，并不是问题的最终答案。而且，知识不可能以实体的形式存在于具体个体之外，尽管我们通过语言符号赋予了知识一定的外在形式，甚至这些命题还得到了较普遍的认可，但这并不意味着学习者会对这些命题有同样的理解，因为这些理解只能由个体基于自己的经验背景而建构起来，它取决于特定情境下的学习历程。学生对知识的"接受"只能靠自己的建构来完成，以他们自己的经验、信念为背景来分析知识的合理性。学生的学习不仅是对新知识的理解，而且也是对新知识的分析、检验和批判。

2. 学习观

建构主义者认为，知识不是通过教师的传授获得的，而是学习者在一定的情境即社会文化背景下，借助其他人（包括教师和学习伙伴）的帮助，利用必要的学习资料，通过建构的方式获得的。学习是个体建构自己知识的过程，这意味着学习是主动的，学生不是被动的刺激接受者，他要对外部信息做主动的选择和加工，因而不是行为主义所描述的刺激—反应过程。而且，知识或意义也不是简单地由外部信息决定的，外部信息本身没有意义，意义是学习者通过新旧知识经验间反复的、双向的相互作用过程建构而成的。其中，每个学习者都在以自己原有的经验系统为基础对新的信息进行编码，建构自己的理解，同时原有知识又因为新经验的进入而发生调整和改变，所以学习并不是简单的信息积累，它也包含由于新旧经验的冲突而引发的观念转变和结构重组。学习过程并不只是信息的输入、存储和提取，而是新旧经验之间双向的相互作用的过程。

3. 课程观

建构主义者强调，用情节真实、复杂的故事呈现问题，营造解决问题的环境，以帮助学生在解决问题的过程中活化知识，变事实性知识为解决问题的工具；主张用产生于真实背景中的问题启发学生思维，并以此支撑和鼓励学生进行解决问题的学习以及进行基于案例和项目的学习，进而以此方式参与课程的设计与编制；主张课程既要基于学科，又要超越学科，面向真实世界，从而使教学始于课堂，走出课堂，融于社会。

4. 教学观

建构主义者强调，教学通过设计重大的任务或问题以引导学习和支撑学习的积极性，帮助学习者成为学习主体。建构主义学习环境由情境、协作、会话和意义建构四个要素构成。其中，情境是意义建构的基本条件，教师与学生之间、学生与学生之间的协作以及会话是意义建构的过程，而意义建构则是建构主义学习的目的。

5. 学生观

建构主义者强调，学生并不是空着脑袋走进教室的。在日常生活中，在以往的学习中，已经形成了丰富的经验，往往会依靠他们的认知能力，形成对问题的某种解释。而且，这种解释并不都是胡乱猜测，而是从他们的经验背景出发推出的合乎逻辑的假设。所以，教学要把学生现有的知识经验作为新知识的生长点，引导学生从原有的知识经验中"生长"出新的知识经验。

（二）建构主义理论的应用

基于建构主义教学观的理论，产生了一系列不同于以往的教学模式。

1. 情境性教学

情境性教学强调教师在课堂教学中展示与现实中专家解决问题过程相类似的探索过程，提供解决实际问题的原型，并指导学生的探索；强调以模拟真实性任务供学生了解自己所要解决的问题，以整体性、复杂性、挑战性任务激发学生学习的内部动机，培养学生解决问题的能力。

显然，情境性教学的仿真性应是英语口语教学竭力追求的教学思路。当前普遍的英语口语教学模式是仿真性探索过程或原型式问题解决过程的展示。只要看看外文书店货架上琳琅满目的音像口语教学材料，我们就能感受到人们单纯依赖英语口语教材的时代已经一去不复返。情境性教学理论对于我们转变学习观、教学观具有重要的现实意义。

2. 支架式教学

支架式教学模式是针对教师和学生在教和学的过程中所起的作用而言的。教师引导着教学的进行，辅助学生掌握、建构和内化所学的知识技能，从而使学生进行更高水平的认知活动。也就是说通过支架（教师的帮助）把管理学习的任务逐渐由教师转移给学生自己，最后撤去支架。

具体到英语口语教学，教师的引导和辅助作用也十分重要。克拉申的输入假设理论认为成人语言习得需要在课堂上尽可能多地接触可理解的语言输入。尽管目前理论界对于克拉申的理论颇多质疑，但我们无法否认英语学习中语感的存在，无法否认大量输入对于语感形成的重要作用，因此大多数教师还是倾向于学生外语学习中习得与学习并存的说法。联想到我国英语教学法在传统教学法与交际教学法之间如何做出选择的问题，我们不应该非此即彼，而应依照不同的原则，把二者有机结合起来。在英语口语课堂教学中，教师必须做的就是让学生理解语言输入，进而保证学生从"i"阶段移向"i+1"阶段，即按某种自然顺序习得的阶段。而如何把握"可理解"的尺度是非常关键的，是非常需要教师发挥其"支架"作用的。

3. 随机进入式教学

随机进入式教学是指对同一内容、不同时间、不同情境，基于不同目的，着眼于不同方面，用不同方式多次加以呈现，以实现学习者对同一对象的全方位、多方面的理解。

二、输入—输出理论

（一）输入理论概述

输入这种教育教学理念在英语教学与研究领域一直受到广泛关注。作为语言习得的前提和必要条件，学者们就其在语言习得过程中的地位进行了论述。在关于输入的众多理论研究中，最具影响力的是美国学者克拉申在1985年提出的"输入理论"。克拉申在其"输入理论"中指出，"可理解性输入"是二语习得的唯一条件。"可理解性输入"指的就是整体难度不超出外语学习者的基本能力和理解范围，但又稍稍高于学习者的现有水平的语言输入，用公式表示就是"i+1"，其中"i"代表学习者目前的知识水平和能力，"1"代表略高于学习者目前知识水平的语言知识，"i+1"表示学习者习得后略高于原来水平的语言能力。克拉申认为只有提供给学习者高于目前语言水平的可理解性输入，语言的习得才得以发生。对于"i+1"的知识内容，学习者根据具体语言材料提供的情境则能自然而然地习得语言，语言能力的提高也因此自然而然地发生。

克拉申认为可理解性输入应具备以下四点特征：

1. 可理解性

可理解性的输入是产生语言的前提和要素，不可理解性的语言对于语言习得是毫无用处的。为语言学习者提供的语言材料及创造的语言环境应是可理解性的，只有这样学习者才能根据自己的现有语言水平有选择性地获取新的语言知识，从而推动语言能力的进一步提升。

2. 非语法性

语言材料和教学内容的安排没有必要按照语法要求编排，这样做的目的是帮助学习者把注意力放在具体语言使用环境中的语言交流上，避免学习者把注意力过度集中在语言形式上的安排上。

3. 关联性

用于输入的语言必须要与学习者有一定的关联性，只有这样，学习者才能够在相关背景知识的帮助下自然而然地习得语言。

4. 充足性

学习者语言知识的输入要充足并且高于当前语言学习者的语言水平，只有充足的高于现有语言水平的输入才可以促使习得的产生。

（二）输出理论概述

克拉申的输入理论认为可理解性输入是语言习得的唯一条件，至于输出，只是输入的自然结果，对语习得没有直接作用。针对克拉申提出的语言"输入理论"中的不足，著名语言学家斯温提出了"输出理论"。输出理论是他对于以英语为母语的学生开设的法语语法课程的研究中提出的。他指出，学生在进行外语学习的过程中经常会犯一些语法错误，这种现象出现的原因并不单纯是学习者的语法基础较差，另外一个通常被教育者忽视的原因是课堂上绝大多数时间教师都在进行输入式的教学，学生很少用目的语言进行交流，教师反馈也不成系统。他的输出理论认为，语言的习得不仅需要输入，输出也是必不可少的一个环节。可理解性的输出不仅可以锻炼语言学习者的流利性，对于提高学习者的语法准确性也有重要意义。

斯温指出，可理解性输出对于语言的习得具有三种功能，分别是引发注意功能、验证假设功能和元语言功能。

1. 引发注意功能

输出理论认为，在学习者进行目标语输出的过程中，会注意到自身的语言问题和目标语之间的差距，这种注意引发学习者进一步有意识地思考和认知，语言输出的准确性得以产生。

2. 验证假设功能

语言学习者在习得的过程中首先对目标语的语言形式和结构形成假设，然后以输出为形式对于假设进行验证，随着反馈的产生，不断进行修正，进而形成新的假设，假设验证功能循环进行，语言习得随之产生。

3. 元语言功能

元语言是指学习者所具有的目标语知识的总和。输出过程中，学习者的反思和分析，激发了其对目标语的内在认识，以语义为基础的认知逐渐过渡到以语法为基础的认知，输出在整个过程中扮演了元语言功能。

（三）输入输出理论对大学英语口语教学的启示

1. 完善可理解性课堂输入

学生在口语表达中遇到的最大问题通常是无法用现有的语言知识表达自己的观点和想法，究其原因是语言输入太少，输入量不足，无法促进输出。克拉申指出了"可理解性输入"对于语言习得的重要意义。大学英语口语教学改革的首要任务就是完善和加强可理解性的课堂输入。

根据输入理论的要求，提供给语言学习者的输入须是可理解性的，因为根据输入理论，只有可理解性的输入才能有效促成语言习得。因此，英语课堂上的语言输入首先需符合学生的实际语言水平，根据学生现有水平进行输入材料的选择，因材施教。输入材料既要符合学习者的现有水平，又要在一定程度上超出学习者目前的口语水平，这样的输入更有针对性。高校扩招使得学生的口语水平参差不齐，而完善的可理解性课堂输入能够有效解决这一问题。

另外，丰富的输入材料对于输入是必不可少的。克拉申的"i+1"公式明确指出高于学习者目前水平的输入量的必要性。多种多样的阅读材料和听力资源都是输入的有效途径，教师可以不拘泥于教材，向学生推荐一些知识性、趣味性、前沿性都很强的阅读听力资源，如可以让学生阅读英语报纸杂志、观看英文电影和电视节目、收听英文广播等，这样能有效地补充课内输入单一性的不足，使学生接触到地道纯正的英语表达，通过课内外输入尽可能多的语言知识，以促进口语输出的产生。

2. 多种途径推动语言输出

根据输出理论，进行"可理解性输入"之后，大量"可理解性输出"对语言习得也起着关键性的作用。对于大学英语口语教学来说，形式多样、行之有效的口语输出方式至关重要。教师要为学生营造一种轻松的无压力的交流氛围，充分考虑到学生的个体差异，重视对于学生的鼓励和自信心的培养，使学生在宽松的课堂环境中进行有效的口语输出。

传统的大学英语教学实践中，教学模式以"填鸭式""满堂灌"等单一语言输入方式为主。而在大学英语口语课堂改革中，教师应不断探索多样性的输出形式，力争在有限的课堂时间之内，提供给学生更多的输出机会。分组讨论、故事复述、图片描述、定题对话、英文歌曲比赛、短剧表演等课堂活动都是很好的培养学生口语表达能力的输出方式。在学习者输出的过程中，他们在特定语境中意识到自己目前的语言水平与目标语之间的差距。这些差距能充分引起学习者的注意，推动学习者进行语言输出，并在输出的过程中不断验证假设,促使学习者不断完善自身的语言结构,从而达到语言能力的习得。

3. 完善英语口语测试体系

测试是输出过程中的重要环节,比较我国目前现行的各类语言类测试,会发现现行英语考试中,英语口语测试并没有引起足够的重视,极大限制了英语学习者口语水平的发展。现行影响力最大的中考,高考,大学英语四、六级考试,专业英语四、八级考试,都没有对于口语的考察环节(即使个别考试有口语测试的环节,也只是针对极少数成绩较高的同学而设置的测试)。现行英语考试设置对于口语测试部分的忽视,无疑会把绝大多数大学英语学习者的学习重点引向阅读或者听力、写作,而忽视了口语表达的重要性。

输入输出理论作为语言习得的全新视角,在如何加强教师与学生之间、学生与学生之间的互动,如何提升学生的学习动机和积极性,如何设计以输出为目的的教学活动等方面都具有重要的启发性作用。如果将输入输出理论应用到英语教学实践和改革中,可以完善可理解性的课堂输入,并且探索多种途径推动学习者的语言输出。输入输出理论作为一种全面的视角和教学思路在大学英语口语教学改革及整个大学英语综合教学模式探索方面都有一定的启发和借鉴作用。

三、二语习得理论

(一)二语习得理论概述

第二语言习得(Second Language Acquisition,简称"二语习得"),通常指母语习得之后的任何其他语言学习。第二语言习得研究作为一个独立学科,大概形成于20世纪60年代末70年代初,已有40多年的历史。它对第二语言特征及其发展变化、学习者学习第二外语时所具有的共同特征和个别差异进行描写,并分析影响二语习得的内、外部因素。与其他社会学科相比,二语习得研究是个新领域。概括地说,这一领域的研究是为了系统地探讨二语习得的本质和习得的过程。其主要目标是:描述学习者如何获得第二语言以及解释为什么学习者能够获得第二语言。

早期的第二语言习得理论是教学法的附庸,为提高教学质量而服务,但是随着时代的变迁,第二语言习得理论有了自己的研究领域而开始成为一门独立的学科。现时的第二语言习得研究涉及三大领域,即中介语研究,学习者内部因素研究和学习者外部因素研究。

自20世纪70年代以来,人们对二语习得从各个不同的方面进行了研究,所运用的研究方法也各具特色。有的研究侧重于描写,有的研究偏重于假设,有的研究则采用实验的方法。第二语言的多侧面、多方法的研究格局使得该领域中的理论层出不穷。比较著名的二语习得理论有:乔姆斯基的普遍语法与二语习得、克拉申的监控理论和二语习得环境论。

在20世纪末影响最大、最引人关注的二语习得理论当数克拉申的监控理论。他把监控论归结为5项基本假设:语言习得与学习假说、自然顺序假说、监控假说、语言输入假说和情感过滤假说。

克拉申认为第二语言习得涉及两个不同的过程:习得过程和学得过程。所谓"习得"是指学习者通过与外界的交际实践,无意识地吸收到该种语言,并在无意识的情况下,流利、正确地使用该语言。而"学得"是指有意识地研究且以理智的方式来理解某种语言(一般指母语之外的第二语言)的过程。

自然顺序假说认为第二语言的规则是按照可以预示的顺序习得的,某些规则的掌握往往要先于另一些规则,这种顺序具有普遍性,与课堂教学顺序无关。输入假说是监察理论的核心内容。

克拉申的监控假说认为,通过习得掌握某种语言的人,能够轻松流利地使用该语言进行交流;而通过学得掌握某种语言的人,只能运用该语言的规则进行语言的监控。通过一种语言的学习,我们发现,习得方式比学得方式显得更为重要。

克拉申认为,学习者是通过对语言输入的理解而逐步习得第二语言的,其必备条件是可理解的语言输入。只有当学习者接触到的语言输入是可理解的,才能对第二语言习得产生积极作用。

(二)二语习得理论的启示

二语习得在实际的语言学习过程中包括四个基本阶段:第一阶段为沉默期;第二阶段为英语语法干扰期;第三阶段被称为学术英语提高期;第四阶段是学习曲线上升期。

根据前面所述的二语习得理论及具体的四个阶段可以看出,克拉申的二语习得理论对语言教学有着重要的启迪作用,确实为第二语言习得的研究和教学开辟了一片新的领域,使第二语言的教学有了长足的进步,而由克拉申自己开创的自然教学法也取得了很好的效果,直到今天仍然很盛行。

1. 语言是交流的工具

克拉申的整个理论是建立在"语言是交流的工具"这一基础上的。习得和学得的区别是前者是潜意识的学习过程,后者是有意识的学习过程。前者是以"规则"为判断基础,后者是以"语感"为判断基础。从根本上说,语言是交流的工具而不是规则、语音和词汇的组合。中国学生和教师都熟悉传统的语言教学模式，通常我们的每一节课都会以教授和练习某一语法结构为目的，这一语法结构掌握了，就会开始下一个。事实上，我们应该先要交流再要语法。只有把交流看作教学的重心，语言教学才会成功。

2. 先输入、后输出

在语言学习中，听、说、读、写四种技能很难被分开，所以也很少有人去考虑哪个更重要。克拉申则强调只有在有了足够的输入，学习者感到已经准备好了的时候，输出才会自然出现。他认为"可理解的输入"是提高语言能力的唯一因素。最后，语言课堂的气氛应该降低情感过滤因素影响。情感因素会妨碍或促进输入到达语言习得机制。所以，语言学习的课堂气氛应当有助于降低学生的情感因素的妨碍作用。

在这里，作为大学英语口语教学当中角色之一的教师就要发挥好指导作用。教师的首要职责是创造一种宽松的课堂氛围以保证语言习得的效果。教师的主要任务是鼓励学生，提高学生的语言学习兴趣。无论学生在课堂里做什么，教师都应该能够激发学生的兴趣，降低学生的情感过滤因素的妨碍作用。在教学的不同阶段，教师可能会担当不同的角色：

（1）提供输入材料阶段，教师是信息提供者

这一阶段是语言学习最重要的阶段，教师将是舞台的焦点，通过各种手段向学生提供可理解的足够的输入材料。

（2）练习阶段，教师将是督导者

在此阶段，轮到学生说话，教师要像经验丰富的导演那样进行指挥和组织，并起到督导的作用保证活动的顺利进行。

（3）输出阶段，教师将是引导者

在这一阶段要善于鼓励学生，使学生保持兴趣。同时，作为大学教师，还应该要注意在课堂的教学活动中不要过分要求输出，在开始阶段应允许学生用单词、短语，甚至断句来回答，循序渐进。语法虽然是英语学习的基础，但在口语的教学活动中，对语法的纠正应该被局限在最低的程度，毕竟有意识的语法应用无助于语言能力的提高。教师应当积极主动，多以鼓励和辅助为主，这样才有助于提高学生在口语学习中的学习动机，增强学生的自信，降低学生的焦虑不安。

第三节 大学英语口语教学的策略探讨

一、大学英语口语的教学方法

(一) 情境教学法

情境教学法是指在教学过程中,教师有目的地引入或创设具有一定情绪色彩的、以形象为主体的生动具体的场景,以引起学生一定的态度体验,从而帮助学生理解教材,并使学生的心理机能得到发展的教学方法。

情境教学法的形式有很多种,如角色扮演、配音、课内游戏、诗歌朗诵、音乐欣赏、旅游观光等。其中,最常用的是角色扮演和配音。下面就重点介绍这两种教学形式。

1. 角色扮演

角色扮演是情境教学法最为主要的教学手段。与机械、单调重复的口语练习不同,角色扮演使学生接触到不同的社会交际场景,让他们以不同的社会身份来进行交际练习,这不仅激发了学生的学习兴趣,还为交流的有效进行打下了基础。具体而言,教师可以让学生自己进行角色分工,在排练过程中教师可以适时给予指导,当学生排练结束后,让学生进行表演。表演完毕后,教师可先引导学生就语言运用、表演技巧等方面发表自己的观点与看法,最后教师对学生的表演做出评价。

例如,教师可创设以下情境:

Mary Brown left teaching fifteen years ago in order to devote her time to her family. Now her daughter is old enough to look after herself, and Mary seems to have much more time on her hands, so she is thinking of going back to teaching. She wants to discuss this with her family in order to find out their views and seek their advice.

角色分析:

Mary Brown—You are interested in your family's attitudes, and you do not want to do anything against their wishes. Decide what to do.

Michael Brown—You are Mary's husband. You think it is a good idea for her to go back to work. Try to convince her to go back and try not to let your father advise her not to.

Mr. Brown Senior—You are Mary's father-in-law. You are not very well, and it is Mary who has helped you along. You are seriously worried if she goes back to work. Try to find ways to persuade her not to go back to work, without sounding selfish. Try to remind her about the stress of teaching and the importance of her place in the home.

2. 配音

配音这一教学形式操作比较容易，具体实施过程包括以下四个环节：①教师节选一部电影片段，先将原声对白播放一遍。②教师讲解其中的语言难点。③教师安排学生重新听两遍原声，同时要求学生尽可能会背诵。④教师将电影调至无声状态，并让学生模仿电影中的角色，为电影配音。

利用这种方式进行口语教学，不仅激发了学生的学习动机，缓解了学生说英语时的焦虑感，提高了学生的自信，而且能使学生学到纯正的英语口语，并掌握针对不同情境变换语音语调的技巧。

总之，在大学英语口语课堂上，教师应尽可能为学生营造出各种真实的语言情境，使语言与情境紧密结合，从而使得抽象的语言教学形象化、具体化、情境化，这既能调动学生学习的积极性与主动性，又能促进学生掌握运用英语进行交际的能力。需要注意的是，教师在为学生创设情境时一方面要保证情境主题的真实性，另一方面还应确保所选择的情境与教学目标保持一致。

（二）互动教学法

互动教学法具有显著的特点：强调学生的主体性、教学组织方式多样，能够有效利用课堂时间向学生传授语言知识。在英语口语教学中，如果互动式教学法运用恰当，就能有效激发学生的兴趣，打破"哑巴英语"的现象，帮助提高学生的口语表达水平，从而提高英语口语教学效率。教学改革背景下，大学英语口语教学中采用互动教学法意义重大。

具体而言，互动教学法在大学英语口语课堂教学中的操作包含课前、课中、课后三个阶段的活动。

1. 课前

课前充分而周密的备课是教师的必要工作，尤其是与客体有关的口语会话材料的准备十分必要。这些材料应分给学生每人一份。这样，语言材料可以丰富学生的口语表达，帮助学生积累表达素材，避免学生处于被动状态。

2. 课中

在英语口语课堂教学中，教师可将本课的会话情境介绍给学生，然后让学生独立思考并联想与该情境相关的词汇、短语。然后，教师将可能用到的词汇和短语呈现在黑板或PPT上，选出一个词语让学生判断和解释其意思。当该学生解释完毕之后，教师可让其他学生对已给出的信息进行扩展。在解释和扩展的过程中，学生的英语口语表达能力得到了培养与提高。

3. 课后

课堂教学完毕后，教师可给学生布置一些特定的话题或情境，让学生在课后进行口语练习。需要注意的是，教师所布置的话题或情境要与课堂内容相关，以使学生在课堂上学到的表达能力得到巩固。在下节课教授新内容之前，教师可花一些时间检查学生的课外练习情况。这样不仅为学生提供表现的机会，调动学生学习的积极性与主动性，还可以通过反复的巩固和使用促进学生口语水平的提高。

（三）功能评价法

英语口语教学中的功能评价法，可分为形成性评价与总结性评价。

1. 形成性评价

形成性评价可以是课堂教学过程之中的评价，也可以是学习者在整个学期中口语发展的历程性评价。

在形成性评价中，教师应将课堂教学的目标分解成几个阶段性评价目标，并设计相应的评价活动。根据形成性评价的要求，教师应通过建立学习文件夹、功能发展、自我监控、学习者会议、学习日志等对学习者的功能学习进行评价。形成性评价的目标在于诊断学习者是否完成了阶段性目标。如果没有完成，需要找出其影响因素以及决定应如何开展下一步活动。

2. 总结性评价

总结性评价可以是课堂教学中的目标达成评价，也可以是学期结束时的口语能力评价，同样也包括水平测试中口语部分的语言功能应用能力的评价。学期结束时的口语能力评价和水平测试中的口语评价都是总结性评价，同时也属于交际能力评价的范畴。交际能力的评价一般采用两种形式：整体评价与分项评价。不管哪种形式的评价，必须遵循真实性原则和任务性原则。也就是说，交际能力评价采用真实性评价的理念，通过学习者完成真实的交际任务，对学习者的交际能力以及功能实施能力进行评价。需要注意的是，水平测试中的交际能力评价需要采用统一的评价标准。

（四）文化导入法

文化语言学认为，语言之中蕴含着文化，且无法脱离文化而存在。文化也正是造成不同语言之间差异的关键因素，对一门语言的研究和学习必然要涉及其中的文化，文化是英语教学必不可少的一部分，英语口语教学也是如此。在教学改革背景下，大学英语口语教学更应将文化和口语教学结合起来，利用文化导入的方法来教授英语口语。下面重点分析大学英语口语教学中文化导入的内容及方式。

1. 文化导入的内容

在大学英语口语教学中,教师要从词语文化和话语文化两个方面进行文化导入。词语文化导入的内容主要包括:词语在文化含义上的不等值性,字面意义相同的词语的不同文化含义,以及民族文化中特有的事物与概念在词汇上的呈现。话语文化导入的内容主要包括:话题的选择、话语的选择、话语的组织。

通过上述两个方面的文化导入,学生可以更好地理解文化对语言的影响和制约作用,提高学习效果。

2. 文化导入的方式

文化导入的方式多种多样。下面就来介绍一些常用的文化导入方式。

(1) 通过教材导入

通过教材导入是一种最自然也最直接的文化导入方式。具体来说,在口语教学过程中,教师可在教学目标的指导下,结合教材向学生提供一些相关的文化知识,扩大学生的视野和对文化的理解和认识。例如,在一节关于饮食的口语课上,教师可向学生介绍一些西方的饮食文化,并为学生补充一些相关词汇和常用语句。

(2) 通过多媒体导入

中国学生的英语口语学习有一个极大的不利因素——缺乏大的英语环境。英语环境的缺乏导致学生无法全身心地感受英语及英语文化,对学生口语表达能力的提高具有一定的阻碍作用。对此,教师可以将多媒体引入教学中,这样可以弥补没有真实情境的缺陷,真实地再现情境,使学生身临其境地感受英语及英语文化,增加学生之间的互动交流,从而有效激发学生的学习热情。

(3) 通过对比分析导入

对主体文化与客体文化进行对比分析是文化导入的一个十分有效的方法。具体来说,教师可以提前给学生布置任务,要求学生在课前查阅相关资料,为课堂学习做好充分的准备,在课堂上让学生轮流讲解,必要时教师可进行适当补充。这种方法对于激发学生的积极性以及培养学生的自主学习能力都十分有利。

(五) 任务型教学法

任务型教学法在大学英语口语教学中的操作可分为呈现任务、实施任务、汇报任务、评价任务四个步骤。

1. 呈现任务

本阶段的主要任务是帮助学生做语言和知识上的准备工作。呈现任务时，教师可结合学生的实际生活和学习经验，创设与学生学习或生活相关的情境，激发学生的学习兴趣。另外，教师还要为学生提供与话题有关的环境及思维的方向，以加强新旧知识之间的连接，使学生在巩固旧知识的同时，也掌握了新知识。需要注意的是，呈现任务时要遵循先输入、后输出的原则。

2. 实施任务

实施任务在整个教学过程中是极为重要的一个阶段。学生在接到任务以后可以采取多种方式实施任务，如小组自由组合和结对子的方式。小组自由组合或结对子的方式不仅可以为每个学生的口语表达提供练习机会，还有助于培养学生合作互助的意识，增进学习的效果。此外，实施任务时，也可以通过由教师设计多个小任务构成任务链的方式进行。本阶段中教师的主要任务是监督和指导学生的活动，保证活动顺利有效地开展。

3. 汇报任务

学生完成任务以后，教师可要求各小组派代表或者小组内部推选代表向全班汇报任务成果。当学生汇报任务时，教师应注意不要打断学生的表达，在学生需要帮助的时候适当给予指导，尽量使学生的汇报自然、流畅、准确。

4. 评价任务

在任务汇报结束后，教师和同学们一起对任务进行评价，分别指出各个小组的优点和不足。评价时应注意对学生的活动情况尽量持肯定态度，以鼓励、表扬为主，增强学生的成就感，从而提高学生的自信心。当然，如果学生在表达中出现比较严重的影响交际的错误时，教师也应及时指出和纠正，正确引导学生。

总的来说，在大学英语口语教学中采用任务型教学法可以大大调动学生的积极性，增强学生的合作竞争意识，提高学生的口语水平，适应教学改革的要求。

下面是任务型教学法在大学英语口语教学中运用的一个实例，可供参考。

教学任务：讨论话题"现在的生活是否比几十年前更好"。

教学目的：通过呈现任务、实施任务、汇报任务、评价任务四个教学环节将生活中的问题引入课堂，培养学生用英语分析问题、解决问题的能力，同时使学生学会运用形容词与副词的比较级进行表达。

教学形式：6人小组。

教学流程：教学正式开始之前，教师可要求学生展示在预习过程中，通过向家长咨询得到的或是通过网络等资源查找到的有关过去生活状况的信息。

例如：

They are poor.

They can't go to school.

There isn't enough food to eat so they are often hungry.

教师可利用多媒体向学生展示一组现代生活的图片，并要求学生用英语表达对现代生活的看法。

在学生进行讨论、发表观点之前，教师可预先介绍将会用到的词汇与句子，如 illness、prevent、medicine、suppose、live longer、walk less、much faster、know more about、take less exercise、be better at preventing illness 等，为学生的课堂讨论做准备。

教师介绍所谈话题背景，并引出要讨论的核心话题——现在的生活是否比几十年前更好。此话题的讨论内容应包含以下几个方面：

Work：We work harder than before.

Transport：More faster and comfortable.

Medicine：We know more about medicine today.

Personal health：People are healthier today and live longer.

进行分组讨论和对话练习。教师可将学生分为6人小组，每组由正反两方构成，双方分别举例说明不同的观点，最后总结陈词，在组内汇报讨论结果。根据前面的讨论，每组学生可组织编写出一个辩论式对话，尽可能多地使用教师之前给出的短语、句型以及比较级，并派两到三组同学进行对话表演，汇报成果。

学生完成任务后，教师应对任务的完成情况予以及时反馈。反馈的内容应包含以下几个方面：对学生的观点进行总结、评价；对不同组的表现进行评价；指出各组的优点和不足；指出学生在完成任务中经常犯的错误，并予以纠正；引导学生珍惜现在的幸福生活，好好学习。教师可布置短文写作，写作主题应和本话题有关，并要求学生尽量使用比较级来完成。

本次口语教学采用了任务型教学法，以学生为中心，以学生完成任务为目标，以小组合作学习为主要学习形式，有效激发了学生学习英语的积极性，通过呈现任务、实施任务、汇报任务、评价任务四个教学环节完成本次口语教学活动，以"现在的生活是否比几十年前更好"为话题，通过小组合作的形式组织口语练习活动，为学生留出了极大的语言使用空间和自由，在刺激学生表达欲望的同时，还通过互相帮助提高了学习的效率。学生在完成任务、展示讨论成果中获得了满足感和成就感。而话题中的对比主题也提升了学生分析、对比、辩论的能力，提高了学生用英语分析和解决问题的综合能力。

（六）3P 教学法

3P 教学法是在 20 世纪 70 年代形成的交际语言教学模式（即 CLT 模式）下的产物。3P 教学法把语言教学分为三个阶段：演示阶段（presentation）、操练阶段（practice）、成果阶段（production）。在 3P 教学模式中，任务通常体现为成果阶段中的综合运用式练习，用来巩固所学的词汇、语法结构或语言功能。教师采用这一模式能够比较容易地对课堂进行组织和控制，学生的一切学习活动和学习过程都是在教师的预想之中，从而有利于提高课堂教学效率。

下面就对 3P 教学法在大学英语口语教学中的操作步骤进行具体描述。

1. 演示阶段

在演示阶段，教师通过解释、示范、举例、角色扮演等方式向学生介绍新的语言项目，包括语法、句法、会话技巧、功能等，这样能使新的语言知识的呈现在有意义的语境中进行。需要注意的是，在这一阶段，教师要确定课堂的教学内容和教学目标。在呈现语言的过程中，教师一方面要确保能使学生集中注意力，另一方面还要检查他们是否能真正听懂并理解新的知识点。

2. 操练阶段

在操练阶段，教师要尽可能多地给学生提供机会，通过各种形式的练习让学生进行内容展示，如采取句型操练等。需要注意的是，练习的程度应该是由易到难地逐步加深。教师对活动的引导也应逐步由控制到半控制，从而使学生的自主性得到不断提高，旨在训练学生使用语言的准确度。

3. 成果阶段

在成果阶段，教师要给学生提供机会将其新学到的语言知识和交际技能融入已有的知识之中进行综合运用，以达到学生可以在自己语言能力范围内自由运用语言进行交际的目的。这一阶段如果操作得当，不仅可以使学生对口语学习产生浓厚的兴趣，而且还能调动学生的积极性，达到学以致用的目的，从而使学生获得成就感。

3P 教学法的上述三阶段教学程序清楚、明确，各阶段也都有其中心目标，不仅注重语言使用的准确性，同时也关注语言使用的流利性。因此，在大学英语口语教学中采用 3P 教学法具有十分重要的意义，不仅有助于提高学生运用语言的能力，还符合教学改革的要求。

下面是 3P 教学法在大学英语口语教学中运用的一个实例，以供参考。

教学任务：完成新视野大学英语视听说教程 Book 1，Unit 10 的教学任务"It's the last day before the new school year begins"。

教学目的：通过学习本课，学生能够听懂与谈论与节日相关的内容；学习并掌握 while、when 等词引导的时间状语从句的用法；运用所学知识进行口头表述达到学以致用的目的。

教学形式：个人、小组、全班。

教学流程：

Step1：Warming up

（1）Learning activities

① Enjoy a song named *Holiday*.

② Read the sentences and guess what holiday it is and when it is.

（2）Teaching activities

① Talk about the song.

② Show some sentences about holidays and help students guess and say the dates.

目的：通过一首歌不仅引出了"holiday"，同时也营造了一种轻松的课堂气氛。然后，利用阅读所给的信息让学生复习一些熟悉的中外节假日，同时复习本课生词和日期的表达。

Step 2：Presentation

（1）Learning activities

① Listen to the tape and talk about American Independence Day.

② Listen to the tape again and choose the best answers.

（2）Teaching activities

① Play the tape and show some questions and three choices to each question.

② Show some pictures, play the tape again and check the answers.

目的：通过看图激发学生的兴趣，同时引出美国独立日以及庆祝方式。根据听力的难度，将练习题目改为选择题，使难度有所降低，以便学生有效地听取重要信息。

Step 3：Practice

（1）Learning activities

① Listen to the tape and find what holiday they are talking about.

② Read the dialogue after the tape and check the true sentences.

③ Do a role play in groups, then act it out.

（2）Teaching activities

① Play the tape and let students know the topic.

② Let students listen again and imitate the conversation, then check the true sentences and correct the wrong ones.

③ Ask students to read in groups of four.

目的：通过听录音让学生获取重要信息，为后面的环节做准备。接着进行模仿朗读，尤其注意学生的语音和语调。

Step 4：Production

（1）Learning activities

① Complete the conversation with the correct words in pairs.

② Talk about the Spring Festival in groups and write down something.

③ Make a report to class.

（2）Teaching activities

① Let students do it in pairs and check in pairs.

② Show questions to help students say as much as possible, then let some make a report.

目的：巩固和拓展本课知识点，即日期和从属连词 when、while、as soon as、until 等的用法；利用本课所学知识进行口头练习。

分析：上述口语教学采用3P教学模式。本次教学活动以节假日为话题，贴近学生的实际生活，容易激发学生学习的兴趣，并让学生以多种形式参与到教学过程中去。学生通过中外不同节假日的听说练习，对其中一些重要节假日的庆祝方式有一个大致的了解，同时通过节假日话题的讨论逐渐掌握了一些主要句型的用法，如"I was wondering…""Would you like to join…"等。

（七）课外教学法

课堂教学是大学英语口语教学的重要阵地，但同时也不能忽视课外教学。由于课外教学的操作性与控制性都比较难，因此该环节在大学英语口语教学中经常被忽视。课外教学是课堂教学的延伸，对学生口语能力的提高具有促进作用。因此，在教学改革背景下，教师应在大学英语口语教学中适当运用课外教学方法。课外口语教学要求教师充分发挥其引导作用，给学生提供有效的资源，同时注意加入监督机制。

课外英语口语教学可采用多种形式和活动进行。例如，组建英语角便是锻炼英语口语行之有效的途径之一。虽然组建英语角多是英语学习者自发的行为，但是使英语角活动得以顺利进行还需要有教师的参与，教师注意负责英语角的最初组织与管理工作，从人员的安排、话题的确定、活动的形式、设备等都要做好充分的准备工作。再如，教师还可以鼓励学生尽可能多地参加相关的社会实践活动，如为外国游客做导游，在活动中做志愿者接待外宾等。此外，进行对话比赛、举办英语朗读和英语歌曲大赛、举行英语辩论大赛等也是行之有效的活动形式。这类活动可以有效弥补课堂英语口语教学的不足，同时还可以培养学生学习语言的成就感，提高学生的自信。

（八）基于交际策略的教学法

根据普利斯（Poulisse）的观点，交际策略是指"当某语言使用者在话语计划阶段，由于自身语言方面的不足而无法表达其想要表达思想时所采取的策略"。在交际过程中，为避免因语言能力不足而导致交际困难，交际者使用语言或非语言手段的能力即为交际策略能力。

口语交际活动往往不可预测，因此交际过程中遇到尴尬局面是难免的，这就要求交际者具备一定的交际策略能力，以便在需要时借助交际策略来解决遇到的困难，促使交际顺利进行。策略能力包括两个方面：一是发生困难时使对方理解自己讲话内容的能力，这一能力被称为"补偿能力"（compensation）；二是在发生理解困难时获取意义的能力，这一能力被称为"协商能力"（negotiation competence）。

补偿能力主要包括如下三个方面：

①使用会话填补词。在交际过程中，有时交际者可能会一时想不出想要使用的语言，这时可适当运用一些填补词，如"and you see..." "Er, that's a very interesting question..." "Well..., let me think..."等，边说边思考，控制说话节奏，确保讲话连贯。

②使用同义词或类别词。在交际过程中，如果交际者缺乏关于某一话题的词汇，可采用自己熟悉的同义词来代替，如用"dark"来代替"gloomy"。

③使用肢体语言。在交际过程中，交际者也可适当借助肢体语言来表达自己的观点与看法，保证交际顺利进行。

协商能力主要是指澄清信号。在交际过程中，如果听话人没有完全理解讲话人的语言，或没能听清讲话人的意思，可请求重复，或直接要求讲话人加以解释，如"Pardon?" "What do you mean by saying...?" "What does...mean?"等。通过运用这一交际策略，交际者可将自己的意思清晰地传达出来，使交际渠道畅通，从而使交际顺利开展。

在大学英语口语教学过程中，教师应注意向学生介绍一些交际策略，使学生了解语言规则和交际规则，提高英语口语交际能力，在交际过程中更好地让自己的讲话内容被对方所理解，并更好地理解对方的语言，提高跨文化交际效果。

二、提高大学英语口语教学的策略

英语口语能力的提升是英语教学的重要组成部分，也是社会不断发展、经济全球化和学习者自身生存发展的要求。我们应不断地对英语口语教学进行研究与探索，从而积极推进英语口语教学的进步，从根本上提高学生英语口语的应用能力，最终达到能够自由交际的目的。

（一）营造良好的大学口语教学氛围

营造良好的口语教学氛围能够更好地让学生体会到口语学习的重要性，认识到口语在实际中的具体应用。营造教学氛围主要从以下两个方面采取措施。

首先，要创设轻松、愉快的英语口语课堂教学氛围，教师要多与学生进行沟通和交流，强化教师与学生之间的情感维系，增加学生对英语口语学习的情感，通过情感迁移来营造轻松、愉快的口语课堂教学氛围。

其次，口语能力的提高需要大量、反复的实践，仅靠课堂上的训练是远远不够的。高校也要通过多种措施，如发展英语口语学习社团、定期举办英语口语大赛以及建立英语口语交流平台等，通过多种措施营造良好的英语口语课外教学氛围，激发学生说英语的欲望。需要注意的是，英语口语教学还可以与学生未来的就业环境进行结合，根据学生的专业学习情况，模拟就业教学情境，让学生在模拟的环境中练习口语，为以后的就业奠定良好的基础。

丰富多彩的英语课外活动发挥着独特的作用，不仅创造英语交流的语言环境，将口语技能训练融入多个任务中，而且为学生锻炼和提高口语表达能力创造更多的平台和锻炼机会，更激发了学生学习英语的兴趣和热情。

（二）丰富英语口语教学方式

尽管在实际教学过程中，教师都有意以学生为中心，但课堂还仍然是以教师为中心完成的，教师准备话题、设计活动、指导学生思维取向。学生被禁锢在教师设计好的任务中没有自主权，也就容易失去练习的兴趣。英语口语课堂最后也沦为"教师教之无色，学生学之无味"。这种状况严重束缚了学生的积极性和主动性，同时，也影响了教师的自身发展。学生学习英语和练习口语的主要环境就是课堂，而当前大多数英语课堂中存在的问题是缺少让学生用英语表达的机会，有限的口语练习也多是在教师控制下的程序性和机械性的操练，缺乏师生和生生之间情感和思想上真正有意义的交流。由于前述许多条件的限制，传统的英语教学模式无法满足日益增长的需求，我们迫切需要构建新型的英语教学模式。

1. 模仿跟读式教学

跟读技巧英语叫"shadowing"，一开始是为了改善口疾的问题，后来被用于第二外语的学习。"shadow"是影子，跟读技巧基本上就是语言模仿。跟读可以帮助学生做两件事情：第一件是训练耳朵正确地听清楚语音、语调、语速，第二件是改善自己的英语口音，并且帮助训练嘴巴的肌肉如何讲好英语。跟读技巧分为三个步骤：一选择，二理解，三模仿。选择要从三个方面着手，难度方面要选择符合自己程度的，不要太难或太简单，可以比自己的程度稍微难一些；内容方面可以选择有字幕的电影或有CD的杂志，有逐字稿的播客（podcast）；因为跟读需要反复许多遍，尽量选择自己感兴趣的主题。理解主要是阅读和听力两个方面，如果选择的是影片，要理解中英文字幕，整部看懂；如果选择是杂志，要查好单词，整篇看懂；如果选择播客，要研究逐字稿，整集看懂。阅读完全弄懂后，开始用听来理解目标，用听就可以理解大致内容，如果反复听还没有理解，就是内容难，应该选择简单的内容。模仿分为四个级别，包括逐步跟读、同步跟读、有稿跟读和脱稿跟读，依照难度排列是有稿逐步、有稿同步、脱稿逐步和脱稿同步。逐步跟读是听一句，跟一句，断句不要太长；同步跟读是同时进行跟读，一开始比较困难，但经过反复练习会非常有效；有稿跟读是看着逐字稿或字幕跟读；脱稿跟读是直接跟读，几乎背下来，尽量跟题材语音语调都要一致，抓住语言的节奏。跟读时可以把自己的练习录下来，检验自己的模仿是否到位。对已有的对话进行学习模仿，积累实用的词汇、短语与句子，然后可在此基础上对所学进行创造性发挥，以实现活学活用的目标。

2. 娱乐式教学

学生都喜欢做游戏，富有活力的游戏能够调节课堂气氛，使课堂活起来。游戏的设定要为课堂服务，不是单纯的为娱乐而游戏，要寓乐于学。例如，"Who Am I"这个游戏设计就是为了让学生把学到的四大名著的英文说法加深记忆，以愉快的方式记忆与运用。"传声筒"这个游戏则是在练习学生听力和记忆能力的同时让学生开口去练习口语。同时，角色扮演与话剧表演可以选择教材中使用的对话或者网络上存在的英文剧本。除此之外，更鼓励学生自己进行剧本创作。表演式教学在增加教学趣味性的同时，更是提供给学生交流与协作的机会，在这准备过程中，学生之间互相指导、互相学习，充分发挥自己的主人公地位。通过表演式教学对应渗透一些英美社会文化习俗知识，以拓展学生文化认识以及跨文化能力。

3. 互动式教学

影视教学的小组分享、话题的分组讨论、演讲讨论与辩论赛等形式在锻炼口语的同时培养学生语言交际能力、思辨能力以及独立处理问题的能力。辩论赛话题的选择可以与学生的学习生活相关，或者选择一些社会热点问题和学生感兴趣的话题。

（三）强化大学英语教师教学能力

教师的口语水平和教学能力是影响大学英语口语教学质量的重要因素，为了更好地提高应用型大学英语口语的教学效果，需要建设一支高水平的口语教师队伍。首先，大学要定期针对大学英语教师组织英语口语研讨会和英语口语大赛，强化大学英语教师对自身口语能力的提升，并且通过这些活动，在学生面前展示口语的魅力，让学生对口语学习有着更加浓厚的兴趣。其次，教师要积极参与到社会实践中，提高自身的英语口语实践能力，并且通过社会实践，了解当前经济社会的发展对人才英语口语能力的要求，能够在英语口语教学过程中更好地结合实际开展针对性强、适用于应用实际的口语教学活动。教师口语水平会对英语口语教学效果产生直接影响，高校要注重高水平教师队伍的建设，为学生提供更好的教学指导。

第七章　现代大学英语阅读教学理论研究

阅读教学是大学英语教学的重要组成部分。通过有效地阅读教学，不仅可以提高学生的写作能力，还可以提高听说能力，使他们在今后的学习、工作和社会交往中能用英语有效地进行交际。英语阅读教学是英语教学听、说、读、写、译五个环节中的重要一环。它是学生获得知识、积累词汇、熟悉句式、培养书面表达能力的重要途径，也是学生运用英语获取信息的重要渠道。本章主要从大学英语阅读教学的现状、大学英语阅读教学基础理论以及大学英语阅读教学的策略等方面进行了深入探讨。

第一节　大学英语阅读教学的现状分析

一、缺乏有效的教学互动

在大学英语阅读教学过程中，许多教师常采取机械传统的教学步骤：课前，要求学生预习阅读材料。课堂上，教师对阅读材料的背景、内容和作者信息做概要性的介绍，再以消除理解障碍为目的解释一些重要的词汇和语言难点，然后提问一些理解性问题，让学生思考然后再对答案予以矫正。课后，要求学生记忆词汇、短语等。

这种缺乏充分互动的传统的阅读教学模式存在诸多缺陷：

首先，学生的预习缺乏明确的目标。

其次，教师在课堂上介绍背景知识是以其自身为中心，为教学活动的主宰，由于不需要学生的积极参与，学生的大脑常常处于抑制状态，从而难以激活他们固有的知识，难以起到激发学生阅读兴趣、参与阅读过程的作用。教师对语言难点的逐一解释，只能促进学生对语篇局部的理解，妨碍学生对阅读材料内容的整体理解和把握。

最后，单纯的理解性练习只能起到检测学生理解结果的作用，并不能发展学生的阅读技能。在这样的课堂里，教师"知识权威"的角色常常会妨碍学生在阅读过程中的大胆假设、积极推理和验证，使他们无法积极主动地参与到教学过程中，能动性难以得到充分发挥。而阅读课堂里的师生互动，生生互动缺乏的一个必然后果是：学生个体局限在自己的知识圈里，不能够分享群体的世界知识和理解技能，阅读策略难以得到有效发展。

二、课堂教学模式陈旧

当前大学英语的阅读教学中，由于长期受传统英语教学的影响，不少教师至今仍在沿用老的教学方法，习惯于"讲"，擅长于"教"。例如，读一句译一句的翻译教学法，对每一句话都要进行语法分析的分析教学法等。这些教学方法刻板单调，不利于激发学生学习英语的兴趣，不利于学生实际语言技巧的发展。在阅读课后，学生总抱怨除了学到教材里的几个单词以外，一无所获。因而造成了许多学生至今仍保持着一些不良的阅读习惯，如逐字阅读、一遇生词就查词典、阅读速度慢等，阅读能力处于较低水平且停滞不前。

三、学生知识储备不足

在大学英语教学中，有部分教师不谈词汇教学、语法教学，只谈"背景知识"教学、"西方文化"教学、"意义/内容"教学。这种对语言技能教学的忽视，甚至干脆放弃词汇教学和语法学习的做法，必定造成学生英语语言水平的停滞或滑坡，久而久之形成基础语言知识的匮乏。语言知识的不足会导致理解不畅，严重时甚至会曲解作者的写作意图，同时也会影响到学生阅读技能的发挥。

基本知识还包括相关背景知识。在阅读的过程中，学生在理解新信息之前，都要将新信息与已知的背景知识联系起来。图式理论认为，读者的背景知识是影响阅读理解的重要因素，新知识的理解和吸收是建立在已有背景知识的基础上。可是大部分学生在课余时间对西方国家宗教信仰、价值观念、历史文化、风俗习惯、科技进步、审美判断等方面的相关背景知识的储备不够重视。因此，当阅读的文字材料与中国传统文化和现实状况发生碰撞时，学生便很难对其做出合乎情理的猜测和推断，预测内容及作者的意图和倾向。基本知识还应该包括读者对文章体裁、对各种文章篇章结构知识的了解。英语中有丰富多彩的语篇形式，如果不具备基本的篇章结构知识便很难采取有效的获取信息的阅读方式，阅读效率自然难以提高。

另外，英语与汉语语篇在组织结构方面又存在着明显的差异。例如，汉语中的语篇形式通常表现为"前因后果"的归纳式，这体现中国文化中铺陈、含蓄等特点，而西方的语篇结构的特点是逆潮式，所以西方人写文章通常把主题句放在最前面，要求开门见山。学生在阅读过程中也会因为缺乏对英汉篇章结构知识的学习和积累，而难以形成两种思维模式的互相转换。母语阅读模式的影响便会对阅读过程造成重重阻碍。总之，只有当学生的基本知识储备达到一定的水平，才能真正自由进出"内容"领域，使英语阅读真正成为"拓宽知识、了解世界文化"的"工具"，领略无限风光。

四、阅读教学内容把握不当

在教学内容上，教师一般都重精读教学、轻泛读教学，过分重视词汇和语法知识的教学，忽视语篇分析，忽视材料背景知识和语言文化背景知识的介绍。据问卷调查得出，教师授课常常对词汇知识和句子分析投入大量精力，较少介绍阅读技巧和策略，很少介绍阅读材料的人文知识。

五、教材设计不合理

教材是教学的重要指导性资料，在一定程度上影响着教师的教学内容、教学方向。但是纵观我国英语教材，其在设计上存在着不合理的状况，在整体上缺乏内在的连续性。

具体来说，我国大学教材注重阅读技能的训练。虽然从表面上看，教材设计本着层层深入的原则，在教学的不同阶段侧重性和针对性都十分明显，同时也符合学生具体的学习和认知规律。但是教材设计也存在严重的过渡问题，也就是前一个学习阶段和后一个学习阶段缺乏一定的承接性。

这种教材脱节的现象，在一定程度上影响了教学效果，对英语阅读教学也有着很大的阻碍作用。阅读教学过程中应该遵循循序渐进的原则，在不同的学习阶段，应该使学生接触到不同程度的英语阅读材料，但是由于教材的脱节，学生的阅读训练缺乏整体性。学生跟上原本的阅读进度已经感到吃力，更不要谈提高英语阅读能力了。

此外，从教材内容上看，入选或入编的主题和篇章的结构性不足，所选的社会科学主题、人文科学主题和自然科学主题在量的方面不均衡，主题筛选的广度和深度都有待进一步提高。教材的这种编写，缺乏与学生生活的联系性，因此学生的兴趣便得不到提高。

六、教师专业素质有待提高

教师的业务素质和教学方法直接影响学生的学习兴趣和学习效果，因此，大学英语阅读教学水平的提高迫切需要教师转变传统的教学观念，提高理论水平。可是在实际生活中，部分教师缺乏对英语阅读理论的学习和研究，甚至对英语"自上而下"和"自下而上"两种阅读模式以及一些基本的阅读微技能如猜词、略读、揣摩寓意、排序等知识都不了解,从而很难从理论高度审视和调整教学方法,很难有效地指导学生阅读。

同时对于一些具备一定理论知识的教师来说,在教学中,还存在理论与实践脱节的现象。在他们的教学中,涉及阅读技巧和阅读策略的内容被作为知识教授给学生,可在学习教材提供的阅读材料过程中却没有对这些技巧和策略加以应用。教师对学生阅读方法的培养注重程度远远比不上对阅读教材内容的讲解。学生会错误地认为策略和技巧的学习无助于他们解决实际阅读过程中的问题,所以认为其是不重要或者是没有用处的。因此,具备了一定理论知识的教师必须注重理论知识教授与教学实践的结合,让学生在阅读课堂上体会到学以致用的快乐。

第二节 大学英语阅读教学的基础理论

一、图式阅读理论

(一)图式理论与图式阅读理论

图式概念最早是由德国哲学家康德(Kant)在其著作《纯粹理性批判》一书中提出来的,他从哲学层面上分析认为图式是连接人们大脑中纯概念与感知对象的纽带。后来图式理论又经由德国心理学家巴特利特(Bartlett)和美国人工智能专家鲁梅尔哈特(Rumehart)逐步完善,形成了现代图式理论。

现代图式理论的基本观点认为:图式是认识的基础,人们处理外界的任何信息都需要调用大脑中的图式,依据图式来解释、预测、组织、吸收外界的信息。图式理论强调人们在理解新事物时,需要将新事物与已知的概念、过去的经历和背景知识联系起来,即头脑中已存的与新事物相关联的图式联系起来,否则无法理解输入的新信息。

20世纪80年代,心理学家将图式理论运用到外语教学中,用它来解释阅读理解的心理过程,从而形成了图式阅读理论。图式阅读理论认为,阅读过程是一个读者头脑已有图式与文本信息"双向互动"的过程,而阅读理解是文本信息与读者头脑中的图式相互作用的结果。阅读理解的双向过程包括两方面的信息加工过程,"自下而上"和"自上而下"的过程。前者指对文本中字、词、句、段落和篇章由小到大的理解过程,后者指读者根据头脑中的已有图式,如文化背景知识、文章主题内容、语篇结构等,对文本信息进行自上而下的预测、验证、修正。高效的阅读理解是在这两个过程的交互作用中实现的。

(二)图式阅读理论类型

图式阅读理论分为三种类型：语言图式（linguistic schema）、内容图式（content schema）和形式图式（formal schema）。

1. 语言图式

语言图式是指读者所掌握的语言文字知识，它包括该语言的语音、词汇和语法方面的知识。如果不具备这方面的语言图式，就无法对输入的文章文字信息进行解码，获取文字的意义。因此，读者要想理解文章，首先必须掌握与阅读文章相关的语言图式，因为对语言图式掌握的熟练程度决定对阅读的理解程度。

2. 内容图式

内容图式指阅读者对所读文章涉及的主题内容、题材或文化背景知识的了解。任何阅读材料都表达了一定的内容思想，建立在一定文化背景基础上。在实践中我们常发现这样一种现象，如果阅读者对阅读材料的主题内容、背景知识比较熟悉，即使在一些文字不熟悉的情况下，阅读者也能比较容易并且准确地理解文章。这主要是阅读者具备了相关的内容图式。读者对于文章内容越熟悉，理解内容就越容易。

3. 形式图式

形式图式是读者对文章的体裁和篇章结构方面的知识。文章内容的表述都是按一定顺序和结构形式排列语言的。不同体裁的文章具有不同的结构特点和语篇风格，比如说叙事类（narration）、描写类（description）、说明类（exposition）和论辩类（argumentation）的文章都体现出不同的体裁风格和结构形式。如果掌握了相关知识，就很容易把握文章的内在逻辑关系，理解作者要表达的思想。

在高效的阅读过程中，三种类型的图式运用是相辅相成，缺一不可的。其中"语言+图式"是"内容图式"和"形式图式"的基础，负责对语言文字进行解码和整合，并提取意义。语言图式对于理解文本的作用属于"自下而上"的心理加工过程。

因此，阅读者首先应具备识别文章字、词、句的语言图式能力，只有在跨越语言障碍的基础上，才能激活和调用更高层级的内容图式和形式图式的资源，才能实现对文章的理解。语言图式在阅读理解过程中具有基础性的地位，但仅具有这种图式并不能正确地理解文章内容，还必须激活相关的内容图式和形式图式。即三种图式必须形成一个层级结构，交互影响，单一的图式能力不能达到有效的阅读效果，有效的阅读必须是三种图式合力的结果。

二、阅读模式理论

目前，最主要的阅读模式大体分为三种。

（一）自下而上阅读模式

这种阅读模式指的是从词语、词组到单一句子，一直到英语文章整体分层次逐一进行阅读理解，强调的是让阅读者从最低级的单词开始理解，最终弄明白整篇文章所表达的内容和主题。该模式能够帮助阅读者在阅读过程中加深对文章中出现的一些语法现象等的理解，但是并不能很好地完成阅读者本身与文章之间的互动交流，也就是说，该模式把阅读过程视为阅读者仅凭文章中分解的因素，比如词汇、句式等单向理解文章所传递信息的过程，忽视了阅读者在阅读过程中的主动地位和积极作用。

（二）自上而下阅读模式

学者们针对自下而上模式在实际运用中的不足，提出了自上而下的英语阅读模式。这种阅读模式与"自下而上"恰恰相反，认为阅读者在阅读英语文章的过程中不应该处于被动接收信息的地位，而应该积极运用自己所掌握的英语语言知识，根据从文章中得出的语言线索，对文章所表达的内容和主题进行一系列的思考、加工、推测和判断等思维活动，它所强调的是阅读者所掌握的较高层的背景知识对阅读起到的作用，突出了阅读者在阅读过程中的主体地位，但是忽视了同样重要的基础语言知识。

（三）交叉作用阅读模式

这种阅读模式的提出和应用实际上就是前两种模式的有效结合，该模式认为在阅读理解的过程中，阅读者不仅仅要根据文章中的文字、单词进行掌握和理解，还应该充分利用自身已掌握的高层次的背景知识对文章进行阅读。它强调了阅读者与文章之间的关系应该是双重方向的，即阅读者本身所掌握的知识与文章中的组成因素如词汇、句式、语法等是可以相互作用、相互影响的。相比前两种模式，这种阅读模式的优点在于对阅读过程复杂性的解释更为全面，在阅读教学中既强调了学生思维能力的作用，又强调了基础知识的重要性，与目前我国提出的大学英语教学大纲要求相适应，因此被教育工作者普遍认可和广泛运用。

三、语篇分析理论

认知心理学认为语篇知识与阅读能力有密切的相关性。学生对阅读材料中篇章结构的认知和理解能力与他们的阅读和写作总体水平成正相关。这就要求学生不只停留在词句的水平上学习语言，而是在语篇水平上，从表达完整确切意义和思想内容的语段篇章的层次结构入手，分析句子之间、段落篇章之间的衔接和相关意义及逻辑思维的连贯。教师要帮助学生达到最大量地获取和掌握文章所传递的信息，进而获得理解语篇作者的观点、态度、思想感情的能力，同时逐步培养学生恰当地使用语言的能力。

英语教师运用语篇分析理论进行教学的重点就是要进行宏观分析，使学生初步了解课文的形式和内容，为以后深入理解课文打下基础。

（一）文化背景知识的导入

文化背景知识是课文的宏观语境，对语言外的关系意义起着连接作用，对正确理解课文有很强的指导作用。因此，背景知识是读者理解特定语篇所必需的外部世界知识，它包括文章的创作背景、作者背景、文化背景等，涉及文章的写作年代以及社会背景，作者的生平经历和写作风格，以及其他与文章内容相关的知识。文化背景知识的引入方式可以多种多样。教师可以根据具体情况对背景知识有重点有选择地介绍，或者让学生自己从参考书籍或互联网查找相关的文化背景知识。一旦学生具备了相关的文化背景知识，教师就要帮助他们充分激活这些知识，使学生有意识地运用这些知识进行阅读活动。

（二）语篇的宏观结构分析

语篇理论告诉我们，文章均有其特定的结构，尤其是论说文和说明文，基本上由主题段、描写或解说段和结论段构成。正确掌握语篇结构的知识可以帮助阅读者准确、快速地获取信息。所以，我们在教学中首先要考虑的问题是文章的框架结构问题。这样我们可以从宏观上把握文章的脉络，可解决类似"每个词都认识就是看不懂意思"的问题。语篇结构分析就是要将文章的语言特点、结构特征、主题表达等有机地结合起来，使学生能达到对文章内容真正地理解，包括对作者意图和观点的理解。

四、词汇衔接理论

词汇衔接是语篇衔接中最突出、最重要的手段之一，它是指通过词汇选择，在篇章中建立一个贯穿篇章的链条，从而建立篇章的连续性，也就是说词汇衔接是将一些话语与另外一些话语连接起来的手段和词汇关系。词汇衔接是语篇的有形网络，体现在语篇的表层结构上，不仅对语篇连贯起着重要作用，更重要的是能从各个层面上反映作者或说话者的交际意图，强化语篇主题。因而对词汇衔接的研究可以帮助我们深化对语篇的分析和理解，提高英语阅读教学效果。

在阅读教学中，教师在将词汇衔接知识系统传授给学生的同时，要鼓励学生经常应用这些知识以促进阅读能力的提高。课文精讲是英语教学中的一个重要环节，教师在教学过程中应该以语篇为起点讲解课文，通过分析课文中的衔接手段让学生掌握作者的写作思路从而加深对课文的理解。

（一）注意词汇连接

教师在讲解课文时要时刻提醒学生注意词与词之间的关系，分析一下课文中的词汇衔接方式及其功能，引导学生抓住关键词从而提高学生对文章理解的程度。教师要有意识地引导学生把词汇衔接与略读快读的训练结合起来，在略读一篇文章时运用词汇衔接知识可以使学生预测文章的发展方向，通过找到文章的关键词、主题句来帮助学生理解文章，在快速阅读中，那些与问题联系最大的句子中往往含有一定的词汇重复如同义词、反义词、上下义词等。教师可以利用词汇衔接对学生进行查找特定信息的训练，从而降低答案搜索的盲目性，提高答题的速度和准确性。

（二）写作训练与阅读教学相结合

教师应在指导学生借助词汇衔接分析语篇的同时，引导学生运用词汇衔接手段进行英语写作训练，从而使阅读和写作起到相辅相成的作用。

五、合作学习理论

合作学习理论的基本内涵为：形成和改变学习者的学习态度，增进其合作学习技能；创立紧密结合与整合学习为一体的学习方式；发展批判性思维、推理和解决问题的能力。

（一）提倡分组教学

提倡分组教学绝非是将整个阅读课教学变成自始至终的分组活动。分组教学与班级授课相结合才是我们推崇的阅读课教学模式。班级授课在知识点传授方面有容量大、节时省力等优势。在合作学习的教学活动中，教师的讲授也是必不可少的组成部分。合理的分组对提高合作学习的效率有重要意义。因此，教师在运用分组教学理论进行教学时要精心地组织学生进行小组活动，并让学生在小组内持续发言。

（二）两人小组合作学习

学生们可以被分成两人一组来完成大多数的学习任务，包括阅读和写作。当阅读水平较差的学生与同龄人结成学习小组时，他们将获得更大的帮助。两人小组合作学习不仅对提高学生阅读能力非常有效，而且极其实用。

（三）四至六人小组合作学习

四至六人小组合作学习，适用于讨论、分析较为复杂的分析性、探索性的阅读思考问题。这种合作学习方式有以下两大优势：①小组成员互助合作、互相启发，形成智力互补，共同寻求解决问题的多种方案。②小组成员的合作讨论大大提高了学生的阅读兴趣及分析归纳、推理验证等逻辑思维能力，小组成员相互合作大大增加了学生的实践机会。

第三节 大学英语阅读教学的策略探讨

一、大学英语阅读的教学方法

（一）元认知教学

20世纪70年代，美国心理学家弗拉维尔（Flavell）首次提出了元认知（metacognition）这一概念，即认知主体关于对自己的认知过程、结果以及相关活动的认知，简单来讲，元认知是对认知的认知。

加涅（Gagne）认为，元认知策略是指学习者利用元认知知识有意识地、合理地对自己的学习进行安排、监控、调节和评价，从而提高学习效率。由此可见，元认知策略是一种自我监控策略，体现了学习者的自主性和主体性。

将元认知策略首次引入英语阅读中的是布朗（Brown）。他认为，在英语阅读中使用元认知策略可大大提高阅读的效率。因此，在英语阅读教学中，教师应培养学生掌握这一策略，让学生对自己的阅读活动有一个更加清醒的认识和监控，从而选择恰当合适的阅读策略，提高阅读效果。

1. 读前预测

有效合理地使用阅读策略和技巧对提高阅读能力发挥着重大的作用。而根据元认知策略，对文章内容进行有根据的预测是阅读前的一项重要准备工作，如果做好了读前的预测工作，那么学生就会在头脑中对文章构成合理的想象，对文章有一个大致的了解，并形成初步的阅读计划，进而胸有成竹地继续阅读。

因此，在阅读教学中，教师首先应向学生布置相关的预测任务。在进行整篇阅读之前，教师可要求学生依据文章的标题以及文中的插图等信息对文章内容进行有根据的预测，与此同时，教师要充分发挥课堂提问的作用，通过有效的提问来激发学生的想象力，并组织学生积极展开讨论，以扩大话题，发散学生的思维，从而使学生的预测与文章内容更加接近。此外，教师还可以从文章中找出一些关键词，让学生根据这些关键词展开想象，预测文章的内容。让学生对文章的内容进行预测，不仅可以激发学生的学习兴趣，发展学生的思维和想象力，还能培养学生的预测和推断能力，进而培养学生的阅读能力。

2. 读中监控

在阅读过程中，教师要根据不同的阅读目的引导学生采用不同的阅读策略。如果阅读文章只需要了解其大概含义，就可以采用泛读法，具体来讲，教师可以引导学生阅读文章的首尾段以及各个段落的首尾句，找出各段的主题句、中心句等，以了解文章的各段大意。如果需要对文章进行全面细致的了解，就需要精读或细读，在了解整篇文章的大概意思之后，还要引导学生对文章的句子、短语和词汇进行细致理解，分析重要的句子结构和语法。对于一些较难且重要的文章，教师则要引导学生对重要句子的语法点进行深入的分析和比较，梳理清句与句之间的内部关系，弄清句子的深层含义和作者的意图与观点。而这些都需要学生根据阅读目的对自己的阅读策略和过程进行有意识的监控，即在实际的监控过程中依据上下文猜测词义，找出能体现作者写作意图的句子，并提出自己的观点。

此外，教师在教学中还要指导学生根据自己的阅读情况调节自己的阅读速度，但要保证在准确理解的基础上对阅读过程进行调整，以保证阅读的有效性。

3. 读后反思

学生阅读完以后，教师要引导学生反思和评价自己的阅读情况，总结阅读的经验教训，在日后遇到同类问题时能够更好地处理。具体来说，教师要教会学生如何分析和解决阅读中的问题，如遇到生词和陌生的语法时，不能因为抠生词含义而降低阅读速度，导致阅读时间不足，继而影响对整篇文章的理解。

另外，教师还要让学生总结阅读过程中哪里做得好，哪里做得不好，找出原因和解决的办法，并写成反思日记，作为以后的借鉴。

（二）合作阅读教学

合作阅读教学法是通过小组合作的方式让学生互相帮助，在交流讨论中深化对文章的理解，并掌握一定的阅读策略。这种教学方法适用于大部分课堂，在学生阅读水平参差不齐的班级中效果尤其显著。通过合作阅读教学，学生的词汇量、阅读能力以及合作意识都会得到极大的提升。

具体来说，合作阅读法的操作步骤如下。

1. 读前准备

合作阅读开始之前首先应做好读前准备，其目的在于激活学生头脑中的相关图式。读前准备主要包括以下几项内容：

①对文章主题进行预测。
②激活与文章相关的背景知识。
③短时间内了解与文章相关的信息。

做好读前准备对激发学生兴趣、促进阅读理解有很大的帮助。为实现这一点，教师要从以下两个方面着手：

①鼓励学生在脑海中搜寻尽可能多的背景知识，并让他们将之全部输出，汇总报告给全班同学。
②鼓励学生预测文章内容。

2. 细节阅读

这一环节中，学生开始阅读文章，了解文章细节，并发现哪些内容能够理解，哪些不能理解，从而对自己的阅读进程、理解程度有一个清晰的认识和监控。当遇到难以理解的内容时，学生可以通过以下三种方式来解决：

①利用构词法知识猜测词义。英语中很多词语遵循着英语构词方法，掌握这些方法对理解生词有很大帮助。
②利用上下文语境猜测词义。这是因为词汇只有在交际语境中才具有准确而具体的意义。
③利用关键词、连接词理解词义。

3. 大意理解

阅读结束后，学生首先应该对所读文章大意有一个整体的了解。具体来说，此时学生应该掌握以下两条要求：

①找出文章六要素，即时间、地点、人物、起因、经过、结果。
②能够用自己的语言重述材料内容，注意包括以上六要素。

在这一阶段，教师可先提出一些问题，让学生带着问题去阅读。阅读结束后可将学生分成人数相同的若干小组进行讨论，交流观点后归纳总结出答案，最后教师可抽查每个小组讨论的情况，请某个或者每个小组陈述观点，其他小组成员可发表评论意见，充分发挥交际对于语言学习的积极作用。

4. 巩固理解

巩固理解环节主要是加深学生对材料的理解，同时扩展学生的知识面。本环节中，教师可让学生根据阅读材料提出问题。由于学生长期以来都处于被提问的位置，可能不擅长提问，所提的问题也有可能偏离重点。为避免这些情况的发生，促使学生提出实际有用的问题，教师可先提出几个问题为学生做示范，使学生明白各类问题的提问方法和问题与材料之间的关系。

5. 合作学习

通过前面四个环节，学生应该已经十分了解阅读材料并足够熟练地掌握阅读的策略了，此时就可开展合作学习活动。教师可将学生分成六人小组，每个小组成员都要扮演一定的角色。角色分工如下：

①组长。组长的责任是确定合作阅读每一阶段的任务，组织整个活动的开展，保证活动的顺利进行。

②问题专员。问题专员的责任是在学生猜测词义时用问题卡片提示操作步骤。

③激励员。激励员的责任是鼓励组员积极参与活动，评估每个组员的参与程度，为小组下一步活动提供建议。

④监控员。监控员的责任是监控组员的参与情况，保证每次只有一个人说话，避免七嘴八舌的讨论。

⑤发言人。发言人的责任是作为本组代表宣读讨论结果。

⑥记时员。记时员的责任是掌控阅读各阶段的时间，提醒组员及时转入下一阶段的活动。

小组合作学习中，学生能够在轻松的心理状态下加强交流，进一步深化对文本的理解，锻炼学生听、说、读的综合语言技能，有助于学生辩证思维和创新意识的培养和发展。

通过上述环节，学生阅读学习得以循序渐进的开展，这不仅符合人类的认知规律，也符合言语活动发展的规律。

（三）文章背景教学

1. 教学理念

结合文章背景进行教学是指在阅读教学过程中，教师要让学生在关注阅读材料的同时，对文章的作者、写作背景、写作意图等也有所了解，并基于这些了解对文章的整体结构、写作思路、文章观点等进行思考和评价，让学生意识到作者是如何选词造句、设计结构来实现写作意图的,以此来加深学生对文章的理解,同时锻炼学生形成分析性、批判性思维。这对他们未来的阅读学习和阅读实践十分重要。

2. *教学步骤*

①教师布置阅读任务,任务不宜太艰巨,以文章的第一、第二段为宜。

②学生开始阅读之前,教师还要提出一些与文章相关的问题,让学生带着问题阅读,边读边思考。

例如:

What is the author trying to tell you?

Why is the author telling you that?

Does the author say it clearly?

How could the author have said things more clearly?

What would you say instead?

③阅读结束后,将学生分为若干小组,组织学生讨论之前提出的问题并提出自己的质疑,总结每组观点和问题。

④每组派代表回答前述问题并提出本组质疑,其他学生自由回答。

⑤通过学生的讨论和回答情况,教师对学生的阅读情况进行评估,并注意多鼓励、少批评。

(四)图式理论教学

"图式"这一词语来自希腊语,最早出现在古希腊哲学和心理学的著作中。但其作为一个概念却最早由德国哲学家康德提出。康德指出,"图式是先验想象力的产物;先验的时间规定性是将知性概念与感性经验统一起来的第三者,是沟通概念与对象的媒介物"。语言学家库克指出,图式是形成于人脑长期记忆中的有关人对世界的认识,也就是所谓的背景知识。

图式对人们的认知过程有着重要的作用,它是认知的基础,人们在处理外界信息时都需要调动大脑中的相关图式,当读者将大脑中的图式与语言材料所提供的信息联系起来时,就能理解所阅读的材料。到 20 世纪 60 年代,图式理论得以产生和发展。图式理论主要研究和说明了已知信息对认识所起到的基础性作用。

通过了解图式理论的基本内容可以得知,图式理论与阅读有着紧密的联系,并对阅读的顺利进行起着重要的制约作用。

首先,图式对阅读具有指引注意的作用,通过运用图式,学生可以在阅读中自行控制自己的注意力。

其次，图式具有促进编码的作用，通过运用图式，学生可以将阅读的内容与自己已有的知识结合起来，找出恰当的"结合点"，进而形成易于理解的编码。

再次，图式能够促进记忆和形成推理，这都有助于学生的阅读。所以，结合图式理论进行阅读教学，能显著提高学生的阅读能力，使学生对阅读有一个深刻的理解。根据上述的图式理论，图式可大致分为三类：语言图式、内容图式和形式图式。以下就结合这三个方面来分析基于图式理论的英语阅读教学策略。

1. 建构语言图式

语言图式是指读者所掌握的语言知识以及运用语言知识的能力，也就是读者掌握关于语音、语法、词语等方面的知识以及运用这些知识的能力。扎实的语言知识是阅读的基础和前提，如果不具备相应的语言图式方面的知识，就不具备对输入的信息进行编码和解码的能力，也就不能依据文章信息激活大脑中的其他图式，进而也就不能获得对文章的深刻理解。可以说，语言图式在某种程度上反映了读者的语言水平。所以，教师在进行英语阅读教学之前首先要帮助学生建构语言图式，为阅读的展开做好准备，排除学生阅读理解的困难，保证学生的阅读顺利有效地进行。

在传统的教学中，教师也非常注重对词汇的讲解。在学生开始阅读之前，教师也会讲解生词，介绍词语搭配，举例说明等。但是，建构语言图式并不是简单地对阅读中相关的词汇及其例句进行罗列，而是对相关词汇的意义进行组合和建构。

2. 建构内容图式

内容图式又称"主题图式"，是指读者所掌握的关于文章内容的背景知识，如语言知识、文化背景等。阅读理解能够顺利进行，内容图式起着关键的作用。如果缺乏内容图式，即使能读懂字面文字，也无法渗透其本质内涵达到与作者交流的目的，而这也正是造成许多读者阅读失败的重要原因。

读者的背景知识可以填充阅读中缺失的信息，同时也有助于帮助读者更加准确地预测内容的展开方向。所以，在阅读教学中，教师要注意对学生内容图示的建构。具体来讲，教师可以先向学生介绍一定的背景知识，然后以提问的方式来巩固学生的内容图式。

3. 建构形式图式

形式图式是指关于文章的文体，谋篇布局方面的知识，表明文章的类型、篇章的组织和修辞结构等。对文章体裁结构的了解有助于读者对文章内容的理解。

具体来讲，文章可分为记叙文、说明文、议论文等，每一种文体都有各自独特的写作风格和表达模式，熟悉不同文章的类型有助于读者从整体上把握文章的组织结构和作者的写作思路，从而在一定程度上简化了阅读的过程，并降低了阅读的理解难度。所以，在具体的教学中，教师要有意识地向学生介绍这方面的知识，帮助学生建构形式图式。

二、提高大学英语阅读教学的策略

（一）教授阅读策略

掌握一定的阅读策略对学生的阅读大有帮助。因此，阅读教学中，教师应注意阅读策略的传授，不能一味沿用旧的教学方法，让学生按照自己的习惯来学习，概括来说，阅读中常用的策略主要有以下六种。

1. 略读

略读是一种快速阅读文章以获取文章大意的阅读方式，这种阅读方式要求读者以意群为单位，双眼迅速扫读文章，同时注意选择一些重要的词语、句子来读，以获取主要信息，那些次要的信息和细节以及不影响文章大意理解的词句、段落则可以直接略过。需要指出的是，略读过后，读者要能够确定文章结构和作者语气。

略读的作用主要在于快速抓住文章梗概、测试读者在只阅读部分句子的情况下对文章的掌握程度。根据略读的结果，读者可以进行针对性训练，从而提高阅读的效率。

2. 跳读

如果在阅读中只需要查找我们所需要的信息，这时就没有必要逐字逐句、从头到尾通读下去，而是可以采用跳读的方式。跳读尤其适用于时间紧迫，不能进行通篇阅读，而对选择题中的几个选项又无法判定的情况，其目的是根据问题寻找答案，准确定位详细而又明确的信息。

3. 寻读

和略读、跳读一样，寻读也不需要对文章进行逐字逐句的阅读，而只需根据需要在文章中迅速搜寻所需内容。这种具有极强针对性的阅读技巧提高了阅读速度。在寻读过程中，学生可快速浏览全篇，忽略与题目要求不相关的信息，积极寻找和题目相关的内容。寻读技巧用于考试颇有成效。

4. 寻找主题句

文章是由段落组成的，因此对段落大意的理解是语篇理解的基础。理解段落大意的关键是寻找主题句。主题句是文章大意的概括，结构较为简单，一般位于段落的开头，有时也位于段落的结尾或中间，甚至隐含在段落里面，需要读者认真分析、理解。

5. 推理判断

并不是所有的信息都能从文章字面意思上看出，有时就需要推理判断。推理判断对学生的要求较高，它要求学生要以理解全文为基础，从文章提供的各个信息出发，对文章逐层进行分析，最后准确推断出文章的中心思想。推理判断有直接推理判断和间接推理判断之分。直接推理判断是指在理解原文表层含义的基础之上，结合所提供的信息推断文章的结论。间接推理判断是指挖掘文章的深层含义去推测作者的态度和文章的主题等。

6. 猜测词义

猜词策略要求读者根据上下文线索、背景知识及语言结构等知识猜测某一生词、难词、关键词的词义。熟练掌握猜词策略对提高英语阅读速度与能力、增强英语阅读的兴趣和信心具有极大的促进作用。

具体来说，猜词策略主要有以下四种：

（1）根据定义猜测词义

为了便于读者理解，很多作者都会对文章中论文的概念做进一步的解释和说明，而且常会使用一些标志性短语，如 which means、in other words、namely、refer to 等，据此就可以猜测词义。

（2）利用同义词和反义词猜测词义

在介绍或说明某个概念时，文章作者常会采用与其相同或相反的词来重复说明，根据这些同义词和反义词就可以猜测词义。

（3）根据上下文猜测词义

有时生词所在的上下文会为其语义提供指引，学生可利用生词所处的语言环境来猜测词义。

（4）利用构词法猜测词义

英语构词法知识，如词根、词缀、截短法等是词义猜测的一个重要而且科学的方法。

（二）合理利用网络资源

在有限的课堂教学时间之内，教师可以一定程度上提高学生的英语阅读能力。随着计算机网络技术的不断发展，各大院校建立了自己的校园网络，快捷的网络环境为大学英语阅读教学提供了内容丰富且获取方便的资源，教师应该督促学生通过网络资源进行大量的课外阅读，帮助他们在不同的阅读活动中根据阅读内容、题材及阅读目的及时调整阅读方法，进一步提高阅读水平。

（三）英语阅读要科学选材

学生时常反映英语阅读课枯燥无味，主要原因是对教材不感兴趣，导致他们不能很好地理解教学内容。由于阅读是提供诸如词汇、短语、语法、句法、文化等可理解性输入的非常有效的途径，所以，英语阅读课的选材非常重要。教师要选择有趣的阅读材料，吸引学生能在短时间内完成阅读，这样就容易获得成就感，而这种成就感又可以作为正反馈来强化读者阅读的兴趣。还要保证学生的阅读量要大，教师应尽可能多地为学生准备题材广泛、内容生动的阅读材料，以增加他们的阅读量，教师应根据这些选择材料的原则，来选择合适的课堂训练材料，并且指导学生选择合适的阅读材料，从而使学生的阅读活动可以顺利进行。

（四）培养学生词汇知识的学习

阅读理解涉及语篇、段落、句子、词汇四个层次的理解问题，而最根本的是对词汇的理解。词汇是构成语言的基本元素，学生的词汇量对阅读理解有着关键的作用，又是阅读过程得以顺利进行的基础。词汇量的大小与阅读技能的高低有着明显的关系，所以在词汇积累的教学中，如何积累一般常见词汇，有必要被教学者纳入教学方案。单词网络图是有效提高学生积累词汇量的重要方法，在英语阅读课堂教学中，选择一个核心概念词，让学生就这一核心概念词进行相应的发挥和扩展，在中心概念词上建构与其有关的其他词汇。

除此以外，使用词缀知识，根据上下文猜测词义，使用单词卡和词典，都是很好的记忆积累词汇的办法。同时在英语教学中教师应该直接明了地向学生教授基本词汇，然后训练学生如何根据上下文去猜测那些使用频率低的词的意思。总之，词汇量偏少是影响学生阅读能力提高的主要因素，扩大他们的词汇量是提高阅读能力的根本。

（五）注重文化知识的导入和现象分析

语言是文化的载体和组成部分，也是文化的写照和表现形式，其产生、发展和变化过程受本民族文化的制约和影响，因而任何语言都带有所属文化系统的特征，包含着深刻的人文属性，体现着其民族的世界观和价值观。

二语习得研究发现，一种语言的习得和使用，不仅仅是语言结构本身的学习和使用，更离不开对这门语言所表现的文化内涵的了解，离不开对形成和使用这门语言的文化背景和底蕴的了解。在阅读过程中,文化背景知识的欠缺、跨文化意识的淡薄会直接影响到英语阅读的各个层面。

可以说,学生对阅读理解的多少与深浅,很大程度上取决于他们对文章所涉及的文化背景知识掌握的多寡。在大学英语阅读课的教学中,适时而又恰到好处地介绍文化背景知识,对文化差异现象进行对比分析和讲解,有助于学生更好地理解阅读材料,激发其阅读兴趣。大学英语的阅读材料涵盖了政治、历史、地理、人文、科学以及风俗民情等各方面的知识。这就要求学生不断扩大自己的知识面,平时阅读时自觉形成收集有关英语国家的文化信息并内化为自己的英语知识。在英语阅读课的教学过程中,对阅读材料的背景知识进行恰当介绍,不但可以激发学生的阅读兴趣,也有助于学生正确理解、把握阅读材料,提高英语阅读课堂教学的效率。另外,通过播放视频向学生介绍英美等国家的背景知识,使学生吸取知识,提高能力,丰富阅读知识视野。

总之,阅读在大学英语教学中有着非常重要的地位,大学英语阅读教学应该以学生的阅读兴趣为中心,把培养学生较强的阅读能力作为第一层次的教学目标,引导学生形成良好的阅读习惯,加强对学生阅读技能的训练,让学生轻松阅读,提高学生的自主阅读能力。这样,学生能够自信地面对变化万千的世界,通过广泛而有效的阅读获得他们所需要的信息。

第八章　现代大学英语教师的素质要求与角色定位

　　大学英语是我国高等教育的一门公共基础课，它集知识、能力、人文教育为一身，历来受到社会、政府和学生的高度重视。大学英语的教学质量往往成为考察一所学校教学质量的风向标，而科学的、合理的教师资源配置是保证其教学质量的前提条件。近年来，我国高校大学英语师资力量不足、教学观念滞后、教学效果不理想、科研水平不高等问题日益凸显，高校师资队伍建设已成为制约高校发展的重要因素。因此，如何加快大学英语师资队伍建设，培养适应现代社会发展需求的高素质师资队伍已成为高校亟待解决的问题。本章主要从大学英语师资队伍的现状、大学英语教学中教师的角色定位以及大学英语教师的基本素质要求等方面进行了深入探讨。

第一节　大学英语师资队伍的现状分析

一、学校方面

（一）教师数量不足

　　大学英语师资配置的合理标准是 80∶1，其教学含义是每个教师完成 2 个班的大学英语课程教学，每周 8~10 学时，每班学生 40 人。这个生师比可以使大学英语教师兼顾课程教学、学术研究、业务进修、课件设计与开发、学生第二课堂、课程建设和教研活动等方面的工作，为大学英语教师的可持续发展提供时间和精力上的保障。

　　然而，经过调查得知，一些高校的大学英语教师数量严重不足，这些学校要么每学期聘请大量外聘教师，要么就必须合班上课，教学质量很难保障，提高教学质量和师资水平更是一句空话。在这样的课程教学压力下，教师只能是一台上课机器，并且是在损害其身心健康的状态下工作，不可能激发教师创造性的思维和劳动，也很难优化他们的教学水平。

（二）教学队伍不够稳定

教学队伍的不稳定体现在三个方面：内地院校的大学英语教师向沿海学校流动，尤其是层次较高的人才外流严重；部分大学英语教师经过几年的磨炼，具有一定的工作经验后，放弃教学，进入企业或政府部门；具有经验的大学英语教师被调配去担任英语专业的教学工作，空出的位置又由年轻教师填补。

（三）教师学历普遍偏低

北京外国语大学刘润清教授等学者曾对18所高校的519名外语教师进行过调查，发现他们的最高学历为：博士生占0.77%，硕士生或研究生班毕业生占35.26%，本科生占56.26%，大专生占4.24%。这个比例是包括英语专业教师在内，如果单独计算大学英语教师，情况会更差。上海外国语大学梅德明教授主持的项目调查显示，刚毕业的本科生充斥教学第一线，甚至挑大梁的情况在各高校并不少见。

（四）教师职称结构不合理

经过调查表明，大学英语教师职称结构严重偏离正常曲线，呈现出非正态分布。具有正高职称的教师比例还不到1%，副高16.1%，具有高级职称的教师比例不足20%，初、中级教师比例超过80%，显然不能适应进一步扩大和深化对外开放和外向型经济发展对大学生外语交际能力的更高要求。

（五）教师的学源结构欠佳

大学英语教师的"近亲繁殖"现象较为严重。近年来，由于受到经济发展的影响，地域、办学条件等不具备优势的学校，难以引进优秀教师，于是，只好自己培养或录用本省少数学校的毕业生。梅德明教授主持的调查显示，有的学校有74%的教师的本科或研究生课程或本科及研究生学习都在本校完成。这样，大学英语师资来源过于集中，其思想体系、教学模式、学术特点、知识结构差异不大，难以形成百花齐放、百家争鸣的学术氛围。

（六）教师的年龄呈两极化趋势

高校大学英语教师的年龄差距大，呈两极化趋势。大学英语教师的年龄结构中，中年教师占的比例小，没有形成老、中、青之间的合理比例。由于历史原因，年龄大的教师中，还有一部分当年是学俄语的，后来转过来教英语。尽管青年教师有活力，工作热情较高，但他们多数缺乏教学经验，参加工作不久就面临买房、结婚、生子、提高学历等一系列问题，难以保证全力以赴搞好教学。

二、教师方面

总体说来，在高校从事大学英语本科教学的教师队伍是一支勤勤恳恳、任劳任怨、有上进心、有事业心的队伍。但是，这支队伍在知识结构、年龄结构、教育观念、教学技能等方面不同程度地存在着各种问题。

（一）专业化程度需提高

语言教育是一门严肃的科学，有其自身的理论基础和发展规律。它所涉及的教育学、心理学和应用语言学是从事英语教学职业的人必不可少的条件性知识。在我国，只有师范院校或综合院校的师范专业才把教育学和心理学列入必修课程；非师范院校专业的毕业生往往只是在数周的岗前培训中接受一些粗浅的教育学知识。这种以学科知识代替专业能力的现象严重影响了我国教师的专业化程度。

（二）教育观念需要更新

不少大学英语教师看不到社会对人才的真正需求，围绕考试的"指挥棒"转，以"高过级率"为目标。教师在课堂上"填鸭式"教学，讲解词语，分析语法点，反复举例说明，逐句翻译课文，搞题海战术。这种教学模式以教师为中心，忽略学生的主观能动性，重知识传授，轻能力培养。其结果是学生忙于记笔记，被教师牵着鼻子走，没有参与语言实践的机会，学生的语言应用能力得不到提高，更不用说自主学习能力和思维创新能力的培养了。这种观念与"语言作为交际工具"的本质背道而驰，培养出来的学生语言应用能力较差，根本不能满足社会的需要。大学英语教师必须尽快改变传统教学观念，以学生为中心，发挥学生的主体作用。教师的角色是学生学习的引导者、合作者和促进者，教给学生学习方法和学习策略，培养他们运用外语的技能。

（三）教学能力需要加强

长期以来，我国高校教师队伍的培养更多地注重教师的专业学术水平和学历，形成了一味追求高学历的现象，导致教师热衷于写文章、搞项目，不同程度地忽视教学，对教学规律的研究更是鲜有涉足。然而，身为高校教师，如果不能掌握系统的教育理论，没有先进的教育观念为先导，不具备与教学活动有关的基本知识，不研究教学的方法和规律，要高质量地完成人才培养任务将根本无从谈起。北京市大学英语研究会对12所知名院校1000名学生的调查表明，有高达75%的学生对大学英语教学"不太满意"，而仅有8.8%的学生对教学感到"基本满意"，在其他院校也有类似的调查结果。

（四）知识结构需要调整

随着经济的不断发展，国际交流日益频繁，社会对复合型人才的需求激增，为了指导下一步的大学英语教学改革，《大学英语课程教学要求》就课程设置做了明确的要求，指出各高等学校要根据实际情况，设计各自的大学英语课程体系，将综合英语类、语言技能类、语言应用类、语言文化类和专业英语类等必修课程和选修课程有机结合起来。但是，大学英语教师在学习期间，修读的课程主要围绕语言和文学。近 20 年的大学英语教学中，大多数学校只开设了"大学英语"一门课程，涵盖听、说、读、写等教学内容，造成若干大学英语教师上同一门课程的局面，使得大学英语教师的知识结构显得单一、片面。要适应教学需要，教师必须坚持自我发展，完善知识结构，为开设选修课和充实必修课做好准备。

（五）信息素养需要强化

人类已进入信息社会。在信息社会里，信息技术将带来教学方法、教学过程和教学资料等多方面的变化，并以此改进教学效果，引发教育教学领域全面而深刻的变革。教师作为新知识的传授者，就必须主动适应信息社会，掌握信息应用能力，不断更新自己的知识。

随着现代科学技术的发展，教育技术和手段不断更新，教学中广泛使用高科技教学手段，掌握和应用现代教育技术已经成为当今高校教师的一项基本功。但是，大学英语教师多半是文科出身，对现代教育技术了解不多，何况信息技术和教育技术更新特别快，使得大学英语教师在这方面的知识显得有些跟不上时代的发展。

（六）科研意识需要培养

大学英语教师学历普遍偏低，且长期担任着繁重的教学任务，加上不少院校一直把大学英语四、六级过关率作为评价大学英语教师的主要指标，淡化了教师的科研能力，教师就只好凭经验和直觉进行教学，很少进行理论上的反思。上海外国语大学束定芳教授主持的调查表明，从事教育理论研究的高校外语教师仅占 10.7%，写过教学方面的文章的教师也刚刚过半。

从上海外国语大学梅德明教授主持的项目研究中发现，在他们走访的某高校大学英语教师中，近两年只有 21.3% 的教师撰写并发表了论文，这种状况与高校教师的职责和任务极为不相称，因为大学不仅是培养高等人才的地方，也应该是科学研究的前沿阵地。

第二节 大学英语教学中教师的角色定位

"教师角色"是指处在教育系统中的教师所表现出来的,由其特殊地位决定的,符合社会对教师期望的行为模式。分析教师角色,明确教师自己的角色身份,对教师充分地扮演好并转变传统的教师角色具有积极的意义。有学者对课堂上教师在不同场合的角色有着细致的划分,认为教师总共有八种角色:控制者、组织者、评估者、促进者、参与者、资源者(或知识来源)、导师和观察者。

我国大学英语教学改革从一开始就被列入了国家战略发展规划并成为高等教育质量工程中的"突破口",是一场有史以来最大规模和最彻底的英语教育改革活动。时至今日,大学英语教学改革从教学大纲或课程要求的修订到教学模式、手段、方法、内容、评价等环节的实践都有了大动作,发生了大变化。

长期以来,大学英语教师是高校英语教学改革的主导者,教师教学理念的更新和教学思想的转变成为有效实施大学英语教学改革的关键。教学改革的深化对大学英语教师提出了新的标准和更高要求,在这种形势之下,大学英语教师角色的定位对大学英语教学改革具有十分重要的意义。

一、教学的研究者

大学英语教学改革要求大学英语教师要不断地进行科学研究。教师不仅是知识的传授者,还是教学的研究者。教师不仅必须具备一定的教学研究能力,还要对自己的研究方向和责任有一个明确的认识,并不断发现问题、解决问题,将课堂教学与科学研究融合在一起,以顺利实现教育教学。

二、知识的传授者

教师作为知识的传授者,主要是指教师扮演着知识的传递者的角色。在大学英语教学中,教师不但要传授知识、传授学习策略和方法,还要传授做人的道理。

三、资源的提供者

教师是教学活动的资源中心,可以向学生提供教学活动所需要的背景知识、答案、范例、机会等,时时刻刻准备着,帮助学生取得更大进步,促进学生身心健康和全面发展。

四、规范语言的示范者

现代教育要求教师必须是规范语言的示范者。实际上，教师用英语授课本身就是对学生进行语言输入，如果教师的语言输入有误，就会造成错误的语言输出，这种错误的表达会使学生养成一种习惯，若要改正就需要花费很大的努力。因此，教师不仅要教授学生适用正确的语言，教师自己也要确保语言的正确使用。

五、教学内容的整合者

在大学英语教学中，所使用的英语教材覆盖面十分广泛，含有大量的信息以及各种各样的话题，如信息技术、航天技术、环境保护以及对友谊、科学、文化、法制、宗教等方面的看法和态度等，贴近现实生活。但是，这些广泛的话题和丰富的信息量与有限的课时却形成鲜明的对比，这就要求教师合理选择教学内容，对相应课程做出调整、重组和整合，根据需要在有限的时间内有效地组织课堂教学，以确保教学任务的顺利完成。

六、积极情感的传递者

大学英语课程更加关注学生情感态度的发展，主要原因如下：

情感态度是学生全面发展的一个重要组成部分。人本主义者认为，教育的重要目的之一就是促进人的全面发展。而我国的教育一直以来都过于重视学生的智力发展，很少关注学生非智力因素在学生全面发展中所起的作用。大学英语课程改革倡导把培养和发展学生的情感融入大学英语日常教学中。因此，英语教师应善于利用自身积极的情感，并以此激发学生的学习兴趣，使学生主动学习，巩固所学知识，增进智力，引导学生全身心地投入学习，从而提高教学效果。

与其他学科相比，英语与情感态度的关系更为密切。英语学习过程在一定程度上是学习使用英语的过程，目的是培养学生的交际能力，使其能与英语本族语者进行交流与沟通。在与他人交流沟通的过程中，需要表达自己的情感和理解他人的情感，因此，英语课程在发展学生情感态度方面起着十分重要的作用。

情感态度也会影响英语学习的结果。积极的情感，如强烈的学习动机、浓厚的学习兴趣、坚强的意志和较强的自信心等，有助于学生积极主动参与语言活动，获得更多的学习机会。与之相反，学生的消极情感，如焦虑、紧张、沮丧、怀疑和厌恶等，都会阻碍学生正常发挥其学习潜力。

七、大学英语课堂的控制者

教师对课堂的控制要以克服教学随意性、致力于取得良好的教学效果为目的，充分发挥教师在教学中的主导作用。教师的控制作用主要表现在以下方面：熟悉课堂教学的基本要求，严格执行教案程序，严格掌握教学时间的分配等。

八、学生主动学习的促进者

大学英语教学改革要求教师改变传统的教学方式，避免机械地向学生传授知识，而应该鼓励学生独立思考、积极探究，自己去探求知识，去寻找问题的答案，使学生由被动学习向主动学习转变。教师可采取多种措施促进学生主动学习，如提出问题，引导学生归纳语言知识。

九、课堂教学活动的评价者

评价也是大学英语教师的一项重要工作。教师通过对学习活动的评价，可以对学生的学习状况有一个清晰的了解，为因材施教提供依据，从而提高教学效果。在课堂上，教师要对学生学习过程中的表现进行全面的评价，肯定学生所取得的成绩，对学生学习中存在的问题也要给予反馈。学生取得的成绩以及出现的问题，都与学生本身的情感、态度、学习策略、学习习惯以及教师的教学方法有关。因此，评价学生的情感、态度、学习策略和学习习惯是课堂教学评价的重要组成部分，它反过来可以帮助教师改进教学方法。

值得一提的是，教师的评价应有利于学生自信心的树立，有利于学生根据阶段性学习目标和自己的学习情况确定并采纳恰当的学习策略，以及学生自学能力的培养。

十、教学活动的参与者与合作者

现代社会处于知识经济时代，师生的关系应该是平等的关系。协商和对话是知识经济时代的主要教学活动。在教学中，要以学生为中心，教师不仅要鼓励每个学生参加活动，自己也要参加到学生的活动中，从而拉近师生的距离，活跃课堂气氛，使学生有机会同一位英语表达能力更强的人进行交流，实现真正意义上的交流和互动，建立民主、平等、和谐的师生关系。教师在参与学生活动的过程中，既能发挥中介作用，带领学生自然达到一个略高于学生现有语言机能的水平，又能从学生身上得到启示，提升自身的教学能力，使教与学相辅相成，达到教学相长的境界。

十一、课堂教学活动的设计者和组织者

大学英语教师必须精心设计并合理组织教学活动，以使教学任务得到有效的实施。课堂活动的成功很大程度上取决于良好的组织以及学生对活动的兴趣及理解，因此，教师在设计课堂活动时，要根据学生的兴趣及学习水平，设计出贴近学生生活的、真实的任务，让学生能运用自己已有的知识解决问题、探索、发现新知识、新问题，并组织学生有效地完成这些任务。要使教师真正成为高超的教学活动设计者和组织者，教师需要具备开阔的视野、先进的教学理念、完备的专业素质和教学素质，以达到理想的教学效果。这对大学英语教师来说，是一个十分具有挑战的角色，但英语教师在接受这种挑战的同时也会更大限度地激发自身的潜力，有效地发挥其能动性。

总的来说，大学英语课程教师的角色应该是多元化的，这些多元化的角色主要来自社会、学校、学生对教师的要求和期望。面对大学英语改革带来的冲击，大学英语教师应不断学习，努力提高自身素质，随时进行自我调整，既要调整自己的教学策略，又要调整好自己的角色定位，以利于学生更好地成长。

第三节　大学英语教师的基本素质要求

一、支持教学改革

21世纪是国际化、信息化的时代，经济和社会将以更快的速度向前发展。英语作为吸收和传播世界文明成果、对外开放和搞活经济的重要工具，在21世纪将起着特殊而重要的作用。因此，我们必须从时代和国际竞争需要的高度来思考大学英语教学改革问题。

为了促进大学公共英语教学改革，进一步提高大学生的英语实用能力。教育部决定采取以下三项措施：

第一，在公共英语教学中广泛采用先进的信息技术，推动基于计算机的英语教学改革。

第二，改革单一的大学英语教学大纲，由过去的以阅读理解为主向以综合实用能力为主转变，研究并制订适应各学科门类的大学英语最低教学要求。

第三，在以上工作取得进展的基础上，进一步改革大学英语四、六级考试，充分发挥其引导高校英语教学改革的作用。

大学英语教学的改革方向为实用英语教学，提高大学生英语综合能力。

随着高等学校的不断扩招，在校学生人数剧增，而大学英语教学的课时少了，班级人数多了，因此，大学英语教学的改革势在必行。教师的教学重点应由知识传授转变为学习方法上的指导，将有限的课堂时间用来答疑解惑，帮助学生解决在学习方法上遇到的疑惑和问题。

要达到这一目标，首先要使学生的学习态度由被动接受转变为主动学习，学习方式由知识输入为主转变为输入、输出并重。这对大学教师提出了更高的要求，教师不能再简单地依照传统的方式进行"填鸭式"教学。如果仅满足于学生课堂认真听讲，教师讲什么，学生就听什么；离开教师讲解，学生就不知做什么，那么，既无法培养学生的学习技能和解决问题的能力，又阻碍了学生主观能动性的调动和发挥。这种脱离实践、脱离实用技能培养的教学，显然是与当今教学改革和社会人才培养的要求格格不入的。

大学英语教师是教学改革的具体实施者。教师对大学英语教学工作的认识水平，关系到是否能顺利实施教学活动。完成教学任务需要教师具有较高的综合素质，要求教师将各种知识和各种能力进行有机地组合。

（一）需纠正的观点

要顺利地进行大学英语教学改革，首先必须纠正以下错误观点：

第一，教学方法不是越时髦越好。"教无定法"，各种教学方法都有其优势和不足。大学英语教学有其自身特点和规律性，作为教师，应根据实际教学条件和教学环境寻求最佳的教学方法，以期取得最佳教学效果。

第二，教师课堂讲解不是越多越好。课堂讲解的多少应根据教学实际来决定，教师的课堂应以学生为中心。杰里默·哈默（Jeremy Harmer）认为在第二语言教学中，教师应尽量减少"3T"（Teacher's Talking Time），即教师讲课的时间。

第三，课堂板书不是越多越好。传统教学大多以教师为中心，教学模式为教师讲学生记，由此形成了学生被动接受的模式。大学英语课堂中的学生应是活跃的、积极的和主动的，应该让他们通过自己的手、耳、口、脑并用来学习和掌握语言。

第四，应试训练不是越多越好。教学与考试的关系：教学是中心，是根本；考试是教学的反馈，是调节教学的手段，后者应为前者服务。只有注重能力培养才能取得好的考试成绩。由此可见，那种脱离能力培养的应试教学是无根之木、无源之水。

第五，课堂教学语言不是一概用目标语为好。课堂上学生听不懂、听不进教师的讲解是课堂教学的一大失误。因此大学英语课堂教学语言应在学生所能接受的前提下不断增加新内容和提高目的语的难度，以激发学生的学习兴趣、学习积极性和学习热情。教学语言不仅具备知识传授的功能，还具有语言使用的示范功能，因此应尽量靠近目标语，尽量避免双语的互相干扰。

（二）应提倡的做法

1. 优化教学方法

对教学活动的科学认识，是教学改革实施的基本条件，改进大学英语教学的方法和手段则是推动教学改革迈上新台阶的必要环节。

当前，制约英语教学质量提高的一个重要的因素就是教学方法改革滞后。如果不能大面积地改进教学方法，提高英语教学质量就很难落到实处。把知识、能力、素质的协调发展和综合培养作为大学英语教学的目的，必然要求教学方法与之相适应。

因此，优化教学方法是目前大学英语教学改革的重点之一。教学手段现代化对提高教学质量起着重要的作用，当今以推行多媒体为主的现代化教学已成为英语教学手段改革的标志，而完善教学手段更重要的还在于人，现代化的教学手段离不开熟练掌握现代教育技术的大学英语教师。在实际的教学中，教师应非常了解学生现有的知识水平，那就是学生的英语水平普遍偏低，且部分学生的学习目标不明确，没有意识到学习的重要性，学习方向不明确。解决这些问题，需要教师的引导和学生的配合。就目前的教学状况来说，教师通常采用的是传统的讲授方式，方法单一，不能调动学生的积极性，真正用到多媒体教学的时候并不多。这与学生希望的多媒体授课方式有出入。

在引导学生自主学习的同时，我们也应积极采取多媒体授课的形式。合理利用信息资源，不仅可以扩大课堂教学的信息量，增强教学的直观性、形象性，还有利于激发学生的学习激情，培养他们的学习兴趣，使学生学到更多的知识。

实施素质教育，进行大学英语教学改革是当前课堂教学系统改革的主旋律。课堂教学素质化以面向全体学生，发展学生全面素质，让学生主动、生动活泼地学习为主要特征。教师的课堂教学设计决定着课堂教学的行为，从某种程度上讲，有什么样的教学设计，就有什么样的课堂教学行为。落实课堂教学的素质化必须从课堂教学设计入手。课堂教学设计包括教学目标、教学重点和难点、教学策略、教学媒体等因素，课堂教学不能仅限于扩大学生的语言知识，应注意加强和提高学生的语言应用能力，培养自主学习能力。

（1）充分利用多媒体教学手段

传统的"一支粉笔、一本书、一本教案"的陈旧教学模式已落后于时代，远远满足不了当今学生求新求异的要求。教师可以充分利用录音机、实物投影机、电脑、语音实验室等现代化电教媒体，编制计算机辅助教学课件，创造出图文并茂、生动、逼真的教学环境，创造出超越时空的课堂。教师可参与网上课程讨论区的讨论、辅导、答疑甚至批阅作业。多媒体现代化的教学手段有利于培养学生主动获取知识和运用知识的能力，激发学生的学习兴趣。

（2）营造良好的英语学习氛围

营造良好的气氛、协调师生关系也是非常重要的，所以如何在教学过程中激发学生的学习动力与兴趣便成为教师必须探索和解决的问题。在教学中，教师要营造一种有利于英语学习的气氛，尽量运用多种方法，如讲述幽默故事、轶事以及讲解例句、名言、谚语等，促使学生产生浓厚的兴趣，激发他们的学习热情。

注重用英语进行教学是维系英语教学系统中的主体（学生）、客体（英语）和环境三要素的纽带。在教学过程的一切活动中，英语是媒介，教师与学生使用英语正好构成了最基本的课堂英语环境。浓厚的英语气氛能更好地调动学生的学习积极性和激发学生的学习兴趣，有助于学生在课堂这个小环境中养成用英语交流的习惯。用英语教英语还有利于化解训练的矛盾。教师的讲，实际上也是学生练（听）的实践。

在教学实践中，教师应使用简明易懂的英语，辅之以适当的非语言手段，围绕教材分阶段地进行听、说、读、写、译的全面训练。同时要研究学生的情商因素，关注大学生关注的热点问题，精选课堂谈话主题，根据不同的课堂教学内容适当采用"情境教学法"，设计典型谈话场景，科学分组，让每个学生都参与模拟角色对话，使教学生活化，让学生在运用中体会到学习的乐趣，唤醒学生的学习欲望，以求取得较好的教学效果。

教师除了要求学生在课堂上用英语交流，用分组讨论、短剧表演、背景简介等形式为学生提供锻炼机会之外，还应特别注意营造良好的课堂外英语学习氛围，使英语教学从单一的班级教学转移到以校园为主的英语学习的大课堂，形成一个学习氛围更浓厚、范围更广大、参加人数更多的英语学习环境。教师应引导学生充分利用图书资料和网络资源，学会独立获取知识、分析问题、解决问题的能力。教师一定要加强对学生课外学习和实践活动的组织和引导，鼓励学生多参加英语角、演讲赛、辩论赛等课外活动，多形式、多渠道、多手段地提高学生的英语学习兴趣，锻炼和展示英语语言的应用能力。

学生的课外学习和课外实践活动对于培养学生的综合素质和创新能力有着重要的意义，是课堂教学的延伸和扩展。课外实践活动是培养学生的组织能力、交际能力、思维能力和创新能力的极好机会，应鼓励学生人人参加。

教育是全社会创新的先导和基础，教育创新已是教育改革、历史发展的必然要求和新时期教育的必然抉择。高校英语教师一定要打破传统教学观念的束缚，不断探索、尝试论证新的教学理念，实现知识创新、方法创新，以优异的素质主动适应创新教育，以丰富多彩的教育实践培养学生的创新能力，迎接新时代的挑战。

2. 更新教学观念

未来人才流动的全球化、人才标准的国际化将日益明显，市场对人才的要求也因此不断提高，能否运用流利的外语与外界交往成为考察工作能力的必要指标。高等学校作为人才培养的主要基地，其英语教育备受人们的关注，而英语作为国际通用语言更使其教学成为人们关注的焦点。随着教育环境的不断开放，高校英语教学将面临新的压力和挑战，这无疑给高校英语教师提出了新的要求和挑战。时代的发展要求高校英语教师审时度势，转变教学观念，更新教学思想，创新教学手段，培养时代所需的高素质的英语人才。

建设一支具有较高素质、相对稳定的大学英语教师队伍是提高英语教学水平、保证大学英语教改顺利实施的关键。英语教师观念落后，知识老化，教学手段陈旧是摆在教育战线面前的严峻现实。同时，各高校英语教师数量严重不足，教学任务十分繁重，教师工作超大负荷。

（1）建立平等互重的新型师生关系

在教育创新时代，当我们以新的眼光来看待"师者，所以传道、授业、解惑"时，难免会想到，传统意义上的师生关系不仅仅是教育者与受教育者的关系，而且是领导者与被领导者的关系。与创新教育相适应的新型的师生关系的核心则是把教师和学生看成是价值平等的主体。教师要更新教育观念，就要彻底摒弃把知识储藏与传授给学生知识比之为"一桶水"与"一滴水"的陈旧观念。师生在共同活动中都要有一种主人翁的意识和地位，要做到平等相处。学生不仅是"教育的主体"，更是有创造性的权利主体，教师不仅要使学生学到更多的知识，更重要的是开发学生的潜在能力，要以培养学生的创新能力为己任。

（2）遵循以学生为主的教学原则

高校英语教师应当树立培养学生能力的教学思想，树立以学生为中心的教育观念，一改"翻译式""灌输式"的课堂教学方式为"启发式""诱导式"和通过解决问题来学习的"研究式"。提供学生运用语言的机会，鼓励学生发散思维、创新思维，最终超越具体结构和功能，创造和丰富语言的深刻内涵。高校英语教师应当指导学生成为语言学习的主体，不断启发、引导学生积极运用英语交流，积极思维。教师对教学活动的设计既要结合培养目标又要考虑学生兴趣，同时也给学生提供参与教学设计的空间和机会，改变"填鸭式"的教学方式，使学生变被动吸收为主动参与，形成以学生为中心的民主性学习局面。

在整个学习活动中，教师只是一名顾问，一名交换意见的参加者。教学内容是教师"带着学生走向知识"，而不是"带着知识走向学生"。这样，学生学习起来身心愉悦，才能为创造性思维提供可能。要促进学生的创新思维，教师应首先有创新意识，善于创设开放的教学情境，营造积极的思维状态和宽松的思维氛围，并调动学生的非智力因素，尽力培养学生对英语学习过程本身的兴趣。教师不要总是当"裁判"，而要做交际活动的组织者、合作者和调控者。

（3）"应试教育"向"应用教育"模式转变

中国加入WTO后，同世界各国的经济合作与贸易往来日趋增多，高校英语教学中培养出的"应试型"人才已经不能满足社会的实际需要。因此，我国高校英语教学必须适应社会发展的要求，从"应试教育"模式向"应用教育"模式转变。高校英语教师应摒弃把考试视为英语教学终点的错误观念，用开放的思维和眼光来看待和迎接教育的变革，树立全新的教育思想。注重向学生灌输国际竞争意识，培养其参与国际合作与竞争的能力；注重培养学生的自主创新精神，转变重考试的教育观念为培养全面发展、自主创新的人才的观念；重视学生的非语言思维和形象思维，培养学生的发散思维和非逻辑思维。

同时，人才培养还必须立足于全球化市场，高校英语教师在树立创新的教学观念的过程中，要更新传统的教学模式，重新调整知识结构，把高校英语教学的重点由传授语言知识转变到语用能力的培养，即实际运用英语语言进行交际的能力培养上来。

3. 提高自身素质

新时期高校英语教师肩负着培养跨世纪人才的重任。为了使自己掌握的专业知识和技能更有效地转化为学生的能力，教师应未雨绸缪，从提高自身素质入手，不断充实自我，改进教学方法，积极应对变化，只有这样才能不断完善英语教学，为教育事业的发展做出自己的贡献。在瞬息万变的信息时代，知识也在以前所未有的速度更新。即使受过高等教育，教师也要时刻意识到，在知识经济时代，如果不精通专业知识，不掌握学科的新动向、新发展，就不能有效发挥在教学中的主导作用，也无法指导学生解决实际问题。因此，教师必须与时俱进，随时随地充实自己，做到"活到老，学到老"。

另外，英语教师应努力提高自身素质和修养，将英语教学看作是一门艺术，除了需要精通英语，掌握它的基本规律，科学钻研自己的教授方法，做到口语流畅、纯正、地道，同时还应该具有文学、历史、艺术等多方面的修养，对英语国家的文化、历史背景有较为全面的认识。也就是说，一名优秀的英语教师需要具备较高英语水平和良好教学方法的完美结合。

目前对中学英语教材的修订使大学生的入学水平不断提高，特别是最近根据教育部新出台的规定，几年之后大学生入学时的英语水平将达到现在大学四级水平，这无疑又为高校英语教师树立了更高的目标。现代的教师不再是"教书匠"，除了要具备扎实的专业知识外，他们还要考虑自己是否敬业、尽职、关爱学生、善于教学相长；是否能有效地策划、分配、组织课堂活动；是否可以做到随机应变，解决教学中的疑难问题、学生的提问等。这使教师处于一种极富挑战性的环境之中，教师所掌握的知识和技能也不会持久不衰，如果光是吃老本、停留在数年以前的水平上就会在教学中力不从心，很难得到大的提高。因此，教师应有一种"不进则退"的紧迫感，有意识地去接受各种培训。只有自身素质得到提高，才能使知识犹如源头活水，也才能使学生的水平得到相应的提高。

当然，广大英语教师也应积极加强专业知识的继续教育，通过报考助教进修班、定向研究生、在职研究生、在职申请学位等多种途径，全面提高自身素质和业务水平。此外，应强化网络教学意识，充分利用计算机和网络的特性，弥补英语常规教学的不足，让计算机辅助语言教学成为掌握英语这门语言的最有效手段。

英语教师进行教学改革必须具备信息时代所要求的各种能力：对教学活动有科学的认识；注重培养较强的教学能力，包括向学生传授知识的能力、培养学生学习技能的能力、指导学生掌握学习方法和学习技巧的能力、组织学生学习和运用英语的能力、帮助学生进行自主学习的能力；在教学中注重创造性和表现力的发挥。我们可以预期，有了英语教师的勤勉努力，在不久的将来，大学英语教学能够走出"费时低效"的怪圈，取得良好的效果。

二、提高日常行为修养

课程改革的核心理念是全面实施素质教育，强调促进每个学生充分、全面、多元的终身发展和最优发展。除了基础知识和基本技能的学习和掌握，它更加突出强调以下几个方面：激发学生的学习兴趣和自信心；培育学生各方面的积极情感态度；发展学生有效的学习策略；提高学生的自主学习能力和综合实践能力；培养学生的合作意识；培养学生的创新意识；奠定学生终身学习和发展的基础。以前的好教师可能是能够把学科知识高效地传达给学生的教师,但现在仅做到这一点已经远远不够了,除了传道授业,教师还必须加强多方面的自身修养,言传身教,从一言一行中给学生做出具体榜样,逐步实现教师角色新的转变。

(一)挖掘创新意识

要发展学生的创造力,教师首先就要有创新意识。虽然教师的创新不是发明创造什么产品,但教学中有没有创新意识,对学生的影响是不一样的。很多教师的课堂教学模式和程序是多年不变的,想当然地认为自己的课就应该这么上。这种格式化的思维定式对教师的成长是个极大的障碍。一个长期用同一种方法处理教学内容的教师就不容易让学生养成创造性的思维习惯。教师是不思进取、满足现状,还是不断地对自己的教学提出更高的要求;能否创造性地理解和改善师生关系;能否创造性地组织教学;能否创造性地使用教材,并立足实践需要对教材进行删减、增补和调整,创造性地开发课程资源;能否探求新的教学途径,尝试寻找更有效的教学方法;能否创造性地对学生进行测试评价。所有这一切都直接影响着教学效果、学生的成长和教师自身的发展。

创造需有冲破传统的自信和勇气。拿教学法来说,迄今为止世界上没有哪一种教学法是公认最好的、最有效的,对于某一种教学流派中的具体教学方法,如功能法、任务教学法等,不同教师在实践中的具体操作也不尽一致,甚至相距甚远。人们习惯于按照自己的理解和需要对相关的理论和技术进行改造,以适应具体的需要,这本身就是理论联系实际的一种表现。许多教学法都是从普通教师的教学实践中汲取营养逐渐提炼而成的,所以教师在教学创新时大可不必担心自己的做法没有理论依据、不够经典。其实只要实践证明是有效的方法,应该说就是好的方法。今天的成功实践就有可能成为明天的经典。当然,创新也需要有立足实践的严谨态度,也不是无目的、无方向地随意乱来,一定的理论指导和预先计划总是必要的。

(二)培养兴趣和信心

在着手培养学生的学习兴趣和自信心之前,教师应该首先反思一下自己对教学工作和教学对象的兴趣和信心:是否热爱英语教学工作;是否对英语语言文化有足够的兴趣;是否爱自己的学生;是否对学生的爱附加了条件;是发自内心地关注学生的成长,还是仅仅把学生当成自己的工作对象;是把自己的工作当成太阳底下最光辉的事业来做,还是仅仅当成谋生的手段来做;是否总能出色地完成各种教学任务;是否对教书育人工作有持久的热情和追求。对以上问题的不同回答，不仅会对教师的教学带来截然不同的效果，而且会对学生的学习信心和兴趣造成不同的、潜移默化的影响。

（三）积极的情感态度

教学改革的一个重要方面就是要培养学生积极的情感态度。要培养学生的积极情感，教师自己首先要有积极的情感。作为社会的组成部分，教师对人生、社会、工作、学校与他人的一般认识和态度，都会在不知不觉中传达给学生，并对学生情感态度的发展产生巨大的影响。如果一个教师自己的心理世界是灰暗的或是扭曲的，即使主观上再重视学生的情感教育，也不可能收到好的教育效果。教师的积极情感中最重要、对教学影响最大的一点就是是否热爱教学工作、是否热爱学生。教师对学生无条件的关爱和信心，会极大地促使学生的情感朝着健康的方向发展，而且会同时促进学生学业成绩的进步。从"赏识教育"到"理解教育"等种种教育实践，其核心思想是一致的，就是教师用自己的积极情感去感染学生的积极情感，用思想去点燃思想，用爱去催生爱，用信心去激发信心，用个性去创造个性。

（四）自主学习和实践能力

1. 学习策略知识

学习策略是指学生在发展第二语言或外语技能中，促进学习而使用的具体的行为步骤或技巧。研究表明，成功的语言学习者有一些共同的特点：他们是积极的语言实践者和运用者，对语言使用具有强烈的愿望；他们不但注意语言的形式，同时也重视语言的意义；能利用语言知识对自己的语言表达进行监控，发现错误会去改正；他们有自己的学习策略，不是见到不懂的语言就束手无策，而是能通过各种语言线索去猜测意义，解决矛盾，创造性地学习。这种策略训练符合，从"以教师为中心"转到"以学生为中心"，从重视教师的教转到重视学生的学的现代教学理念。如果我们的外语教师将那些成功的语言学习者所采用的学习策略归纳总结出来，并以适当的方式将这些策略传授给其他学习者，会有助于他们改进学习方法，提高自主学习的能力，并获取良好的学习效果。

第二语言学习行为的策略系统包括以下几个方面：元认知策略（诸如集中注意力、有意识地寻找练习机会、制订学习计划、自我评价学习是否进步以及监控错误等）；情感策略（如减低焦虑、自我鼓励等）；社会策略（如质疑、与目标语的本族语者的接触和文化意识等）；记忆策略（如归类和意象等）；一般认知策略（如推理、分析、概括和操作等）；补偿策略（如根据上下文猜测意义以及迂回表达法等）。

语言学习策略是学习者采用的一种行为或行动，从而使语言学习更成功，自主意识更强，学习过程更其乐无穷。尽管学习是人类生存很自然的一部分，但自主学习和策略的使用是一种有意识的技能，必须通过训练才能提高。如果语言学习者期望达到一个相当水平的交际能力，需要采取积极主动的姿态，而不是靠被动的填鸭式的灌输。要想使学习者的策略得到训练，我们的外语教师首先应具备学习策略知识。研究表明，了解学习方法可以使教师更好地把握教学方法的有效实施。

2. 本体知识

本体知识是指教师所具有的特定的学科知识，如语文知识、数学知识等。对英语教师而言，本体知识就是语言技能和语言知识。听、说、读、写是学习和运用语言必备的四项语言基本技能，是学生进行交际的重要形式，是形成综合语言运用能力，即培养用英语这一重要载体获取信息和处理信息的素质的重要基础和手段。语言技能包括听、说、读、写四个方面的技能以及这四种技能的综合运用能力。语言知识是指语音、词汇、语法、语调等英语知识。

教师的语言技能和语言知识在英语教学中相辅相成，相互促进。教师应帮助学生通过大量的专项和综合性语言实践活动，形成综合语言运用能力，为真实的语言交流打基础。根据英语教学的目标和内容，英语教师在听、说、读、写、译等方面应具有较高的水平，力求语音纯正、词汇丰富、语法正确、语言得体，还应具有较强的语篇理解能力和分析能力。扎实的语言基础更是有效英语教学所必需的。任何一种语言都是一种符号系统，它由形式和意义两部分组成。形式反映意义，意义通过形式得到体现。两者的结合构成语言系统，语言系统内部又由语义、语法和语言等分支系统组成。各分支系统既相互独立又相互依赖，其中语义系统是核心，它通过语法系统以语音系统中的语音形式得到体现。语言是一个按一定规则组成的复杂的系统网络，整个语言系统离不开语言规则，即语言中客观存在的规律性。因此，精通外语的系统结构，掌握外语的语言规则，是外语教师专业素质的标志之一。

3. 实践性知识

实践性知识是指教师在面临实现有目的的行动中所具有的课程情景知识及与之相关的知识。具体地说就是教师积累的教学经验，以及专业化教师必须具备的从事教育教学工作的基本技能和能力。

在关于教师技能和能力的研究中存在着诸多的概念表述，如教师基本功、教学技能、教学技巧、教学能力、教学才能等。这些概念有的在意义上非常接近，有的则在层次上有所差异。不同的人对教学技巧有不同的分类。一个具备较高素质的教师应具备下列技巧：

（1）动力技巧

动力技巧包括加强学生行为，多样化刺激，鼓励学生参与，接受并支持学生的感受，表达温暖热情以及认识并满足学生的需求。

（2）讲授及交流技巧

讲授及交流技巧包括解释，戏剧化，阅读，使用视听教学辅助器具，终止，使用沉默，鼓励学生反馈，澄清，表情，速度，以及有计划的重复。

（3）提问技巧

提问技巧包括反复集中与指导，引导，高难问题，歧异性与多样性问题，以及激发学生主动性。

（4）小组个人辅导技巧

小组个人辅导技巧包括组织小型小组工作，培养独立学习能力，咨询，鼓励合作活动，以及学生间的相互作用。

（5）培养学生思考技巧

培养学生思考技巧如鼓励探索性学习，指导发明，制定概念，使用刺激手法，使用角色和游戏刺激思维，培养学生解决问题的能力，鼓励学生进行评价与判断并培养其批判性思维。

（6）评估技巧

评估技巧包括认识与评价学生进步，确定学习困难，提出补救办法，鼓励自我评估，以及组织评估讨论。

（7）课堂管理与纪律

课堂管理与纪律包括认识专心与否的行为，监督课堂小组工作，鼓励以任务为目标的行为，给予指导并解决多重问题。

4. 条件性知识

条件性知识是指教师所具有的教育学和心理学知识。一个教师如果仅仅具有本体知识和实践性知识而缺乏条件性知识，那么他很难成为一个具有较高素质的教师。一个具有较高素质的教师应该了解和把握学生的心理变化过程，注重情感教学。解决情感问题有助于提高语言学习的效果，消极情感如焦虑、害怕、羞涩、紧张、愤怒、沮丧等都会影响学习潜力的正常发挥。如果学习者受消极情感影响太大，再好的教师、教材、教学方法也无济于事。与此相反，积极情感如自信、移情、动机、愉快、惊喜等能创造有利于学习的心理状态。

另外，解决情感问题也是促进人的发展的一个重要方面。从这个意义上说，情感已经不是语言教学的问题，甚至不是教育本身的问题，而是人的发展的问题。英语课程的任务之一就是培养学生的爱国主义精神，形成健康的人生观。

教学工作是一种培养人的专业工作。一个教师要成功地扮演好自己的角色，在所教学科知识够用的基础上，更重要的是具有教育科学方面的知识，教师的专业领域毕竟是教学，而不是其任教的学科。

（五）教学工作中的合作意识

大学教师的合作意识表现在上下级合作、同行合作、与学生的合作等几个层面。合格的教师应该以主人公的身份主动与校长和各级领导合作，主动承担工作，及时沟通，对学校的发展和教学工作提出建设性的建议和意见，而不是简单地执行指令、完成任务。同事之间的合作要求教师能够调整好自己的心态，积极促进同事间既竞争又合作的良好关系的形成，养成经常互相听课评课、研究切磋、取长补短、实现资源共享的习惯。同事合作的延伸形式是对外交流。好的教师不应闭关自守，而要有开放的眼界，经常把自己的教学心得与校外的同行切磋，经常阅读学术刊物，积极参加学术研讨会、观摩会、交流会。

在对外交流受到条件限制的情况下，善于充分利用本校或者兄弟学校教师之间的合作，也可以达到同样的效果。优秀教师的课要听，一般教师的课也要听；本学科的课要听，其他学科的课也要听。但在合作过程中，后者往往被忽视，比如英语教师完全可以在语文课上甚至数学课上得到很多启发。教师之间的真诚合作可以使教师的整体教学水平水涨船高，实现互助双赢。

此外，教师的教学合作中还有一点需要强调，就是教师要善于与自己的学生合作。道理很简单，学生是教师工作的目的和归宿，而学生又是有着自己思想情感的能动个体。教师的工作能否生效，与学生在整个过程中是否主动配合直接相关，所以教师需对传统的师生关系进行调整。要以学生为中心而不是居高临下，共建民主大家庭而不是"一言堂"，做学生的朋友而不是权威。

（六）终身学习的意识和实践

终身学习首先应从教师做起，教师应率先成为终身学习的楷模。一个人不是从师范院校毕业了就可以成为一名合格的教师的，合格的教师需要不间断地实践、反思、学习、提高。学生要终身学习，教师也要终身学习。教学内容、教学方法常年不变的教师很难受到学生的欢迎。就算是那些成熟型教师，如果停滞不前，不经常更新知识、调整策略，过一段时期后也会变得不再适应学生的要求。随着教师职业专业化程度的提高，教师的行业准入门槛也会相应提高，这就要求教师及时更新学科知识，不断学习新的教学思想、教学方法和教学技术，只有这样才能适应教学目标和学生需要的新变化。我们常说的"教学相长"，里面也有这样一层含义，合格教师是一个动态发展的概念。

教师素质和教师发展是一个宏大的课题，涉及的因素远不止这些。从学科和专业修养到相关学科的知识储备，从教育学、心理学的基本原理到学科教育学、学习心理学、发展心理学、认知心理学等相关学科的一般知识，从学科教学法的研究到课堂教学策略的实践，从教学的组织调控到各种教学技术和方法的运用，从学生个性特征的把握到教师自身教学行为的反思，从教学实践和教学研究到教育创新，从教师的教育哲学和教育史的修养到个人教育思想的形成等，都可以成为教师发展研究中的课题。教师发展是一条有起点没有终点的路，这里涉及的只是这条路的起始阶段。路是没有尽头的，所以终身学习才有必要。

在对自身知识结构进行完善时，教师还应多对自己的课程情况进行反思。教师的反思是指教师在教育实践中，对自我行为表现及行为依据的解析和修正，进而不断提高自身教育教学效能和素养的过程。其具有几点主要特征：一是实践性，指教师教学效能的提高是在具体的实践操作中；二是针对性，指教师对自我"现行的"行为、观念的解剖分析；三是反省性，指教师对于自身实践方式和情境的反思，立足于自我以外的多视角、多层次思考，是教师自觉意识和能力的体现；四是时效性，指对当下存在的非理性行为、观念的及时觉察、纠偏、矫正和完善可以缩短教师成长的周期；五是过程性，一方面指具体的反思是一个过程，要经过意识期、思索期和修正期，另一方面指教师的整个职业成长要经过长期不懈的自我修炼。传统的教师只是一个技术员，是用别人设计好的课程达到别人设计好的目标的知识传授者，而反思性教师不仅具有课堂教学知识技能等，而且还具有对自己的教学方法、教育内容进行反思、研究、改进的能力，具有对教育的社会价值、个人价值等更广阔的教育问题进行探究、处理的能力。

（七）教学策略和自我发展策略

大学教师的教学是个动态过程。优秀的教师总是善于反思、积累、改革、突破，在不断的探索和反思中逐渐形成自己的教学思想和教学风格。教师不妨经常静下心来想一想自己的教学目标是否明确；是否能根据学生的兴趣、需要和心理特征及时调整自己的教学策略；是否习惯于进行教学反思，并经常写教学日记,进行阶段性总结;能否经常自觉关注与自己工作有关的学术动向和前沿的教学思想,跟上本专业的最新发展;能否经常反思自己教学中存在的问题,并能客观分析、自我调控,找出改进教学策略的途径;是否善于利用期刊、报纸、图书、网络和其他信息手段得到自己需要的资料;是否经常与同行交流;有没有研究与探索的习惯等。

此外,教师的自我发展策略中还有一点也很重要,那就是教师不要"述而不作"。实践的东西往往有待于提炼上升到理论后才更系统、更精确,也容易实现更大的价值。被实践证明有效的方法,自己在教学中成功的体会,应提炼出来与别人交流,这是一个双赢策略。大家都这样做,就会形成良性循环,整个教师队伍素质的提高就会较快。

以"学生为中心"的教学方法越来越受到人们的重视,这一趋势纠正了以往传统教学中以教师为中心、忽视学生的主观能动性和语言创造力的倾向。但是,我们不能因此而低估教师的作用。英语教师要想充分发挥一个"组织者"的作用,其个人素质是完成教学任务的保证。

联合国教科文组织对外语教学质量提高提出了"五个因素和一个公式"。五个因素指国家对外语教学的政策、学生的来源和质量、教材的质量、教学环境与条件、教师的素质。一个公式是:教学质量=[学生(1分)+教材(2分)+教法(3分)+环境(4分)]×教师素质。

从公式中可以看出,教师素质的分值越大,乘积越大,教学质量则越高。在影响教学质量的诸因素中,教师素质起着举足轻重的作用,因此,可以说提高外语教师的整体素质是提高英语教学质量的关键。要激发和培养学生学习英语的兴趣,教师应该首先具备英语学习策略知识,帮助学生学会学习,为他们的终身学习打下基础;应具备较为扎实的语言素质的本体知识;应具备实现有目的的行为中的课程情景知识及与之相关知识的实践性知识;应具备了解教育学和心理学知识的条件性知识;应具备跨文化意识以及教师的自我反思能力。

三、提高英语教师的语言文化素养

英语教师的素质和发展是眼下讨论较多的一个话题。归纳起来,其观点主要集中在两个方面:一是合格的英语教师应该掌握和驾驭哪些学科知识和教学技能;二是合格的英语教师的理想模型。但是,对教师在日常教学行为中应该以什么样的具体实践去实现这样的理想却很少谈及。目前的教师培训和教师研究中,关注的中心多是专业理论学习和教学法培训,而一个最基本的问题却一直被忽视:教学大纲和课程标准中要求学生掌握的知识和技能、希望学生达到的教育目标,教师自己是不是真的已经掌握得很好。

(一)提高教师的语言素养

有的教师,特别是精读课教师,仍旧采用传统的教学方法。他们讲解课文不甚得法,往往沿袭三部曲的老路——朗读、释义、翻译。教师成为课堂教学的"主角";授课没有难点和重点;整个教学活动鲜有启发性的问题供学生思考和讨论;既不讲授语言点,也不讲授文化点;至于文章的中心思想和段落大意更未涉及。课堂产生这种现象,主要有两个原因。

第一个原因是"只见树木不见森林"的教学方法。这是语言教学的一种积弊,即英语教学过分强调在句子水平上组织教学,忽视在语篇水平上组织教学。我们应该掌握语篇分析的方法。语篇分析是从语篇的整体出发,对文章进行理解、分析和评价。它不但重视语言形式,而且重视语言功能,同时还注重文章涉及的文化背景知识和相关知识,以培养学生的理解能力和分析能力。

语篇由若干句子构成,语篇的理解以句子为基础,语篇的整体意义是由其句子意义有机地结合起来的。语篇与句子是互补的关系,而非相互排斥。强调语篇教学并不排斥必要的句法学习,离开了语言用法,教学也就谈不上语言使用能力的培养。内容是语言表达的目的,语言是思维表达的手段;重形式轻意义不能达到交际的目的,反之亦然。

第二个原因尤为重要。目前我们处在现代与传统英语教育观念的交替过程中。有些教师英语教学观念陈旧,他们仍然自觉或不自觉地认为自己在课堂上的主要角色是"语言讲解者""语言示范者""知识传授者",这不符合现代英语教育所提倡的教师角色的定位。现代语教育所提倡的教师角色应该是指导学生英语学习方法和培养学生英语学习能力。因此,教师应该不断学习,了解英语教学发展的趋势。现今,英语教学研究发展的一个重要趋势是研究的对象从客体逐渐过渡到主体。客体指的是语言、教材、教法等;主体就是学生。

近百年来,语言工作者着重研究语言本身(特别是对语言的描述)和教学方法。语法翻译法统治英语教学几个世纪,其理论根据是传统语法对语言的概括和描述。20世纪四五十年代,美国产生结构主义语言学,听说法应运而生。20世纪60年代的交际法与功能语言学有关。美国风行一时的全身反应法、沉默法、暗示法、自然法等教学法则与心理学和行为理论息息相关。

对语言的研究背后可能有一种假设:只要把语言描写好了,教和学就不成问题了。对教学的研究背后可能也有一种假设:只要方法对了,任何人都能学好一门外语。实践证明，其实不然。语言描述得再清楚，学习起来是另一回事。不论用什么教学法，总有一部分学生学得很好，也总有一部分学得不理想。学生不再是语言形式的消极接受者，而是学习过程的主体。因此，两者协调配合便可促成英语教学的成功。我们应该明确英语教学发展的趋势，顺应潮流，做好教师角色转换的工作。

要培养学生的语言能力，外语教师自身必须具备扎实的专业知识和专业技能。外语教师必须具备外语语音、词汇、语义、语用方面的知识，同时必须具备较高的外语听说读写的技能。坦率地说，现在部分教师的语言能力还有待进一步提高。例如，有的教师把"in no time"误认为是"at no time"（前者的意思是"立即"，后者的意思是"不论什么时候都不，决不"）；有的教师英语口语基础较差，用英语组织课堂教学的能力不够；有的教师给学生的短文加评语时，谓语动词单数第三人称的一般现在时不加s；有的教师板书不规范，字迹潦草，学生无法辨认。这些情况说明教师的基本功还不扎实。教师自己的基本功不扎实，又怎样去要求学生，又怎样培养学生的语言能力。

这里还有个学风问题。好的学风主要体现在"严谨"和"求是"上，两者均来自严肃的治学态度。实践证明，凡是学风好的地方，必然有好的教风。学问这东西来不得半点虚假，我们应该在"严谨"和"求是"上狠下功夫，特别是年轻教师一定要克服急功近利、不求甚解、自我感觉良好的陋习。要少一点浮躁，多一点沉稳，少一点急功近利，多一点踏踏实实，做一名合格的外语教师。

（二）提高教师的文化素养

人们把文化分为两类：一类是正式文化，包括文学、艺术、音乐、建筑、历史和哲学等；另一类是普通文化，包括人们的风俗习惯、社会习俗等。现在，语言教学工作者在英语教学上有一个共识，除了对学生进行听、说、读、写四项基本技能训练外，还要加上文化导入。

在论及语言与文化的关系时，人们都承认语言是文化的载体。语言与文化是互为影响、互为补充、互为依附的密切关系，因此语言教学离不开文化的传授，文化导入应贯穿英语教学的始终。这样做不仅可以活跃课堂气氛，使学生提高对学习英语的兴趣，同时也使学生不断积累文化的知识，从而能正确地理解、准确地使用这一语言。

文化导入有三个层次。这里只谈与大学英语教学有直接关系的第一层次。第一层次文化导入的目的在于消除外语学习中影响理解和使用的文化障碍。在这一层次里，英语教学以讲授目的语的语言结构知识为主。在教学过程中对有碍理解和交际的词汇、短语和句子从文化的角度尽可能地导入必要的文化知识。

国内学者认为,影响语言理解和语言使用的文化因素多半隐含在语言的词汇系统、语法系统和语用系统中,所以,在这一层次的导入过程中要求遇到什么问题,解决什么问题,其重点是导入有关词汇的文化因素和有关课文内容的文化背景知识。

由于语言和文化的密切关系,外语学习就不可避免地要涉及文化学习。英语学习也必然离不开对英语国家文化的学习与理解。学习英语的主要目的是交际,英语学习也就自然要涉及不同文化之间的交际,这是一种跨文化的交际。

美国语言学家海姆斯(Hymes)曾提出交际能力的四个要素,即语法性(possibility)、可行性(feasibility)、得体性(appropriateness)和现实性(actually performed),后两个因素直接和文化有关。

得体性主要是讲在谈话的对象、话题、场合、身份等不同的情况下,要能够使用不同的得体的语言。这里就涉及文化背景的问题。现实性主要是指要使用真实、地道的英语。这已经不是靠语言知识就能解决的问题了。因此,教学必须包括文化知识的传授,教师要帮助学生了解世界文化的差异,拓宽视野,培养爱国主义精神,形成健康的人生观。

过去,英语教师非常重视英语语言知识的灌输,却常常忽略了跨文化意识的培养,结果使我们的学生成了做题的机器、中式英语的传播者。语言是文化的载体,语言是文化的反映,学习语言的同时必须注重源语文化的学习。英语教师要有较强的跨文化意识,使源语文化贯穿于长期的教学活动中,否则会造成英语教育和文化脱节,而这种语言教育是不完整的教育,是有缺陷的教育。

四、英语教师获得成功的必备要素

近年来,国内外英语教学与研究的发展有了很大的变化,其主要趋势表现为:在课程总体目标上,从以单一的学科教育为目标向以全人教育为目标转变,从升学教育向终身教育转变;同时,从重视外语学习策略和能力的传授向语言知识与语言技能并重转变,特别强调交际能力的形成和培养。在教学模式与方法上,从以教师为中心的教学模式向以学生为中心的教学模式转变,强调学生的参与和体验,强调采用多种形式的教学活动。在课程评价上,从单一的针对语言知识掌握程度的知识性测试向关注学生综合语言运用能力的多样化评价方式转变。在教育焦点上,从教什么向如何教转变,从学什么向如何学转变。在这种新趋势下,英语教师只有具备良好的素质,才能成为新时代需要的合格的英语教师。

(一)调节教学过程

教学过程是师生在共同实现教学任务中的活动状态变换及其时间的流程,它由相互依存的教和学两方面构成,是教师指导下学生的一种特殊的认识过程。在课堂教学中,教师要有高度的灵活性,能敏捷、果断地处理问题;有高度的智慧,能巧妙、精确、发人深省地给人以引导、启示和教育;要善于根据课堂情况变化进行创造性教学。教师要在教学过程中选择能够在规定时间内最顺利地解决既定任务的教学方法、手段和组织形式,采取区别教学和个别教学方法对待学生,随时调整和校正教学进程,如果课堂教学活动进度快,学生就会跟不上;进度慢,学生就会感到厌烦。因此,教师应根据学生实际情况,及时调整课堂教学计划,随时发现问题,及时进行调整与弥补,扎扎实实,一步一步向前进。

课堂气氛是师生在课堂上共同创造的心理情感和社会氛围,是课堂教学中师生所呈现的一种心理状态。它要求师生情感交融,产生更多的相互作用和影响,学生对学习表现出极大的兴趣,无紧张和畏惧感,有更多的表达机会等。教师的作风和行为对形成一定的课堂气氛具有重要的作用。研究表明,具有指令、命令或持否定态度行为特征的教师,易引起学生的敌视、畏惧、冷淡和攻击性行为,甚至可以引起学生情绪分裂。具有接纳、肯定等行为的教师,易使学生减轻焦虑、行为统一等。

因此,好的课堂气氛应该是:教师精神饱满、生动传情,学生情绪高涨、注意力集中,师生都沉浸在一种轻松愉快的气氛之中。一堂课应有疑问、有猜想、有惊讶、有笑声、有争议、有沉思、有联想,师生积极开启智能的机器,共同探索知识的奥秘。

(二)巧用教学技能

教学微技能指教师在课堂教学中采取的教学手段,主要包括启发与演示、操练与强化、设疑与解难和创造教学情境等。

1. 启发与演示

启发是指教师在课堂教学过程中,强调学生是学习的主体,在学生掌握知识、技能、技巧的同时,发展其智力与能力,注重教的方法和学的方法结合。因此,在教学中,教师要充分调动学生学习的自觉性、积极性,引导他们通过独立思考获得知识,发展能力。

启发的具体要求：引起学生的学习动机；激发学生的积极思维活动；使学生学会思考问题的方法；发扬教学民主，形成良好的师生关系，营造生动活泼的课堂气氛。

演示是教师通过展示实物、模型、图片、幻灯、录音等直观、电化教学手段，使学生获得直观性知识和标准的英语语音语调。演示总是与讲述介绍相结合，也经常作为问答等练习的辅助手段，以及用作教师讲解课文、生词、语法等语言知识的手段。真实的形象和图画有助于学生充分理解语言内容。

2. 操练与强化

操练与强化是指教师在课堂教学中，根据不同的教学内容和不同年龄学生的特点，采取多样化的方式，有效地进行训练。要培养学生综合运用语言的交际能力，就必须听、说、读、写共同发展，使学生善于发现错误并明白错误出在何处，培养学生的自我鉴别能力，使其学会在口头表达中做到语言准确。注意加强教师的主导作用，坚持以学生为主体进行训练。训练中，教师要尽量让学生多参与，学生是演员，而教师作为导演要随时把握训练的进程，随时注意学生的学习状态，采取有效的办法引导学生按教师的计划进行训练，切不可使训练放任自流，虽满堂热闹却收效甚微。

3. 设疑与解难

设疑是指课堂提问，是启发式教学的一种重要形式。学生的学习过程实际上是一个不断提出问题和解决问题的过程。课堂提问有设问、追问、互问、直问和反问五种类型。

教师在提问时，要注意问题的科学性，要有助于学生思维的发展，要遵循量力性原则（针对不同水平的学生提出不同深度的问题）、阶梯性原则（问题由浅入深、由简到繁）、整体性原则（围绕课文中心，提出相辅相成、配套贯通的问题）、学生主体性原则（引导、鼓励、欢迎学生发现和提出问题，发表创新见解）、精要性原则（提问要精简数量、直入重点）、趣味性原则（提问要有情趣、意味和吸引力，使学生在愉悦中接受教学）、启发性原则（学生回答机会均等，防止偏向）、激励性原则（说一些赞扬的话，如"Good""Well done"等，加以鼓励）。只有这样，课堂提问才能启发学生领会教学内容，检查学生掌握知识的情况，培养学生的创造思维，调动学生的积极性。

英语教学的重点是使用频率高的语法现象；难点是学生感到不好理解、难以掌握或是唯独英语有而汉语没有的现象。对于教学难点，教师要采用灵活多样的教学方法，帮助学生克服种种困难，扎扎实实地学好语言知识，为进入更高阶段的学习创造成功的条件，如在词汇学习中，学生普遍感到英语单词最难掌握,单词难记、词义难学、词汇难用,那么教师就应始终将词汇作为重点来抓。

4.创造教学情境

创造教学情境是教师运用具体生动的场景以激起学生主动学习英语的兴趣、提高学习效率的一种教学方法。它是以口语为基础,借助环境氛围、动作表演等使学习内容与相应的情境相结合,有助于学生从整体上感知和把握学习内容。它要求教师认真细致地备课,匠心独具地安排,以诱导学生进入情境中,使学生对所学知识易于理解,印象深刻,做到学以致用,更好地提高听、说、读、写、译的能力。在教学中,教师要尽量设置情境,借助实物、图片、动作、表情等非语言手段创造较为真实的语言环境。这不仅可以帮助学生理解语言知识,做到学用结合,还可大大活跃课堂气氛,提高学生的学习兴趣,产生良好的教学效果。

(三)正确运用体态语言

体态语言亦可谓教师在课堂教学中使用的非语言手段,是教师本人在学生心目中直观性和表率性最强的整体形象。服装整洁、仪态大方、洒脱自如、温文尔雅、精神饱满、动作从容、可亲可敬,是教师给学生的直接感受。亲切的目光、含蓄的微笑、轻松的表情、和蔼的态度,是每位教师须具备的取胜武器。教师的一举一动乃至一个眼神都应表达出对学生的喜爱、关心、信任和期待。因此,体态语言是教师内心修养的外在表现,在很大程度上,决定着学生对英语教师和所授课程的喜爱与否,直接影响教学的成败。研究表明,相互沟通通过各种方式的大致比例为:语调(38%)、表情(55%)、语言(7%)。由此可见体态语言的重要性。

教师语言是教师的教育、教学语言。教师在传授知识和进行思想品德教育时,语言的运用直接影响教育、教学工作的效果。高超的语言艺术是课堂教学取得成功的重要因素。语言是英语教师完成教学任务的主要手段,每位英语教师要自觉地注重自己对语言表达能力的训练,使自己的语言做到准确通俗、逻辑性强,要追求语言的艺术性。

教师要善于运用自己的语调,准确、生动地表达自己的思想和感情,令学生赏心悦目,在潜移默化中受到陶冶、激励和鼓励。教师要善于用艺术化形式和方法将语言诉诸学生的感观,使其入耳、入脑、入心。课堂上,教师要多用礼貌用语或委婉语体,如"Please""Thanks""Sorry"和"Could you…?""Would you…?"等。诸如此类的表达方式能给学生以文明礼貌的感染和对美好人际关系的体验。

(四)有效地传递教学信息

短短的一节英语课,仅有几十分钟,作为教学信息传递者的教师,为了有效地与学生一起完成教学任务,应做到以下四点:

1. 具备较高的教学能力

教学能力是教师为达到教学目标、顺利从事教学活动所表现出的一种心理特征。它由一般能力和特殊能力组成。

一般能力是指在英语教学活动中所表现出的认识能力,如了解学生英语学习情况和个性特点的观察能力,预测学生发展动态的思维能力等。

特殊能力指教师从事英语教学的专门能力,如把握教材、运用教法的能力,深入浅出的语言表达能力,教学的组织管理能力,完成英语教学必备的诸如听、说、读、写、译的能力等。研究表明,教师的表达能力、组织能力、诊断学生学习困难能力以及授课的条理性、系统性、合理性与教学效果有密切关系。

2. 具有独特的教学风格

教学风格是教师在教学过程中体现个人特点的风度和格调,是教师教学思想、教学艺术特点的综合表现。有的教师循循善诱,巧于设疑;有的语言风趣,富有幽默感等。教师教学的独特风格,可给学生留下深刻印象,对学生各种心理的发展具有潜移默化的作用。

3. 具有一定的教学艺术

教学艺术是教师达到最佳教学效果的知识、方法、技巧和创造能力的综合表现。它是教师运用教育学、哲学、社会学、心理学、美学以及语言艺术的综合体现,表现在教师不仅能传播知识,还能通过自己的语言艺术和激情,激发学生的求知欲、学习兴趣和思维的积极性,把形与理、知与情结合起来,使学生的知识、能力、情感、意志和思想品德得到和谐发展。

4. 具有真挚强烈的情感

情感是有效传递知识的关键,没有真挚的感情,教师就不可能把课上得成功。教师的感情,犹如一切艺术家强烈的创作欲望,他对每节课付出感情,产生灵感,激活课堂气氛,以便产生最佳教学效果。教师走进课堂,就像演员走进摄影棚一样,能够立刻进入角色,用自己的热情、对学生的关心、对知识的热爱、对教学的责任感,去激发学生相应的情感,使他们有良好的情绪去学习英语知识,这样的学习效果也特别好。所以,情感是学生乐学、爱学、勤学、巧学的内在动力。因此,教师在组织课堂教学中要注意教学各组成部分之间的前后衔接,教师只有讲得引人入胜,学生才能听得津津有味。

社会生活的信息化和经济的全球化,使英语的重要性日益突出。英语作为最重要的信息载体之一,已成为人类生活各个领域中使用最广泛的语言。在英语课堂教学中如何把单纯地灌输知识转变成培养和发展学生语言运用能力和思维能力,使学生变盲目学习为主动学习,关键还是教师。

常言道,"学高为师,身正为范"。教师要想在英语教学中实施素质教育,发挥主导作用,培养学生的创新意识和创新精神,使学生的能力得以发展和提高,教师本身必须具备较高的素质。在多元文化背景下,面对种种新的挑战,教师是否能够及时调整自己的角色,跟上时代发展;面对需求越来越高的学生,教师还能不能理直气壮地说"我是你们的教师",这是新时期每个英语教师都必须认真思考的问题。因此,大学英语教师要不断提升自己,做到爱岗敬业、为人师表、教书育人、终身学习。

第九章　我国大学英语教学理论的研究与展望

中国的英语教学理论研究经历了新中国成立初期的艰难起步、"文革"时期的停顿及改革开放以来的引进、发展和创新几个重要历史时期。60多年来，英语教学理论研究论著和论文数量大幅增长、研究内容多元化、实证研究方法也呈上升趋势。但是，我国的英语教学理论研究还不能满足中国英语教学实践的需要，缺乏对中国重大英语教育政策的研究，缺乏对中国英语教学理论体系的构建。今后的研究应该加强宏观英语政策的研究，加强学习者的研究，加强教学过程，特别是需求分析、教学评估、教师发展等方面的研究。本章主要从我国英语教学理论研究的发展历程、我国英语教学理论研究的特点与存在的问题以及我国大学英语教学的未来展望等方面进行了深入探讨。

第一节　我国英语教学理论研究的发展历程

一、起步期

从1949年新中国成立到1976年"文化大革命"结束，我国的英语教育经历了除旧立新、改革调整和遭受挫折三个时期。英语教学主要是学习苏联的教学模式，英语教学理论研究则处于刚刚起步阶段。但这一发展趋势在后来的"文革"时期几乎全部中断。

这一时期的研究成果，不但数量比较少，涉及范围也十分有限。在这近三十年间，有关英语教学理论研究的重要著作共有18本，重要期刊上发表的论文约450篇。研究内容主要涉及教学漫谈、语法教学、教学方法、教材编写等。这些研究都与课堂教学紧密相关，也符合当时英语教学的实际需要。因为当时的英语教学面临着师资缺乏、经验不足、方法简单、大纲和教材不统一等问题，需要专家和理论研究者在教学方法上给予指导，同时制定统一的教学大纲并编写合适的教学材料。

二、引进期

改革开放以后,英语教学和英语教学理论研究重新得到了重视。英语教育界的一些有识之士也开始关注国内英语教学理论的发展。他们首先把目光投向国外的英语教学理论,学习、引进国外新的理论,以期能够为国内的英语教学提供借鉴,在1978—1987年间,国内共出版英语教学重要论著5本,论文集1本,主要期刊发表论文939篇,召开英语教学会议24次。

这一时期的英语教学理论著作主要是引进、介绍国外的英语教学理论和教学法,为国内读者打开了一扇了解国外英语教学理论的窗口,对国内的英语教学理论研究有很大的启发作用。这一时期的英语教学理论研究的论文数量有所增加,研究所涉及的范围也有所扩大,研究内容与该时期的论著研究重点相同,大部分论文关注的也是英语教学中的"教"这一环节的各个方面,包括教学过程、教学内容和教学方法。其中,大纲制定、教材建设、语法教学和教学方法及手段是研究的重点,但是有关这些内容的研究都主要以介绍和评述为主;这一时期的研究对于学生的"学"这一环节关注较少,有关学习者的论文只有3篇,关于学习策略的2篇,自主学习的1篇,它们基本上都是进行理论介绍和探讨。

三、提高期

在国外英语教学理论大量引进和介绍之后,国内研究者对这些理论成果进行学习、吸收,并开始对我国的英语教学实践进行思考。因此,在这一阶段,国内学者除了及时介绍国外最新的学术动态和理论流派之外,还及时对国外的理论和方法进行综合,在他人研究的基础上结合中国学习者和学习环境的实际情况,试图提出自己的理论框架,并根据中国英语教学的现状对中国英语教学传统进行总结和反思。

与前一阶段相比,这一阶段的研究成果数量明显增加,共出版重要论著23本,论文集4部,发表论文1363篇,召开会议24次。在这一阶段,国家社科基金项目开始启动,双语与双语教学、英国语言研究被纳入重点发展领域,这在一定程度上激励了英语教学领域的研究。

这一阶段的研究内容开始呈现多样化的趋势,涉及英语教学方法、教学评估、教材编写、专业建设、教学改革、学习策略、英语学习心理、语言测试、多媒体英语教学等方面。从总体上看,这一阶段的论著和论文的研究重点依然是英语教学的各个环节,有关教学方法、课堂教学、教材编写等方面的研究都持续上升。

在具体的教学内容方面，研究的重点从前一阶段的语法转移到了听力和阅读上。有关语法研究的论文 1978—1987 年间有 130 篇，而 1988—1997 年间共有 70 篇，数量减少了将近一半。但是从内容上看，前一阶段的文章侧重于基本语法现象的简介，而后十年，以语法为研究对象的论文在广度和深度上有了很大的提高，其研究领域也由语法拓展到了许多其他领域。

关于听力教学的研究论文从前一阶段的 41 篇增长到 123 篇，十年间增加了 3 倍，这表明越来越多的研究者认识到"聋哑英语"的弊端，认识到了听力在英语能力培养中的重要地位，开始重视对学习者听力能力的培养；阅读教学的研究也有大幅度的提高，论文从 39 篇增加到了 115 篇。另外，关于写作、口语、翻译和词汇的研究也都有所增加。这都表明在这一阶段，研究者们已经不再单纯地把语法教学作为英语教学的核心，他们意识到了听、说、读、写、译等英语实用技能的重要性，也开始进行这些方面的研究。

这一阶段对学习者的研究稍有增加，主要集中在学习策略的研究上面。文秋芳的《英语学习策略论》是我国第一部有关学习策略的专著，对国内的学习策略研究产生了积极的影响。这一时期，有关学习策略研究的论文增加到 31 篇，另外还有个别研究者开始关注英语学习动机的研究。

四、创新发展期

从 1998 年开始，我国的英语教学研究呈现出迅速上升的趋势，国内的研究者在学习国外理论研究成果的基础上开始结合中国英语教学的特殊环境，进行更具体、更深入的研究。他们针对中国的学习者学习英语的实际情况和环境展开了自己的研究，提出了自己独立的看法。

与前面几个阶段相比，这一时期的研究成果大幅度增加，出版重要论著 143 本，论文集 70 部，发表论文 2721 篇，召开英语教学会议 75 次。这一阶段的国家社科基金项目和教育部的人文社科项目也进入全面启动时期，英语语言研究、英语教学理论与教学模式研究都成为国家社科重点资助的领域。在这个阶段，英语教育研究项目在数量、范围、研究方法和成果形式上有了突飞猛进的发展。

这一阶段的研究涉及的范围非常广泛，几乎涵盖了与英语教学相关的各个方面。对英语教学的理论研究更系统、更全面，研究者从英语教学与二语习得、语言学、应用语言学、心理语言学、社会语言学、跨文化交际、语料库语言学、语用学等其他学科的关系入手，系统地阐释了英语教学的跨学科性与复杂性。

在有关教学过程的研究中，课堂教学受到了更多研究者的关注。他们通过理论探讨和实证调查对课堂教学的相关因素进行研究，以寻求更有效、更合理的课堂教学模式；但教学过程中的一个重要环节——需求分析——却没有得到充分的重视，这方面的研究成果也比较少。学习者需求分析和社会需求分析是英语教学的一个前提条件，它将影响到大纲制定、课程设置、教材编写等环节，应该给予应有的重视。

在教学内容上，口语、写作和词汇教学成了研究的重点，研究者更加注重对学习者的产出性能力的研究。关于教学手段的研究，特别是关于网络和多媒体用于教学的研究数量大幅增长，有论著9部，论文295篇，基于语料库的研究论著7部，超过了前20年相关论文的总和。

有关英语教学改革的研究也迅速增长，有论著3部，论文的数量更是成几何数增长，达到131篇，是前20年论文数量的近两倍。这反映出随着我国英语教学的不断深入及我国经济、社会国际化程度的日益提高，社会对英语人才的要求也不断提高，学者和英语教学工作者也不断思考如何开展英语教学改革，以更好地适应经济社会的发展。

另外，在这一阶段英语教师的发展也得到了重视，关于这方面的研究论著有4部，论文达141篇，另外有涉及英语教师科研方法的论著8部，这反映了研究者对于英语教师自身发展的关注，也进一步说明了英语教学中，英语师资质量的重要性。

整体上，这一阶段的研究内容从研究如何教转向了研究如何学，以学习者及英语学习的过程为研究方向的论著和论文大量增加，共有论著12部，论文271篇。关于学习策略、学习动机、自主学习的研究数量急剧增长，这表明越来越多的研究者认识到学习者的中心地位，学习者因素对英语教学的效果起着至关重要的作用。

此外，在这一阶段，无论是论著还是论文，研究方法都不再是单纯的理论探讨和评述，应用性、实证性的研究大幅度增加，研究者采取定量和定性研究，对英语教学的各个环节进行更科学细致的调查和探索。

综上所述，我国的英语教学理论研究从开始的艰难起步到最后的蓬勃发展经历了起步、引进、提高和发展创新四个阶段。在不同的发展阶段，呈现出不同的研究特点。但总体上，每一个阶段都见证了中国英语教学理论研究的进步和发展，研究成果的数量直线上升，研究的水平也在不断地提高。

第二节　我国英语教学理论研究的特点与存在的问题

一、我国英语教学理论研究的主要特点

新中国成立 60 多年来，我国英语教学理论研究成果显著，在研究范围、内容、方法、数量和质量方面都呈现出一些显著特点。

（一）研究质量不断提高

60 多年来，从起步阶段到发展创新阶段，中国英语教学理论研究实现了质和量的飞跃。起步阶段的英语教学研究由于受到政治因素的影响，研究论著和论文数量不多，理论研究比较薄弱。

在引进阶段，我国英语教育界开始重视英语教学理论研究。一些学者把目光投向了国外，学习和借鉴国外的研究方法和经验，如章兼中撰写了《国外外语教学法主要流派》、桂诗春撰写了《心理语言学》和《标准化考试——理论、原则与方法》等。在研究论文方面，一些学者开始介绍和引进各种不同的教学法、研究方法，并开始研究国外教学理论在实践中的应用。

在提高阶段，我国学者在综合国外英语教学理论的基础上，结合中国实际提出自己的理论框架。这时期的主要代表作有《现代外语教学——理论、实践与方法》（束定芳、庄智象，1996）、《英语学习策略论》（文秋芳，1996）、《外语教学心理学》（朱纯，1994）、《计算机辅助外语教学与研究》（章国英，1995）等。

到了发展创新阶段，研究内容发生了很大的变化，研究方向从"如何教"转向"如何学"。研究学习者和学习过程的论著大为增加，研究范围迅速扩大。主要代表作有《外语教学改革：问题与对策》（束定芳，2004）、《中国高校外语教学改革现状与发展策略研究》（刘润清等，2003）、《中国学习者英语语料库》（桂诗春、杨惠中，2003）、《现代外语课程设计理论与实践》（夏纪梅，2003）和《英语口语测试与教学》（文秋芳，1999）等。研究论文在数量上呈大幅增长之势，研究内容得到了极大的丰富，论文内容涉及学习者、教学过程、教师发展、教学内容、教学环境、专业建设和教学改革等，几乎覆盖了英语教学各个方面。研究方法也有了很大的创新和突破。该阶段的实证研究论文增长到了 753 篇，占改革开放 40 年来英语教学理论研究论文总数的 27.7%。

（二）论作数量大幅增长

60 多年来，中国英语教学研究论著和论文在数量上呈大幅增长的趋势。

1998—2008年间，英语类核心刊物上刊登的文章数量几乎是新中国成立后50年（1949—1997年）英语教学论文的数量之和。纵观新中国成立以来有关中国英语教学理论研究的论著和论文，从起步至目前的发展创新阶段，其研究内容不断丰富，已呈多元化发展趋势。

从论著研究的内容看，起步阶段的研究内容比较单一，主要涉及英语教学方法和经验的探讨，也包括一些英语学习者的语言特点和错误分析。而在发展创新阶段，研究论著的内容涉及了英语教学的方方面面，包括学习者、教师发展、教学内容、教材编写、教学大纲与课程设计、测试与评估、语料库、英语教学史、英语教学理念和教学方法、多媒体外语教学、英语教学研究方法、英语教学改革、关于英语教学与其他学科关系的研究等。

论文的研究内容与论著一样，也呈多元化发展趋势。在起步阶段，论文研究内容比较单一，理论研究显得薄弱。研究内容主要涉及教学方法、听说读写译、语音、词汇、语法、教材编写和教学漫谈等。其中，大部分是一些经验之谈的文章，还深深地烙上了当时的时代印记。例如，当时不少文章都有类似"英语课如何跃进""英语教学必须多快好省地为工人阶级政治服务"等内容。

到了发展创新阶段，论文的内容得到了极大的丰富，其研究内容涉及学习者、教学过程、教学内容、教学环境、教师发展、专业建设和教学改革等英语教学的各个领域。学习者又分为学习策略、自主学习和学习动机三个专项；教学过程包含需求分析、大纲制定、课堂教学、教学评估和教材建设五个专项；教学内容包括听说读写译、语音、词汇、语法和跨文化教学研究；教学环境涉及教学方法和教学手段研究。各专项的论文数量均呈上升的趋势。

（三）实证研究呈上升趋势

60多年来，尽管非实证研究的论文占绝对优势，但1949—1977年间没有出现一篇关于实证研究的论文。

自1978年改革开放以来，实证研究的文章数量呈不断上升的趋势，而非实证研究的文章数量呈下降的趋势。

1978—1987年间，有关实证研究的文章有8篇，所占比例不到同期研究文章的0.9%；有关非实证研究的文章有931篇，占同期研究文章的99.1%。

1988—1997年间，有关实证研究的文章增加到84篇，占同期研究文章的6.2%；有关非实证研究的文章有1279篇，占同期研究文章的93.8%。

1998—2008年期间，有关实证研究的文章增加到753篇，占同期研究文章的27.7%；有关非实证研究的文章有1968篇，占同期研究文章的72.3%。

实证研究和非实证研究论文在数量上的差距在逐渐缩小。

实证研究中，定量研究、定性研究及定量与定性研究相结合的综合性研究文章都呈上升的趋势，尤其是定量研究与综合性研究文章数量上升幅度较大。

定量研究的文章在 1978—1987 年间占文章总数的 0.8%，在 1988—1997 年间占 7.6%，在 1998—2008 年间上升到了 51%。

在 1978—1987 年间尚未出现定性研究的文章，但综合性研究的文章数量在研究论文总数中占的比例从 1988—1997 年间的 1.6% 上升到了 1998—2008 年间的 31.2%。

此外，非实证研究的文章呈递减的趋势。这主要体现在个人感想类的文章篇数大幅度减少。1978—1987 年间，个人感想类的文章有 123 篇，占非实证研究文章总数的 3%；1988—1997 年间，有 104 篇，占同期研究文章的 2.5%；1998—2008 年间，减少到 50 篇，占同期研究文章的 1.2%。

二、我国英语教学理论研究存在的问题

国家的英语教育政策直接影响英语教育规划，英语教育政策的失衡势必造成英语教育规划的不当。回顾新中国成立以来的英语教育政策，在制定上存在着盲目性和急功近利的现象，对英语教育规划和教育事业的发展产生过一定的负面影响。

（一）研究方法过于主观性

纵观近 60 多年来的英语教学理论研究，我们发现前 30 年的文章以描述类为主，其中大部分是有关个人的教学感受和经验之谈，几乎没有实证研究。后 30 年的论文中，非实证类文章仍然占绝对优势，约占英语教学论文总数的 83%。尽管调查结果表明，实证研究的文章数量呈上升趋势，而且定量研究、定性研究和定量定性研究相结合的文章也呈上升趋势，但近十年中定性和定量相结合的文章仅占 9%。

（二）低层次的重复劳动较多

经过 60 多年的发展，我国的英语教学研究取得了长足的进步，但还存在一些问题，如低层次的重复劳动多。期刊上发表的论文中，相当数量的文章仍然是经验之类的介绍和总结，运用语料库、实验等方法进行科学论证的论文并不多见。

近年来，由于许多高校在职称评审和年度考核中对科研成果的要求往往量化，对部分学术成果还有相当力度的奖励。这样的奖励导致了教师迫于压

力更多地追求成果的数量而不是质量,而且有些奖励往往不是以文章本身的学术价值为标准,而是以发表文章所载的杂志档次作为评价标准。这显然不利于产生优秀的学术成果。在中国知网上随便输入一个关键词,如"学习策略",就会出现2000多条检索结果,不同文章题目雷同,内容相似,没有新意,也非验证性研究,纯粹是拼凑的结果;还有些文章的作者投机取巧,稍做变化即一稿多投。许多研究只停留在低层次的重复介绍,缺少创新研究。

(三)缺乏对英语教育政策的研究

我国缺乏对重大英语教育政策的研究。有学者指出,文字改革委员会或是国家语委从来都不涉及英语的地位以及外语的使用和教学。政府部门对于外语教育从未制定过长期的规划,也没有设立专门的机构管理这方面的工作。例如,在通用语中何者为先,各语种按照重要性应如何排列,各自应占什么比例,每个语种应该设立多少专业点,应培养多少学生,非通用语种应该设立多少,大中小学应如何连贯起来成为一体,在什么情况下英语可以作为教学语言,在社会上英语的使用及双语教育等,都是英语教育规划应该考虑的问题。

(四)缺乏对英语教学理论体系的构建

很长时间以来,我国的英语教学理论都是借鉴西方的二语习得理论,迄今没有形成一套比较完善的具有中国特色的英语教学理论体系。西方的二语习得理论达几十种,观点纷呈,方法各异,到底哪种理论、模式、范式适合中国国情,应该如何拿来,如何把拿来和中国特色相结合,如何正确看待应用和启发的关系,这都有待于我们进一步探讨和研究。

在这60多年里,我们在教学理论方面更多的是借鉴国外,有些没有很好地加以消化,经历了从方法论(语法翻译法、听说法、功能意念法、交际法、任务法等)到后方法论时代,唯独缺少的是具有中国特色的教学理论。我国的英语教学理论研究不够系统,缺乏对宏观理论建构的研究,没有较好地结合中国实际,形成自成一体的理论体系;没有考虑英语与第二语言教学的不同特色。

针对这个突出的问题,语言教学中理论探索应该和实践相结合,应该注重理论思考,并阐明建构具有中国特色的英语教育体系的重要性。有学者则直接"呼唤具有中国特色的英语教学理论",主张中国学者应该从本体论、实践论和方法论的角度,对在中国特殊环境下进行英语教学所涉及的一系列问题进行广泛、深入和细致的探讨与研究,在实验的基础上形成一套符合中国国情的英语教学理论体系和具有高度可操作性的英语教学实践原则。

第三节　我国大学英语教学的未来展望

一、当前我国大学英语教学的特征

大学英语教学主要分为两种形式，一种是通识英语，另一种是学术英语。目前我国大学普遍采用通识英语的教学形式，也就是说，不管什么专业的学生入学后都需要进行英语入学考试，并且经历一年左右的英语课程学习。这种教学方式将所有学生一视同仁，没有考虑到学生入学以前的英语学习水平，导致原本英语水平较高的学生无法从学习中获得新知识，而原本英语基础薄弱的学生又无法跟上课程进度。也就是说，这种通识教育的教学方式虽然公平，但是鲜有实际效果。而学术英语这种教学形式只在英语教学中运用，其设计范围十分有限，因此培养出来的高学历、高素质的专业英语研究性人才数量稀少，无法满足当前对英语研究人才的需求。总体来看，当前高校英语教学普及率高，但是实际教学效果不足。

二、英语教学对大学生的重要意义

（一）有利于学生提高交流水平

英语和语文学习是提高学生交流能力的基本手段，其中英语学习主要培养学生进行国际交流的能力。大学阶段是学生由校园生活逐步迈向社会生活的一个过渡阶段，因此大学教育中许多知识的考查比例大大减少，教育重心转移到对学生实践能力的培养和社会竞争环境的适应上来。大学英语教学作为其中的一部分，课程任务相比高中阶段减轻了许多，而综合应用能力的要求相应提高了。通过英语教学，学生能够较为轻松地欣赏流行的英语文化，理解欧美电影、歌曲和小说，还能够应用英语流利地与国际友人进行交流，不管是对于日后参与就业竞争的学生，还是对于计划出国继续深造的学生都有着重要的帮助作用。

（二）有利于提高学生的竞争力

目前，人才市场上对于大学生群体已经由最初的供不应求转变为供大于求，众多大学生为了争夺一个就业岗位而进行残酷的竞争。竞争范围不仅涉及学生的学历高低、实践能力的强弱，还涉及学生掌握的技能的多少，这时候多掌握一门技能就意味着在竞争中取得了更多的优势。假如学生在大学阶段通过了英语四、六级考试，并且积极提高自己的英语能力，适当地参与一些英语社团和国际交流活动，那么该学生的英语水平就将大大提高，日后在工作中遇到必须使用英语的时候就能够应付自如。设想两位相同的竞争者竞争一个岗位，管理者肯定会选择英语应用能力更强的一位，因为其在工作中的使用面更广，发展前景也更好。

（三）有利于培养学生对英语的兴趣

在义务教育阶段和高中阶段的英语教学中，教师采用传统的应试教学方法进行教学，只以传授枯燥的理论知识为主，所以学生无法体会到学习英语的巨大乐趣，只感受到死记硬背带来的痛苦。而进入大学后，英语课堂几乎不再布置课堂作业，上课时也没有了烦琐的语法知识背诵。取而代之的是教师尽量选择有趣的电影、小说等给学生欣赏，鼓励学生在课堂中自由表达自己的想法。这种教学方式的转变，使得学生心目中对英语的传统想法也改变了，英语学习中的乐趣不断被探索到，学生的学习兴趣也渐渐浓厚。慢慢地，学生会养成每天接触和练习英语的良好习惯，英语应用能力也逐渐增强，最后在大学阶段实现自己的英语目标。

三、我国大学英语教学的未来发展

（一）编写更合理的教材

当今，大学英语教学和发展中陈旧的教材内容和创新的教学方式无法达成一致，大大影响了未来大学英语的发展脚步。针对这一特点，国家教育部门和大学自身应该着手编写新的英语教材。其关键点之一就是减少教材中与高中、初中英语重复的知识点，增添一些高水平、难度较大的知识点，以此来保证学生的学习时间不被无端浪费。在观照未来学生面临的就业压力后，教材还可以根据学生具体专业进行调整，在通识教育基础上加入学术英语的学习。只有将通识教学和学术教学结合起来，学生才能够在英语领域显示出自己的优势，从而在未来的工作过程中更好地适应具体岗位。

（二）完善英语教学基础条件

大学英语教学必须加强学生的听说能力训练，加强听说能力的训练就意味着对英语教学条件的要求随之增加，可以在循序渐进的过程中建设外语调频广播电台，播放听力材料、幽默故事、英文歌曲等；建设和开放视听教室、多媒体语言教室或多媒体外语自学中心；建设外语教学网站，充分利用计算机等多种手段创造主动性的教学模式；购买大量的英语视听说资料，并且将这些资料分类、分层次进行筛选，根据不同学生的兴趣爱好和需求将这些英语教学资料提供给他们借阅和欣赏。以此来提升学生的学习兴趣和学习积极性，改善学习环境枯燥乏味的传统现象，营造全新的英语学习环境和氛围，帮助学生积极吸收国外优秀的文化知识，切合实际地掌握学生学习的需求和语言环境的特点，改善学习的缺陷和不足。

（三）突破传统的教学观念

传统教学观念是阻碍当前高校英语顺利发展的关键因素，因此大学英语教师要主动改变自己的教学理念。其具体过程可以分为三部分：首先，教师要主动接触国外大学英语授课的方式，学习其教学特点，使自己树立一种以培养学生应用能力和综合水平为己任的教学思维。其次，教师要尝试改变课堂教学方式，将一部分课堂权利交给学生，允许学生在保证课堂纪律的情况下自由发言、自由讨论，在宽松而平等的课堂氛围中使学生感受到真正的学习的乐趣。最后，教师要在教学的过程中融入未来社会对学生英语的要求，关注对学生英语实际运用能力的培养，逐渐使学生能够像运用母语一样运用英语交流。

（四）开启现代化英语教学新模式

当前，我国大学英语教学发展大都采用计算机网络教学和信息化技术提高英语教学的实际应用能力，现代化教学设备可以提高英语教学的多维度思考空间，改善英语教学的氛围和环境，帮助英语教师更好、更贴切地将大量的英语实际应用知识灌输给每一个学习英语的学生，让英语教学知识更具有潜力，帮助英语教学想着多层次、多维度、多系列、多特性发展，实现英语教学的可持续发展能力。

（五）积极培养学生的兴趣

大学中学习英语的资源是十分丰富的，几乎所有大学都设有英语角和英语社团，其参与者大多喜爱英语，有着主动学习和提高自身英语的积极性。许多大学还招收国际交流生，他们以英语作为母语，有着较强的英语交流能力，可以作为很好的联系对象。另外，大学校园中有许多免费的英语培训课程，还会有社会名人定期开展英语演讲，这些多种多样的英语学习方式不仅丰富了学生的生活，还为学生在课余时间提升自己创造了诸多机会。凡事只要有了兴趣，那么学生在课余时间提升自己创造了诸多机会。凡事只要有了兴趣，那么学生对于学习也就不会再感觉到枯燥，其主动学习的可能性大大提高。这对于我们大学生现有的比较宽松和自主的学习环境来说是一个有百利而无一害的事情。因此，培养大学生学习英语的兴趣，已经成为目前大学英语教学的重要发展方向之一。

（六）教学过程紧跟时代潮流

纵观我国各行业就业现状，不管是基本的劳动岗位还是高水平的技术型岗位都对应聘者的专业技能水平有了较高的要求。也就是说，目前学生如果想要就业，就必须具备比以往更为丰富的英语知识储备和更为流畅的英语交流能力。这种就业现状引导着高校英语教学重心也随之发生改变。首先，对于学生的英语词汇、语句掌握情况应该提出更高的要求，至少应该达到英语六级的水平。其次，可以针对学生的具体专业开设专业性英语学习，例如学生主修金融专业，就可以开设金融英语课程，使学生能够学习与本专业相关的英语词汇和英语思维；学生主修的是文学专业，就开设语文学相关的英语课程，帮助学生不但能够读懂母语文学作品，还能够看懂英语原版的文学作品，扩展了专业度。这种专业英语课程的开展加强了学生英语专业能力，有利于适应日后就业的高要求。

（七）积极发掘大学生的自主学习能力与创新能力

语言是开启人类知识宝库的钥匙之一，特别是在国际舞台上，英语起着至关重要的作用，是大学生面向国际的重要工具和手段。培养学生用英语进行交际的能力是英语教学的最终目的。英语学习要具备创新能力，英语语言知识的创新能力指的是英语教师在帮助学生开展英语互动性学习时，多投入一些英语学习和体会的思路和引导，帮助学生更好更快地提高学习乐趣和吸引力，改善学生的思路，帮助学生通过自我学习钻研学习内容，通过自我努力，创造出新的学习方式，在一个主题内容下拓展思维，思索出全新的学习模式。要提高学生学习英语语言知识的社会发展与应用能力，改善英语实际运用的可持续发展能力，帮助学生掌握更多的知识和乐趣，英语教师要帮助学生积极了解英语在社会中的运用技巧和运用方法，了解英语教学内容的实际运用能力，提高学生适应社会发展的能力，发挥现代化教学的优势，为未来的英语语言应用做好铺垫。

参考文献

[1] 吴碧宇. 大学英语教学改革的生命教育维度 [M]. 郑州：黄河水利出版社，2016.

[2] 张喜华，郭平建. 信息化背景下大学英语教学改革研究 [M]. 北京：北京交通大学出版社，2017.

[3] 陈丽竹. 基于学生视角的大学英语教学改革 [M]. 北京：中国纺织出版社，2018.

[4] 徐淑娟. 大学英语教学改革与任务型教学法 [M]. 北京：中国水利水电出版社，2015.

[5] 郝建君. 大学英语教学改革及教师发展研究与探索 [M]. 大连：东北财经大学出版社，2015.

[6] 冯智文. 深化大学英语教学改革探索与研究 [M]. 昆明：云南大学出版社，2013.

[7] 曾凡贵. 大学英语教学改革多元视角探索 [M]. 上海：上海交通大学出版社，2012.

[8] 陆巧玲，周晓玲. 网络环境下大学英语教学改革理论与实践 [M]. 上海：上海交通大学出版社，2012.

[9] 王秀珍，郑征. 大学英语教学改革现状与策略研究 [M]. 上海：上海外语教育出版社，2010.

[10] 黄汉升. 大学英语教学改革方法与途径 [M]. 北京：外语教学与研究出版社，2006.

[11] 林玲，倪高升. 教学改革背景下的大学英语教学新探 [M]. 北京：中国水利水电出版社，2017.

[12] 王天舒. 大学英语教学模式改革的问题与对策初探 [M]. 北京：民族出版社，2014.

[13] 陈品，赵文通. 大学英语教学理论与实践 [M]. 天津：南开大学出版社，2015.

[14] 王晓玲, 曹佳学. 跨文化大学英语教学: 理论与实践[M]. 成都: 西南交通大学出版社, 2015.

[15] 张君棠. 大学英语阅读教学理论与实践[M]. 北京: 冶金工业出版社, 2014.

[16] 邢新影. 大学英语口语教学理论与实践[M]. 长春: 吉林出版集团有限责任公司, 2009.

[17] 王守仁, 文秋芳, 金艳. 全国高校大学英语教学发展研究理论与实践[M]. 北京: 外语教学与研究出版社, 2014.

[18] 谢丽. 大学英语阅读教学理论与实践研究[M]. 北京: 北京理工大学出版社, 2015.

[19] 佟敏强. 大学英语阅读教学理论与实践[M]. 长春: 吉林出版集团有限责任公司, 2009.

[20] 蒋云华. 网络环境下大学英语写作教学理论与实践[M]. 昆明: 云南大学出版社, 2012.

[21] 严明. 评价驱动的大学英语课程教学管理理论与实践[M]. 哈尔滨: 黑龙江大学出版社, 2012.

[22] 张艺宁. 大学英语课堂教学理论与个案研究[M]. 北京: 国防工业出版社, 2010.

[23] 金国臣, 李玉梅, 武晓燕. 现代大学英语教学研究: 理论、方法与策略[M]. 北京: 石油工业出版社, 2010.

[24] 李冰冰. 英语教学与翻译理论研究[M]. 北京: 北京理工大学出版社, 2017.

[25] 张静, 杨佩聪, 胡瑞娟. 现代英语教学的理论、实践与改革研究[M]. 北京: 中国水利水电出版社, 2016.

[26] 武琳. 大学英语教学模式与课程建设研究[M]. 长春: 吉林大学出版社, 2016.

[27] 李雯. 教学改革背景下的大学英语教学研究[M]. 北京: 中国水利水电出版社, 2016.

[28] 张鑫. 英语教学的理论与实践[M]. 北京: 知识产权出版社, 2012.

[29] 窦坤, 桑元峰. 大学英语教学的实践哲学[M]. 北京: 光明日报出版社, 2013.

[30] 梁红卫. 大学英语词汇教学与学习[M]. 福州: 福建教育出版社, 2013.

[31] 张全, 范应红. 英语教学改革理论与实践研究[M]. 昆明: 云南大学出版社, 2014.

[32] 张淑燕. 多元智能理论与英语教学研究 [M]. 成都：西南交通大学出版社，2013.

[33] 吴高臣. 大学教学创新研究 [M]. 北京：首都师范大学出版社，2016.

[34] 陈金平. 基于学生视角的独立学院大学英语教学改革研究 [M]. 武汉：武汉大学出版社，2014.

[35] 蔡龙权. 英语教学与研究艺术 [M]. 上海：中西书局，2014.

[36] 蔡基刚. 中国大学英语教学路在何方 [M]. 上海：上海交通大学出版社，2012.

[37] 王钢，周巍巍，胡春艳，等. 大学外语教学探索 [M]. 哈尔滨：黑龙江大学出版社，2013.

[38] 曾小珊. 大学英语课程实施中的教师隐性课程研究 [M]. 成都：西南交通大学出版社，2016.

[39] 郑佩芸. 基于网络书面实时交流的大学英语口语拓展教学研究 [M]. 上海：复旦大学出版社，2015.

[40] 许酉萍. 基于网络多媒体的大学英语教学模式的研究 [M]. 长春：吉林大学出版社，2017.

[41] 万红梅. 语言学视角下的大学英语教学研究 [M]. 北京：中国纺织出版社，2017.

[42] 袁平华. 大学英语教学环境中依托式教学研究 [M]. 北京：社会科学文献出版社，2014.

[43] 郑玉琪，侯旭，高健. 后方法时代英语教学原理与实践 [M]. 南京：东南大学出版社，2015.

[44] 杜秀君. 转型期地方高师院校大学英语教学改革的思考 [J]. 海南师范大学学报（社会科学版），2017，30（01）：140-144.